유아 체육론

유아체육론

저자 / 한국유아체육학회

초판 1쇄 발행 / 2015년 3월 2일
초판 3쇄 발행 / 2017년 3월 15일

기　획 / 양원석
발행인 / 이광호
발행처 / 도서출판 대한미디어
등록번호 / 제2-4035호
전화 / (02)2267-9731　팩스 / (02)2271-1469
홈페이지 / www.daehanmedia.com

ISBN 978-89-5654-345-1　93690
정가 17,000원

※ 이 책은 저작권법에 의하여 보호받는 저작물이므로 무단으로 전재하거나 복제하여 사용할 수 없습니다.
※ 교재 구성상 문헌이 인용되는 부분마다 각주를 달지 못하고, 책 말미에 참고문헌으로 일괄 게재하였습니다.
　참고문헌 편저자 여러분의 양해를 구합니다.
※ 잘못 만들어진 책은 구입처 및 대한미디어 본사에서 교환해 드립니다.

유소년스포츠지도사 필수

유아
체육론

머리말

유아체육론은 유아체육을 지도하기 위해 지도자가 알아야 할 기본적인 지식들에 대한 이론적 틀을 배우는 과목으로 유아체육론은 하나의 독립된 학문이라기보다는 응용학문으로 보아야 할 것이다. 유아체육론에서는 유아라는 대상에 대한 신체적·정서적·심리적·사회적 발달에 대한 기본적인 이해를 바탕으로 현장에서 유아들을 대상으로 발달 상태에 따라 어떤 내용으로 어떻게 지도해야 할지에 대한 이론과 실기가 복합된 내용들이 다루어져야 할 필요가 있다. 즉, 인간의 전 생애를 통하여 볼 때 움직임의 중요성이 얼마나 큰지를 이해하고, 유아들을 지도하는 데 필요한 어떤 지식들을 알아서 유아들에게 얼마나 양질의 교육을 해줄 것인가 하는 내용들이 제시될 필요가 있다.

최근 운동이 인간의 기본 권리라고 하는 차원으로까지 강조되고 있는 것은 인간은 필연적으로 움직이면서 생활하도록 되어 있고 또한 기본적인 움직임과 신체의 건강을 유지, 증진시키기 위해서는 필수적으로 계획된 신체활동이든, 계획되지 않은 신체활동이든 간에 움직여야 한다는 점이 강조되고 있기 때문일 것이다.

유아의 체육활동에 대한 관심은 그동안 그다지 많이 이루어지지 않았으나 최근 운동이 태어나서 죽을 때까지 해야 하는 활동임이 강조되면서 특히 발육·발달 시기에 있는 유아들에게 있어서 운동의 중요성은 성인과는 다르다는 점이 여러 연구결과들을 통해 재조명되고 있다. 또한 유아체육이 유아들에게 주는 여러 가지 이점이 있음을 인정한 학부모와 지도자들이 유아체육의 필요성에 대해 현장의 목소리가 높아져가는 것도 사실이다. 앞서 언급하였듯이 유아는 발달 중에 있는 존재이기 때문에 성인과는 전혀 다른 존재로 인식해야 한다. 성인을 가르치는 체육지도 방법으로는 유아를 지도하는 데 한계가 있다.

따라서 유아체육을 지도하고자 하는 지도자들은 유아라는 대상에 대한 이해를 정확히 갖고 있어야 유아체육을 통해 얻을 수 있는 많은 유익함을 유아에게 줄 수 있을 것이다. 그동안 유아체육에 대한 여러 교재들이 있었으나 전문적인 지식들은 주로 운동발달 쪽에서 다루고, 유아체육 교재들에서는 주로 실기와 지도 위주의 교재들로 구성되어 있어 이론과 실기적인 측면이 따로 제시되는 면이 없지 않았다.

본 교재는 유소년스포츠지도사 자격검증제도가 실시되는 것과 발맞추어 유아체육 지도사가 되고자 하는 사람들에게 유아체육에 대한 기본적 지식을 갖추어 유아를 지도할 수 있도록 하고자 하는 취지로 쓰였다.

이 책을 통해 유아체육 지도사들이 유아에 대한 올바른 이해를 가지고 훌륭한 지도자로 거듭나기를 기대한다.

2015년 2월
전선혜

차 례

| 머리말 5

I 부. 유아체육의 이해
1장 _ 유아체육의 이해   10
2장 _ 유아기의 발달 특징   15
3장 _ 유아기 발달에 관한 관점과 이론   60
4장 _ 유아기 운동발달   76
5장 _ 유아기의 건강과 운동   117

II부. 유아체육 프로그램의 구성
1장 _ 유아체육 프로그램의 기본 원리   144
2장 _ 유아체육 프로그램의 구성요소   151

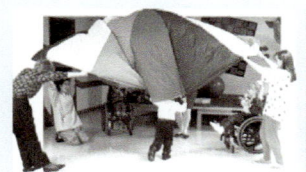   

Ⅲ부. 유아체육 프로그램 교수 · 학습법

1장 _ 유아체육 지도방법 **174**
2장 _ 유아체육 프로그램 계획 **189**
3장 _ 유아체육 프로그램 지도 **204**
4장 _ 안전한 유아체육 프로그램 지도를 위한 환경 **210**

| 참고문헌 **234**
| 찾아보기 **241**
| 저자소개 **245**

I부
유아체육의 이해

    이 단원은 유아체육론에 대한 전체적인 이해를 돕기 위한 장이다.
    유아기의 특징과 유아기 운동발달, 그리고 유아기 건강과 운동에 대한 개략적인 내용을 배우게 된다.
    1장 유아체육의 이해에서는 유아체육이 무엇인지에 대한 개념을 배우게 된다. 2장 발달특징에서는 유아의 신체적, 인지적, 정서적, 사회적 발달에 대한 내용을 배운다. 3장 유아기 발달에 관한 관점과 이론에서는 유아기 발달을 어떠한 관점에서 보아야 하는가에 대한 내용과 발달학자들의 다양한 이론들에 대해 살펴봄으로써 유아발달에 대한 이해를 도울 수 있도록 하였다. 4장 유아기 운동발달에서는 운동발달 모형을 통해서 운동발달 단계와 움직임 능력의 습득과정에 대해서 배우게 될 것이다. 5장 유아기의 건강과 운동에서는 유아기의 건강요인과 운동범위, 운동 능력에 대해 배우게될 것이다.
    이 단원은 유아에 대한 이해를 돕기 위한 단원으로 다양한 관점에서의 유아의 발달에 대해 역점을 두어 공부하기 바란다.

1장 유아체육의 이해

📖 **학습목표**

- 유아체육론의 개념을 알아본다.
- 유아체육의 정의를 알아본다.
- 유사 개념을 이해한다.
- 유아체육의 목표를 알아본다.
- 유아체육의 효과를 알아본다.

1. 유아체육론이란?

유아체육론이란 유아에 대한 이해를 위해 다양한 측면에서 유아의 발달에 대한 지식을 배우는 학과목을 말한다.

가. 유아

유아에 대해 이해하기 위해 가장 우선되어야 할 것은 '유아는 누구인가?' 하는 문제이다. 여기에서는 유아체육론의 대상이 되는 유아의 구분에 대해 알아보고자 한다.

1) 발달의 연령별 분류

인간의 연령을 나누는 관점은 생활연령, 생물학적 연령, 정서연령, 정신연령, 자기개념연령, 지각연령 등 다양하다. 가장 일반적으로 사용하는 연령 구분이 생활연령인데, 생활연령은 연령을 개월 수 혹은 연수로 표시한다. 생물학적 연령 또한 경우에 따라 자주 사용하는 개념으로, 성숙에 따른 발달 비율에 대한 연령을 말한다. 생물학적 연령에는 형태학적 연령(신장, 체중 같은 사람의 치수), 골격연령[골격의 생물학적 연령(x-ray)], 치아연령(치아 발달의 순서, 치아가 생기는 순서), 성적연령[성적 성숙도(1차, 2차 성징)] 등이 포함된다.

가장 일반적으로 쓰이는 생활연령은 다음과 같이 나누어볼 수 있다.

태내기[배아기(embryo), 태아기(fetus)], 신생아기(newborn), 영아기(infant), 유아기(toddler), 초기 아동기(early childhood), 후기 아동기(childhood), 청소년기(youth), 초기 성인기

(young adulthood: 19~40세), 중기 성인기(middle adulthood: 41~60세), 후기 성인기(older adulthood: 61세~죽기 전) 등으로 나뉘며, 유아 관련 각 연령 구분의 설명은 다음과 같다.

> **유아 관련 용어에 대한 설명**
>
> 유아 관련 용어의 구분은 생애주기적 관점에서 생활연령을 기본으로 만들어지기는 했으나 아직도 학문적으로 합일점을 찾지 못하고 있다. 즉, 각 나라별, 학문 영역별로 서로 다르게 구분 짓고 있기도 한다는 점을 먼저 전제할 필요가 있다. 다음에 제시하고 있는 용어의 일반적으로 혼용되고 있는 정의를 써놓았으며, 혼용되는 부분에 대해서도 언급해놓았으므로 그런 점들을 감안하여 보기 바란다.
>
> **태내기**
> - 배아기(임신 기간의 첫 8주)
> - 배아란 접합체가 한 번 이상 세포분열을 하기 시작한 시기부터 하나의 완전한 개체가 되기 전까지의 발생 초기단계
> - 태아기(첫 8주가 지난 후 출생 때까지)
> - 체내수정에 의하여 발생하고 나서 출생에 이르기까지의 포유류의 새끼
>
> **신생아기(출산 후 4주)**
> - 출생 후 28일을 경과하지 않은 영아를 신생아라 하며, 이 기간을 신생아기라 함
>
> *영아기(baby, infant, 嬰兒): 갓 태어난 아기 또는 젖을 먹는 어린 아기라는 뜻을 가진 영아는 생후 4주 이후~생후 1년까지
> - 신생아기의 계속으로서 출생 후 2년까지 어머니의 젖꼭지를 물고 자라나는 시기로 이 시기의 영양, 애무, 배설의 제 경험은 이후의 일반적 경향에 영향을 미친다.
>
> *유아기(child, toddler, preschooler, 幼兒): 유아는 대한민국의 국어사전에 따르면 생후 1년부터 만 6세까지의 어린 아이를 가리킨다. 그러나 학자에 따라서는 영아를 생후~생후 3년, 유아를 생후 3년~생후 6년까지로 보기도 한다.
> - 현재 우리나라의 유아교육법에서는 유아를 만 3세부터 초등학교 취학 이전의 어린이로 정의하고 있다.
>
> **아동기(child, 兒童: 6~12세 정도의 아이를 말함)**
> - 신체적·지적으로 미성숙한 단계에 있는 사람
> - 초등학교에 다니는 나이의 아이
> - 〈법률〉 아동복지법에서 18세 미만의 사람을 이르는 말
> - 아동기를 2~6세까지의 초기 아동기와 6~10세까지의 후기 아동기로 나누기도 한다.
>
> **청소년기(youth, young people, 靑少年)**
> - 청년과 소년을 아울러 이르는 말. 어른(청년)과 어린이의 중간 시기
> - 〈법률〉 청소년기본법에서 9세 이상 24세 이하인 사람을 이르는 말
> - 흔히 '청소년'이라 하면 만 13세에서 만 18세 사이의 사람을 칭하며, 이러한 경우에는 간단하게 '학생'이라는 말로 대신하기도 한다. 사춘기를 겪고 있는 사람을 칭하기도 한다. 학년으로는 중학교 1학년부터 고등학교 3학년까지이다.
>
> **유소년(幼少年)**: 유아와 소년을 아울러 이르는 말. 2012 체육진흥법 개정에 따른 유소년은 만 3~12세의 초등학교까지의 아동을 말한다.
>
> * 학자, 학문 분야에 따라 상이함

나. 유아체육이란?

신체활동을 통하여 유아(사전적 정의에 따라 생후 1세~만 6세)의 성장 발달을 도와 신체적·정서적·사회적으로 완전한 전인적 인간을 만들기 위한 교육을 말한다.

다. 유소년체육이란?

유소년체육의 정의는 유아체육의 정의와 같으나 다만 현재 우리나라 체육 분야에서는 국가 스포츠지도사 과정에 유소년스포츠지도사 과정을 만들게 됨으로써 유소년(만 3~12세의 초등학생)을 대상으로 하는 체육을 말한다.

라. 유아체육의 목표

유아체육의 목표는 성인체육의 목표와는 다소 다르다. 유아는 발달과 성숙 과정에 있는 사람이기 때문에 청소년 이상 성인들을 대상으로 하는 체육활동이 스포츠 기술의 습득이나 건강 증진을 목표로 한다면 유아들이 하는 체육은 청소년이나 성인이 전인적 발달이나 개인적 웰빙(well-being)을 최종 목표로 한다는 점에서는 같을 수 있으나 그 내용적인 면에서는 청소년이나 성인의 목표와는 전혀 다르다고 할 수 있다. 발달 과정에 있는 유아들에게는 각 요인들이 서로 다르게 작용하고 그 효과의 크기가 다를 것이다. 다음은 유아체육의 목표를 그림으로 제시한 것이다(그림 1-1).

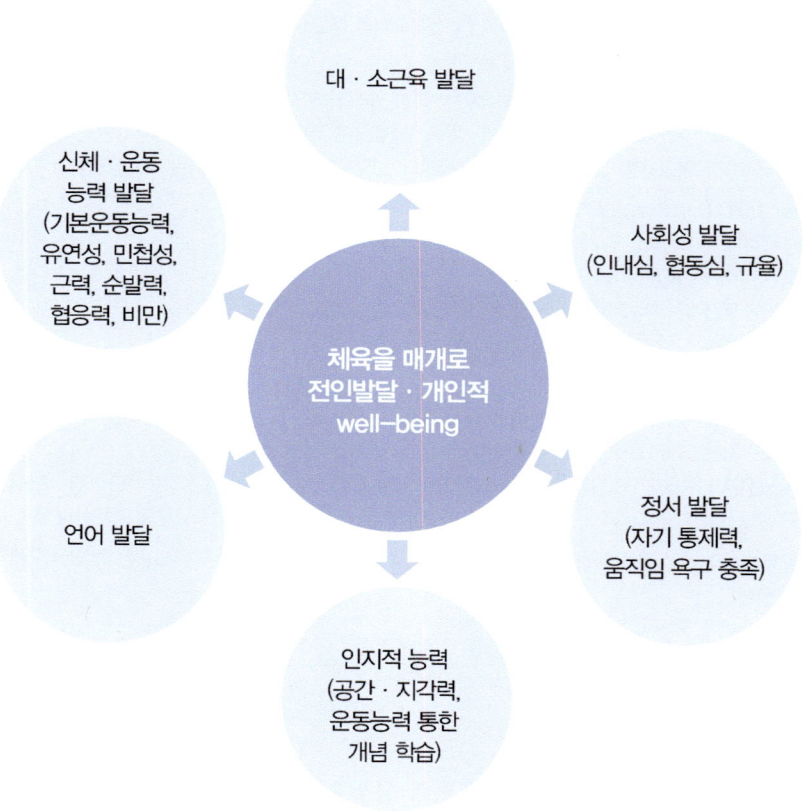

그림 1-1. 유아체육의 목표

마. 유아체육의 효과

유아의 신체활동은 유아의 발육발달과 성장을 돕는 것은 물론 유아의 인지적·정신적 사고활동을 돕는다는 것이 최근 다양한 연구결과에서 입증되고 있다. 즉, 체육을 통해 인지적 측면의 발달을 도모할 수 있다. 신체활동은 뇌세포 성장인자의 성장을 촉진하고 신경전달물질의 분비를 활성화하여 기억력, 집중력, 문제해결력 등의 인지기능을 향상시켜준다(Etnier et al., 1997; Colcombe & Kramer, 2003; Sibley & Etnier, 2003; Ratey & Hagerman, 2009). 또한 신체활동 수행 과정에서 경험하게 되는 다양한 운동 수행 기술, 전략, 표현, 시합 등 방법적 지식의 학습은 사고 기능을 향상시켜줄 수 있다(Gallahue, 1982, 1995).

이렇듯 유아체육의 효과는 다양한 측면, 즉 신체적·심리적·사회적·정서적 측면에서 효과가 있는 것으로 연구결과들에 의해 입증되고 있다. 지금까지 알려진 유아체육의 효과를 정리해보면 다음과 같다.

- 규칙적 신체활동 참여를 통한 건강 증진
- 발달 단계에 따른 신체 기술의 발달
- 체력 증진
- 지능의 발달(다양한 신체 발달을 통한 원리, 전략, 감각, 개념 정립의 증진)
- 바른 자세 형성
- 키 성장과 아름다운 체형 형성
- 학습능력 강화
- 신체적인 움직임의 성공을 통한 자신감 증진
- 다양한 놀이를 통한 창의력 증진
- 또래와의 관계 강화
- 평생 건강습관 습득
- 여가시간 활용 및 레크리에이션 습관 형성
- 자신과 타인에 대한 존중감 증진
- 도전의식 고취
- 규칙준수 훈련
- 리더십과 사회적 상호작용 강화(사회성 증대)
- 스트레스 감소
- 기본 운동과 기술을 통해 평생 동안 자신의 신체를 안전하고 효율적으로 움직일 수 있는 방법 터득 등 많은 이득을 가져다준다.

바. 유아체육과 성인체육의 차이점

앞서 언급한 바와 같이 유아를 대상으로 한 체육활동은 청소년이나 성인을 대상으로 한 체육활동과는 엄격히 차별화된다. 즉, 대상이 발달과정에 있는 유아이기 때문에 모든 신체적·인지적 활동에서 차별화되어야 하며, 특별히 신체적(신체이해, 운동기술, 건강 등)·정서적·사회적·인지적 발육과 발달에 중점을 두어야 한다. 특히 유아기는 발달 단계에 따라 많은 영향을 받는 민감기가 존재하는데, 특정 능력, 행동의 발달에 최적인 시기를 '민감기'라고 한다. 연령에 따라 이러한 민감기를 고려하여 적절한 운동이 적용되면 효과적이고 긍정적인 운동발달을 유도할 수 있다. 또한 각 시기에 따른 유아의 발달은 그 시기에 도달해야 하는 발달과업을 갖기 때문에 시기를 놓쳐버리면 영원히 성장을 저해할 수도 있다는 점을 간과해서는 안 된다.

유아기의 체육활동은 지각, 인지, 지능, 감성, 정서, 심리적 경험이나 사회적 경험 등 성장하면서 유아가 마주하게 되는 여러 가지 경험을 처음 접하기도 하는 시기이므로 성인이 갖는 경험의 의미나 무게와는 전혀 다른 결과를 가져다줄 수 있다. 그렇기 때문에 유아를 위한 체육 프로그램은 신중하고 치밀하게 개발되어야 하고, 규율이나 규칙을 준수하고 교수법과 학습법에 대한 보다 전문적인 지식을 가지고 지도할 필요가 있다. 더구나 유아 때의 건강 상태나 건강습관 등에 따라 성인이 되어 나타나는 성인병이나 여러 가지 병변현상이 나타날 수 있기때문에 유아의 발달과 건강은 대단히 중요하게 인식해야 한다.

따라서 유아의 유아체육 프로그램에는 뼈와 근육, 평형성, 민첩성, 반응시간, 전반적인 근육 간의 협응성을 발달시키는 프로그램이 포함되어야 하며, 놀이 중심의 다양한 신체활동과 인지적 활동이 함께 이루어지도록 해야 한다. 또한 연령별로 발달과정과 개인차가 크게 나기 때문에 연령에 맞는 움직임을 고려해야 한다.

> **민감기(sensitive period)**
> 특정 능력, 행동의 발달에 최적인 시기로, 이 시기의 인간은 이러한 속성들을 길러주는 환경 영향에 특히 민감하다.

2장 유아기의 발달 특징

 학습목표

- 유아기의 신체적 발달에 대해 알아본다.
- 유아기의 건강 체력의 발달에 대해 알아본다.
- 유아의 성장과 발달에 영향을 주는 요인에 대해 알아본다.
- 유아기 감각 및 인지적 발달 특징에 대해 알아본다.
- 유아기의 사회 정서적 발달에 대해 알아본다.

1. 유아기 신체적 발달 특징

인간은 동물 중 가장 미성숙한 상태로 태어나게 되는데 발달이란 삶이 시작되는 순간, 난자와 정자가 만나는 순간부터 전 생애에 걸쳐 일어나는 하나의 연속적인 양적·질적인 변화과정이라고 할 수 있다.

태아의 발달과 운동을 연구하는 것은 '의미 없는 부수현상'이 아니다. 태아의 발달과 운동성에 대한 연구는 대단히 중요한 의미를 갖는다. 특히 태내 아기의 운동성에 대한 연구는 무엇보다도 태아의 생존을 위해 중요하다. 최근에는 초음파의 발달로 대단히 정교하게 태내 아기의 움직임과 운동성을 살펴볼 수 있다. 일반적인 놀람, 스트레칭, 하품, 움직이는 형태 등은 출생 후 기능을 예측할 수 있도록 해준다. 또한 뼈와 관절은 골격 연구에도 중요하고 형태를 형성하는 데 중요한 암시를 준다.

영유아 발달에 대한 연구는 광범위하게 진행돼왔다. 특히 영유아들의 지각능력의 가능성과 한계는 많은 연구의 주제였다. 발달을 바라보는 여러 학자들의 관점에 따라 다르게 해석되고 있는데, 첫 번째, 경험주의자들은 경험이 발달의 가장 주된 결정요소라고 주장하며, 아이들의 마음은 태어날 때 정보가 없다는 것을 가정하고 있다. 즉, 아무 표시도 없는 종이와 같은 '백지 상태'(Thomas, 2000)라고 보았고, 태어난 후의 경험이 발달의 가장 주된 결정요소라고 주장하였다. 두 번째, 선천주의자 관점을 가진 학자들은 인간의 발달은 유전자가 지배하거나 정해놓았다는 입장을 고수했다. 즉, 환경보다는 유전적 요인을 강조하였다. 세 번째로 상호작용론자의 관점은 유전(선천주의자)과 환경(경험주의자)이 각각의 역할을 가지고 있다고 보고 있으며, 유아의 발달은 환경과 유전의 복합적 상호작용 속에서 이루어진다고 보는 관점으로, 최근 들어 가장 설득력 있는 관점으로 받아들여지고 있다.

양적인 변화는 신장, 체중, 어휘력에서 보이는 변화와 같이 크기 또는 양의 변화를 의미하며, 질적인 변화는 지능의 본질이나 심리작용에서의 변화 같이 본질, 구조 또는 조직상의 변화를 말한다. 이러한 양적·질적인 변화는 신체적, 운동적, 인지적, 정서적 및 사회적 측면 등 인간의 모든 발달 측면에서 일어나며 서로에게 영향을 주게 된다. 이 장에서는 위의 구분에 따라 태내기에서 아동기까지의 범위를 신체적, 인지적, 정서적 및 사회적 측면에서 다루어보고자 한다.

각 특징들은 태내기, 신생아기, 영아, 유아(아동 전기), 아동 후기로 나누어서 살펴보고자 한다.

가. 태내기의 발달

일반적인 임신주기(gestational age)는 40주이다. 태내기는 수정 후부터 출산 전까지 생명 형태를 갖추는 시기를 의미하며, 유기체적 발달 단계를 ① 배란기, ② 배아기, ③ 태아기로 나눈다.

1) 배란기(발아기, germinal period): 수정~2주

이 시기는 수정 이후 접합체가 세포분열을 계속해가며 자궁에 착상하기까지의 시기를 말하며, 수정된 난자는 세포분열이 시작되고 9~12일 사이에 자궁에 착상한다.

2) 배아기(embryonic period): 2~8주

세포분열이 매우 급속하게 이루어지면서 신체의 거의 모든 기관이 형성되는 시기이다. 이 시기는 빠른 성장과 발달로 인하여 태내기 중 환경의 영향을 가장 크게 받는다.

배아기에는 세포가 세 개의 층으로 이루어진다. 즉, 내배엽, 중배엽, 외배엽으로 이루어지는데, 내배엽(endoderm)은 소화조직과 호흡조직으로 발달한다. 외배엽(ectoderm)은 신경조직과 눈, 귀, 코 같은 감각기관 또는 머리카락이나 손톱 같은 피부조직이 된다. 중배엽(mesoderm)은 순환기관이나 뼈, 근육, 배설기관 및 생식기관으로 발달하게 된다.

표 1-1. 세 개의 세포층으로부터 발달하는 계통들

층	계통
내배엽(안쪽 층)	소화계, 호흡계, 선계
중배엽(가운데 층)	근육계, 골격계, 순환계, 생식계
외배엽(바깥 층)	중추신경계, 감각종말기관, 말초신경계, 피부, 머리카락, 손톱

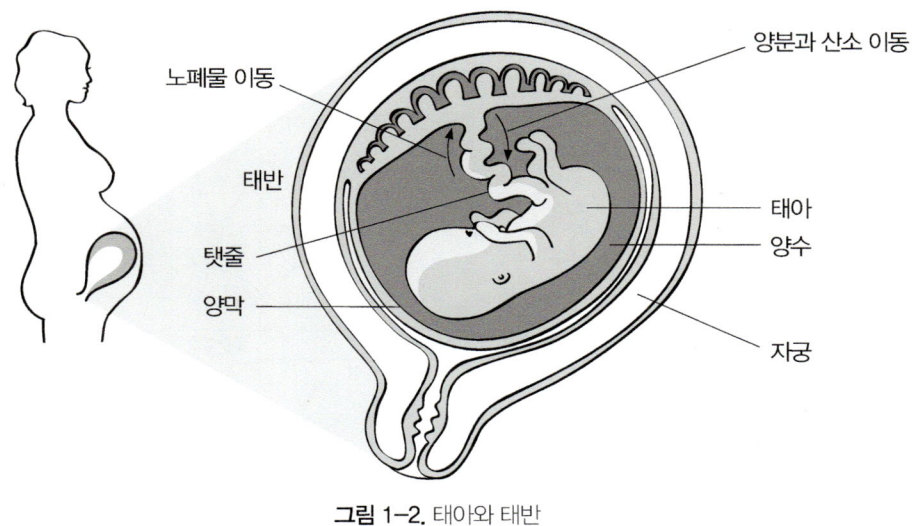

그림 1-2. 태아와 태반

아기는 엄마의 배 속에서 양막에 둘러싸여 있으며, 양막은 배아가 무중력 상태에 떠 있을 수 있도록 해주는 투명한 액체가 들어 있는 주머니를 말한다. 투명한 액체인 양수는 외부 충격으로부터의 완충 작용과 적절한 온도 및 습도를 제공하는 역할을 한다. 원반 모양의 섬유조직으로 구성되어 있는 태반은 탯줄에 의해 배아와 연결되어 있다. 〈그림 1-2〉는 태아와 태반의 연결을 보여준다.

3) 태아기(fetal period): 3개월~출생까지의 기간

태아기에는 생식기관의 분화와 더불어 초보적인 내·외부 신체기관들이 정교해진다. 태아기의 성장은 개인의 일생을 두고 대단히 중요한 영향을 미치는데, 태아기 동안 여러 가지 환경 요인이 후기 발달에 영향을 미치고, 많은 부분을 변화시킬 수 있으며, 또한 임산부와 태아의 순환계 상태와 능력은 성장과 발달에 매우 중요하다. 태아기에 형성되는 골격구조는 초기에는 부드러운 연골인데 점차 뼈 재질로 경화되어 단단해진다.

다음 그림은 수정 후 1~38주까지 유아의 성장 상태를 그림으로 제시한 것이다(최경숙, 2006). 태내기의 기간은 신체적으로 급속하게 성장하는 시기이며, 이 시기에 대한 인지적·정서적·사회적 발달에 대한 연구 결과는 거의 없는 실정이다. 따라서 이 시기의 유아에 대한 지식은 주로 신체적인 변화에 대해 알아볼 필요가 있다.

배아기를 지나 태아기로 접어들면서 태아는 거의 인간의 형상을 띠게 되고 다양한 움직임을 하게 된다.

7~12주까지의 태아의 움직임을 요약하면 다음 〈표 1-2〉와 같다.

I부 유아체육의 이해

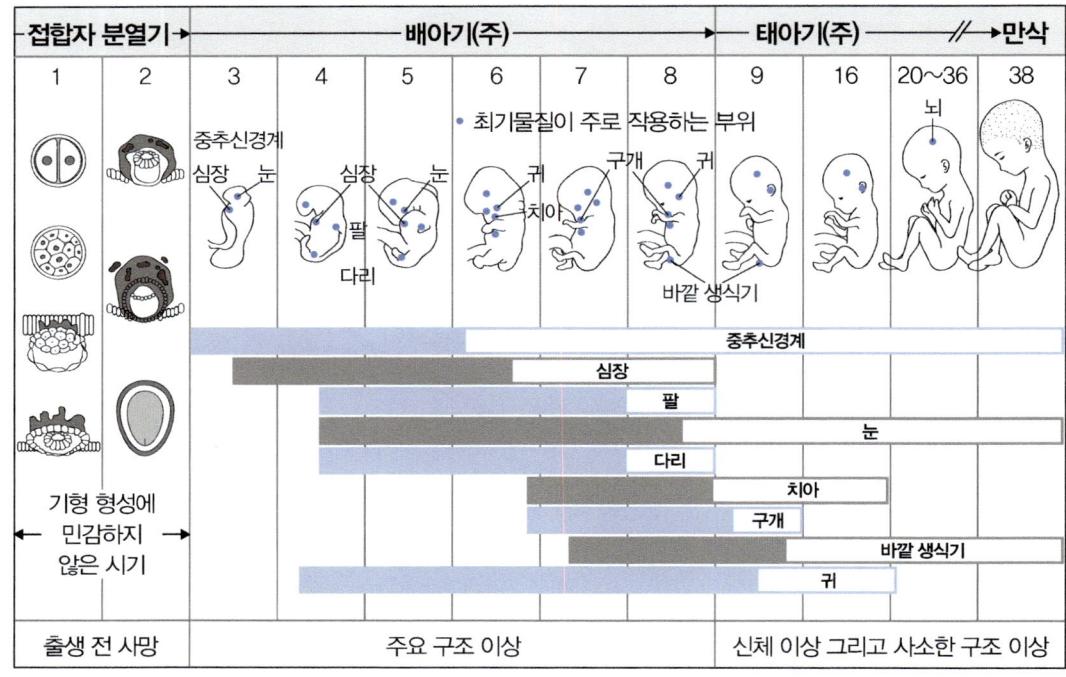

그림 1-3. 태아 성장 그림(한국)

표 1-2. 7~12주까지의 태아의 움직임

태아(주)	움직임 패턴
7주	느리게 목 뻗기
8주	깜짝 놀람/딸꾹질, 일반적 움직임, 각각의 팔 다리 움직임
9주	머리 뒤로 젖히기, 머리 돌리기
10주	손-얼굴 접촉, 숨쉬기 운동, 스트레칭, 턱 열기, 머리를 앞으로 숙이기
11주	하품
12주	꿀꺽 삼키기

다음은 엄마 배 속에서의 아기의 발달 내용을 정리한 것이다.

〈태아의 감각기와 운동기 발달〉

1개월
- 크기가 약 0.3cm가량 된다.
- 미세한 정맥과 동맥을 통해 혈액이 흐른다.
- 척수, 신경기관, 소화기관, 심장, 폐가 발달하기 시작한다.

| 2개월 | • 크기는 약 2.5㎝ 이하이며, 무게는 약 2.2g 정도이다.
• 눈, 귀, 입이 형성되는 등 얼굴 부위가 발달한다.
• 팔과 다리를 움직인다.
• 피부가 촉각 자극에 반응을 보일 만큼 민감해진다.
• 위에서는 소화액, 간에서는 혈액세포가 형성된다.
• 초음파를 통해 심장박동이 감지된다. |

| 3개월 | • 크기는 약 7.6㎝이고, 무게는 약 28.4g이다.
• 팔과 다리, 손가락과 발가락을 움직일 수 있다.
• 손가락에 지문이 생기고, 입을 벌렸다 오므렸다 한다.
• 웃고 찡그리거나 빨고 삼킬 수 있다.
• 외부 성기가 나타나 성을 식별할 수 있다.
• 소변을 배설할 수 있다.
• 팔의 위아래 부분과 손 그리고 다리가 구별된다. |

| 4개월 | • 크기는 약 14㎝이고, 무게는 약 114g이다.
• 심장박동이 커지고, 피부가 얇고 투명하다.
• 솜털이 신체를 덮고 있다.
• 신체 아랫부분이 빠르게 성장한다.
• 태내반사가 강하게 나타나 모체가 태동을 느낄 수 있다. |

| 5개월 | • 크기는 약 25.4~30.5㎝이고, 무게는 약 270g~453g이다.
• 청진기를 사용하여 태아의 심장박동을 들을 수 있다.
• 엄지손가락을 빨며, 손톱과 발톱이 생긴다.
• 발로 차고 꿈틀거리며 딸꾹질을 한다.
• 머리카락, 눈썹, 속눈썹이 자라기 시작한다.
• 자궁 속에서 선호하는 자세가 생긴다. |

| 6개월 | • 크기는 약 27.9~35.6㎝이고, 무게는 약 453~680g이다.
• 피부가 주름져 있고 보호막으로 덮여 있다.
• 눈을 뜰 수 있으며 모든 방향을 쳐다볼 수 있다.
• 손을 강하게 쥘 수 있다.
• 미세한 머리카락이 머리를 덮고 있다.
• 이 시기에 출생하면 생존할 가능성이 전혀 없지는 않으나 호흡기관이 매우 미성숙하기 때문에 위험하다. |

7개월
- 크기는 약 35.6~43.2cm이고, 무게는 약 1.1~1.4kg이다.
- 체내 지방층이 발달하며, 매우 활동적이다.
- 울고, 숨을 내쉬고 들이마실 수 있다.
- 이 시기에 출생한다면 생존할 가능성이 매우 높다.

8개월
- 크기는 약 41.9~45.7cm이고, 무게는 약 1.8~2.3kg이다.
- 자고 깨어 있는 주기가 있으며, 소리에 반응한다.
- 머리뼈가 부드럽고 유연하다.
- 지방층이 태아 몸 전체에 발달하여 자궁 밖의 변화하는 온도에 적응할 수 있게 된다.

9개월
- 크기는 약 48.3cm이고, 무게는 약 2.7kg이다.
- 피부의 주름이 줄어들고 피부의 붉은색이 점차 흐려진다.
- 심장박동이 빨라지고, 노폐물이 더 많이 배출된다.
- 활동성이 줄어든다.

나. 신생아기의 발달

신생아기는 출생 후 2~4주의 기간을 말하며, 신생아의 모습은 머리가 신체 길이의 1/4을 차지한다. 신체는 최종 성인 신체의 1/20 정도이다. 출생 시 대부분 영아들의 뼈는 부드럽고 휘기 쉬우며, 깨지기 어렵다. 신생아가 앉을 수 없거나 붙잡고 서게 해주어도 균형을 잡기 어려운 이유는 뼈가 너무 작고 유연하기 때문이다. 신생아의 두개골(skull)은 자궁의 경부와 산도를 통과하기 쉽게 눌릴 수 있는 몇 개의 부드러운 뼈로 구성되어 있다. 두개골은 6개의 부드러운 부분, 즉 천문들에

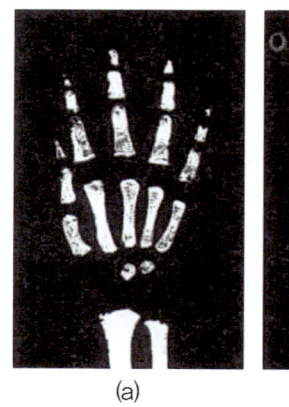 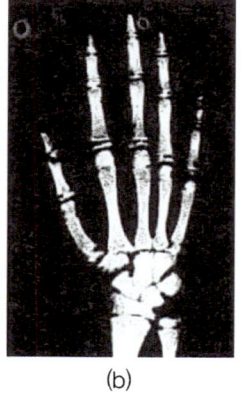

(a) (b)

그림 1-4. 골격발달을 보여주는 X-ray 사진
(a) 평균 12개월 된 남아의 손
(b) 평균 13세 된 남아의 손

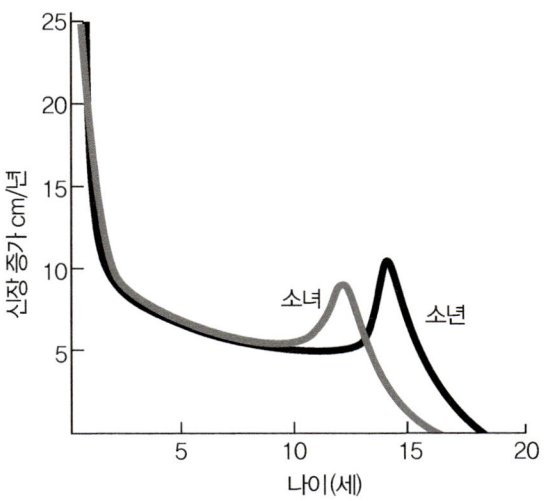

그림 1-5. 출생부터 청소년기까지의 남아와 여아의 매년 신장 증가 모습. 여아는 약 10.5세에 급격한 성장을 보이고, 남아는 약 2년 반 후에 급격한 성장을 보이며 여아들보다 빠른 속도로 성장한다(Tanner, Whithouse & Takaishi, 1966).

의해 나누어져 있는데, 이 천문들은 점차 무기질로 채워져서 2세경에는 전체가 하나의 두개골을 이룬다. 이 이음새, 즉 봉합선들 때문에 뇌가 더 커짐에 따라 두개골이 확장될 수 있다. 신체의 다른 부분, 즉 발목, 발 그리고 손목과 손은 아이가 성숙하면서 뼈의 개수가 증가한다. 〈그림 1-4〉에서 보듯 1세 아이의 손목과 손뼈는 후기 아동기 아이들의 뼈 구조에 비해 연결도 잘 안 되어 있고 뼈 숫자도 적다. 또한 뼈의 성숙은 성차이도 보이는데, 여아의 성숙이 남아보다 빠른 편이다. 출생 시에는 여아들의 뼈 성숙 수준이 남아들에 비해 4~6주 정도 빠르지만, 12세경에는 성별 성숙 차이가 2년까지 벌어진다(Tanner, 1990). 〈그림 1-5〉는 출생부터 청소년기까지의 남아와 여아의 매년 신장 증가를 나타낸 것이다.

신생아는 근육세포가 모두 발달된 상태로 태어난다(Tanner, 1990). 출생 시 근육조직은 35%가 물이며, 아기 체중의 18~24%에 이른다. 그러나 근육섬유는 근육조직 속의 세포질 용액이 단백질과 염분의 첨가로 강화되면서 곧바로 성장하기 시작한다. 근육의 발달은 위에서 아래로, 중심에서 말단 방향으로 진행되어 머리와 목의 근육이 몸통과 사지의 근육보다 먼저 성숙한다.

신생아의 체중은 상당한 편차가 있는데, 이는 다양한 환경 요인과 유전적 요인이 원인이 될 수 있다. 소아·청소년의 성장곡선(신체발육 표준치)은 다음 〈그림 1-6〉에서 〈그림 1-9〉와 같다(보건복지부, 2007).

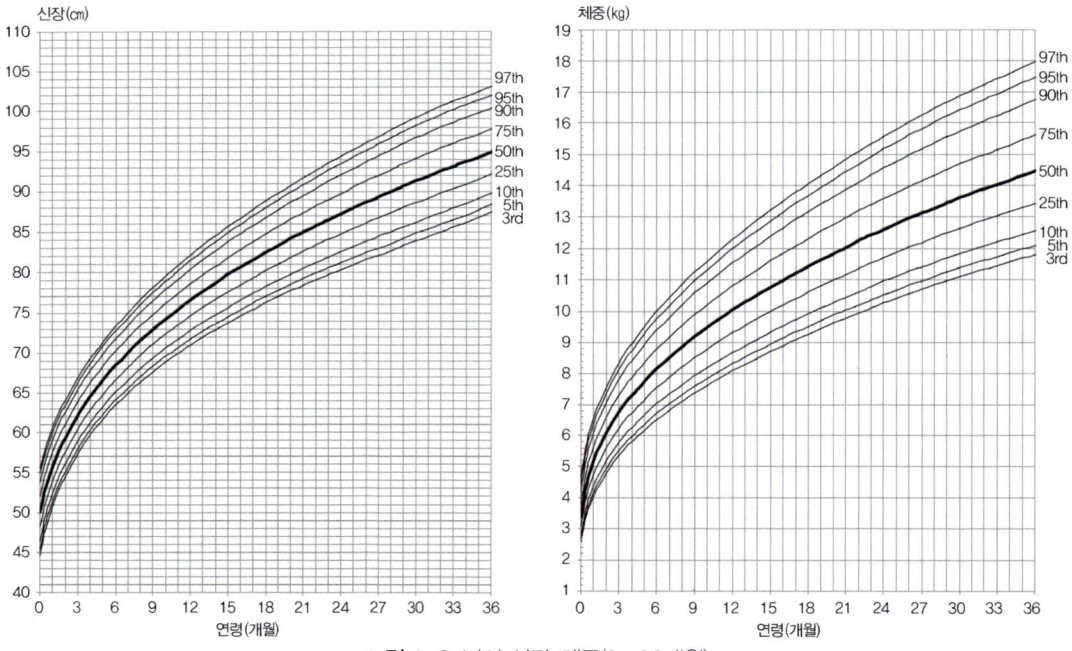

그림 1-6. 남아 신장, 체중(0~36개월)

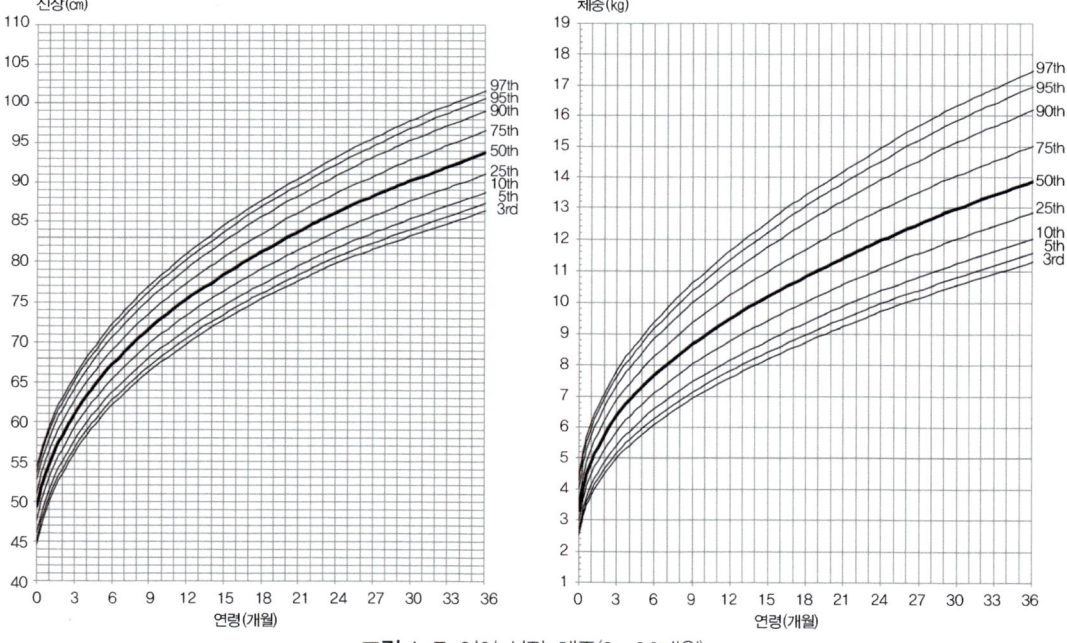

그림 1-7. 여아 신장, 체중(0~36개월)

2장 유아기의 발달 특징

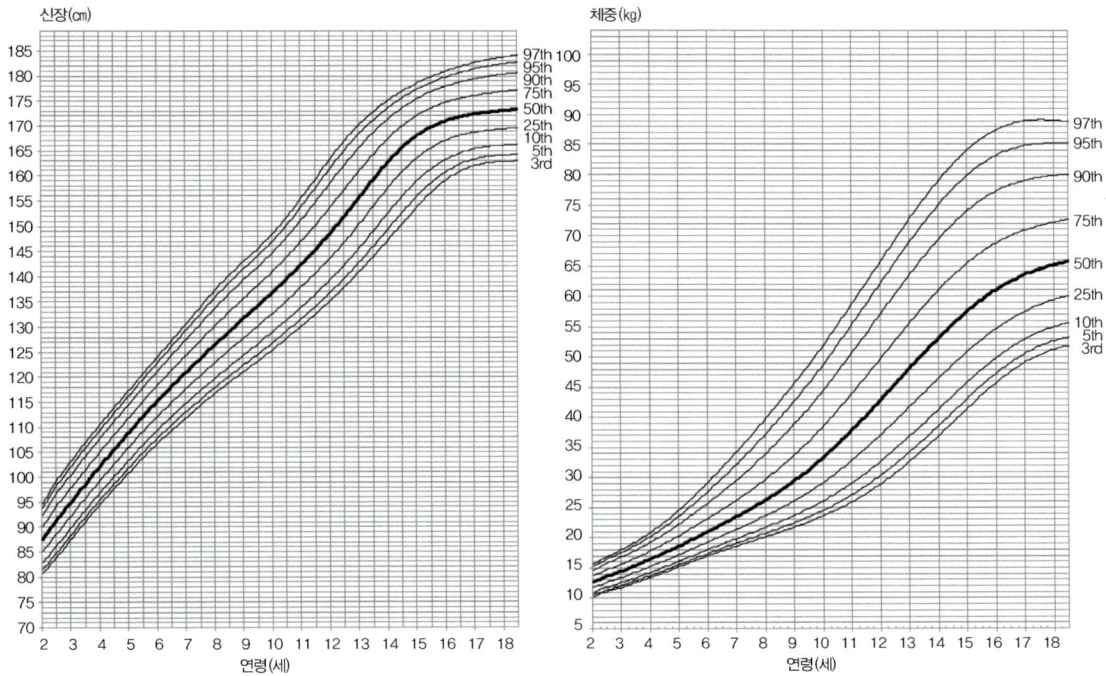

그림 1-8. 남아 신장, 체중(2~18세)

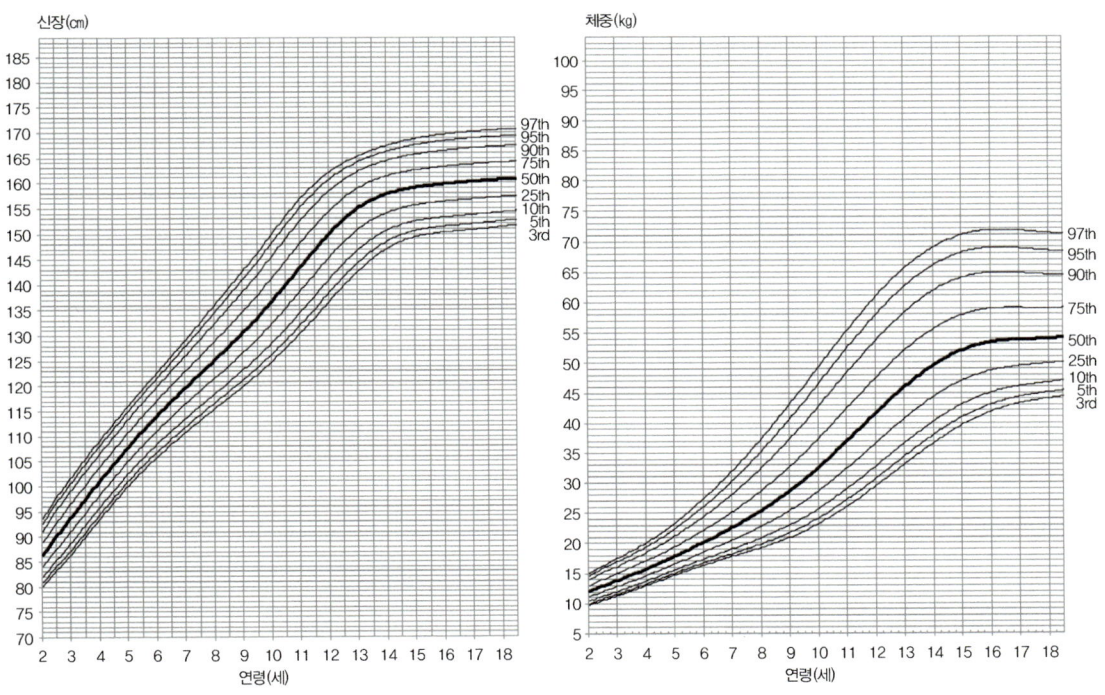

그림 1-9. 여아 신장, 체중(2~18세)

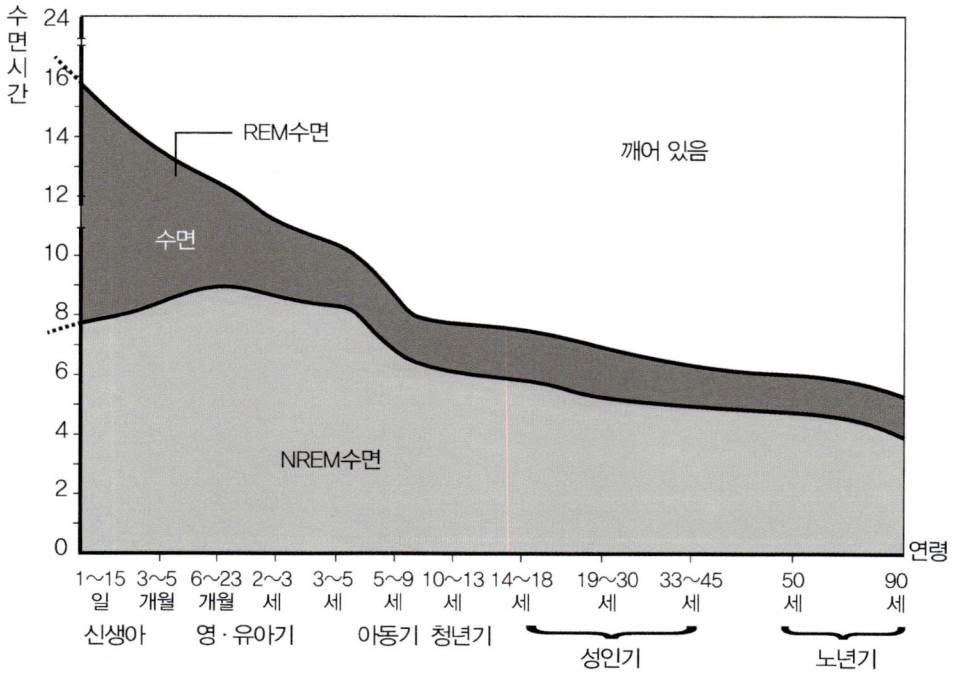

그림 1-10. 연령에 따른 REM수면과 NREM수면의 변화

　신생아는 밤낮 구별 없이 하루의 3분의 2 정도(18~20시간) 잠을 잔다. 〈그림 1-10〉은 연령에 따른 REM수면과 NREM수면의 변화를 나타낸 그림이다. 잠의 양에 비해 깊은 잠을 자는 시간은 불과 몇 시간밖에 안 되는 것으로 알려져 있으며, 그 밖의 시간은 얕은 잠인 렘수면 상태를 유지하게 된다. 따라서 소리나 충격 등의 자극에 곧 눈을 뜨게 된다.

　현재까지의 연구 결과들에 의하면 출생 시 신생아의 체중은 산모의 사회·경제적 지위 및 영양 상태와 밀접한 관련이 있는 것으로 알려져 있다. 최적의 성장을 위해서는 적절한 영양분 섭취와 좋은 건강상태, 적절한 양육환경이 필요하다. 저체중 출생아, 미숙아들은 결핍상태가 심각하지 않고 적절한 중재전략이 제공되면, 자기 또래들을 따라잡는 경향이 있는 것으로 알려져 있다.

　태아와 유아의 정상적인 성장 과정은 아동의 운동발달에 매우 중요하며, 아동의 신장, 체중, 체격, 성숙도는 아동의 초보 움직임 패턴을 습득하거나 수행하는 데 중요한 역할을 한다.

　갓 태어난 아이의 운동신경은 매우 미성숙한 상태이다. 갓난아이가 처음으로 마주하는 문제는 중력의 영향이다. 출생 전에 유아는 액체의 쿠션 속에 있는 상태여서 중력의 영향을 받지 않다가 태어나면서부터 중력의 영향을 받게 된다. 태아에게서 관측된 모든 운동이 갓 태어난 갓난아이에게서도 볼 수 있으며, 갓 태어난 아기는 엄마의 배 안에 있을 때보다는 좀 더 광범위한 운동 래퍼토리를 가지고 있다.

다. 영아기의 발달

영아기는 4주~2세까지의 기간을 말하며, 출생 후 1년 동안 영아의 체중과 신체 길이는 급속히 증가하게 된다. 영아기는 신체 길이가 빠르게 성장하고, 피하조직이 크게 증가하는 특징을 보인다.

태어난 후 첫 한 달은 아기가 대단히 빠른 속도로 성장한다. 몸무게는 하루 평균 30~40g 정도 늘어 한 달 동안 약 1kg이 증가한다. 신장은 5~6cm 정도 늘어난다. 맥박은 1분에 120~140회가량 뛰며, 호흡은 30~40회, 체온은 36.5~37.5℃이다. 아직 목을 가누지는 못하지만 조금씩 턱을 들어올리기는 한다. 신생아의 많은 움직임은 반사에 의해 지배를 받는다. 출생 후 12개월까지 앉고, 기고, 서고, 몸을 굽히고, 올라가고, 걸음마가 시작될 정도로 발달한다. 이 시기에는 뇌신경이 발달하는 단계에 있기 때문에 오른손을 움직이면 왼손도 함께 움직이는 것이 특징이다.

태어난 후 2년째에도 신체 성장은 빠른 속도로 진행되지만 첫해보다는 둔화된다. 신장과 체중의 지수는 중간 정도의 상관관계가 있다.

발달 순서는 머리에서 다리로(두미의 법칙), 중심에서 외관으로, 전체에서 특수 부분으로 발달한다. 두미의 법칙이란 신체적 성장이나 신체 기능의 분화가 머리에서부터 시작하여 점차 다리 방향으로 내려가는 것을 의미하며, 머리 내에서도 머리 윗부분인 뇌와 눈이 턱 같은 아랫부분보다 더 빨리 발달한다.

중심에서 외관으로의 성장은 방향성을 가지고 이루어진다. 따라서 신체 부위별 크기 증가는 똑같은 비율로 이루어지지는 않는다. 상박(어깨~팔꿈치)의 성장이 전박(손목~팔꿈치)이나 손의 성장보다 더 많이 이루어지며, 유아기~사춘기까지 가장 많은 성장은 하지 말단부분으로 시기에 따라 집중적으로 성장하는 부분이 다르게 나타나기도 한다. 마지막으로 전체에서 특수 부분으로의 방향은 걷는 행동에서와 같이 큰 근육을 포함하는 운동능력으로부터 손가락으로 콩을 집는 것과 같은 작은 근육을 사용하는 운동기능으로 발달해나가는 것을 말한다.

영아의 신체 비율은 생후 빠르게 변화하게 되는데, 태내에서부터 5~6개월 이후 두뇌가 급격하게 발달하게 된다. 따라서 신생아의 신체 비율은 머리가 몸 전체 길이의 1/4 정도를 차지하게 되며, 출생 후 두뇌의 성장이 둔화되면서 몸통과 팔다리의 성장이 이루어지게 되면 전체적인 신체 비율이 변화하게 된다.

다음 〈그림 1-11〉은 신체 비율의 변화를 나타낸 그림이다. 그림에서 보는 바와 같이 엄마 배 속에서의 태아는 머리가 가장 먼저 발달하기 때문에 전체 신장 비율로 볼 때 머리의 비율이 크다.

> **발달의 법칙**
> **두미의 법칙:** 머리에서 발끝으로 발달
> **근말식의 법칙:** 중심에서 외관으로 발달

I부 유아체육의 이해

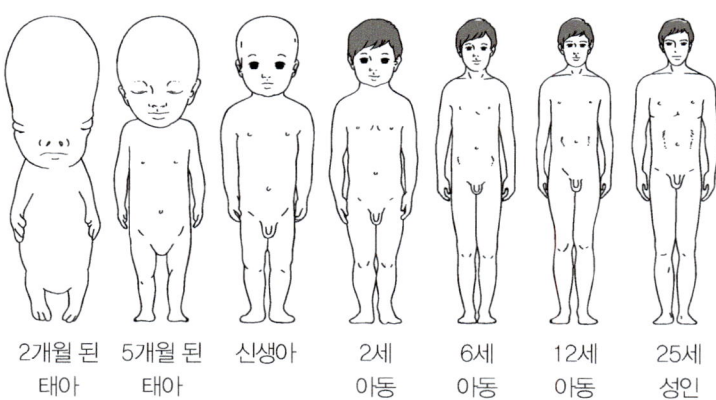

2개월 된 태아 / 5개월 된 태아 / 신생아 / 2세 아동 / 6세 아동 / 12세 아동 / 25세 성인

그림 1–11. 태아기부터 성인기까지의 인체 비율. 임신 후 2개월경에 머리는 신장의 50%를 차지하지만, 성인기에는 겨우 12~13% 정도를 차지한다. 반대로 다리는 임신 2개월경의 태아에서는 전체 신장의 12~13%를 차지하지만 25세 성인기에는 신장의 50%를 차지한다.

표 1–3. 신체 성장의 비율

연령	상체 대 하체의 비율
출생 시	약 1.7배
6개월	1.6배
1세	1.5배
2세	1.4배
4세	1.3배
7세	1.2배
10세	1.1배
12~15세	1.0배

신생아는 보통 4등신으로 몸 전체 길이에 비해 머리가 1/4을 차지하고, 점차적으로 몸통과 팔다리가 길어지면서 머리의 비율은 작아지고 전체적으로 균형이 잡히게 된다. 연령이 많아질수록 변화하는 신체 성장 비율에 대한 수치는 〈표 1–3〉과 같다.

신생아기와 영아기 아기들에게서 나타나는 가장 큰 특징은 반사(reflex)이다. 반사는 출생 후 나타나는 기본적인 움직임 중 하나이다. 반사는 영아의 의지와는 상관없이 나타나는 불수의적인 움직임이며, 영아가 성장하는 데 있어 가장 기본적인 역할을 하게 된다. 일반적으로 외부의 특정한 자극에 특정한 반응을 일으키는 비자발적인 행동으로 정의되는 반사는 보통 자극과 반응의 짧은 잠복기를 가지는 것이 특징이다. 또한 반응은 학습되지 않으며, 길들여질 수 없다. 반사는 전형적인 운동동작을 생성하기 전에 인간이 발현할 수 있는 초보적인 움직임이라고 할 수 있다. 반사는 보통 나타났다가 사라지는 의미 없는 행동이라고 생각할 수 있는데, 반사의 역할은 대단히 중요하다. 반사의 역할은 첫째, 영아의 생존을 돕는 역할을 한다. 영아기에 자신의 삶을 유지하기 위해 나타나는 반사들, 즉 빨기반사나 찾기반사, 잡기반사 등은 기본적인 생존을 유지할 수 있도록 자신을 보호하고 생명현상을 유지하도록 하는 역할을 한다. 둘째, 반사는 미래의 움직임을 예측하게 하는 역할을 한다. 반사는 영아가 미래에 발현하는 수의적인 움직임을 자연스럽게 연습하는 기회로 볼 수 있다. 예를 들어 걷기반사 같은 경우는 미래의 걷기를 위한 준비로 볼 수 있는데, 영아의 발바닥에 압력을 가하면 걷는 것과 같은 패턴으로 움직임이 이루어진다. 이러한 걷기반사는 자발적인 보행 패턴과 매우 유사한 형태를 띠고 있으며, 이는 미래의 행동을 예측할 수 있는 예이다.

셋째, 반사는 영아의 운동행동을 진단하는 역할을 한다. 특정 시기에 나타나는 영아의 반사는 적당한 시기 이후에는 수의적인 움직임들로 대체되면서 사라지게 된다. 특정 반사의 출현과 소멸을 관찰함으로써 신경 상태의 이상 유무를 예측할 수 있다. 일정한 시기가 지났는데도 나타나야 할 반사가 나타나지 않는다거나 소멸되어야 하는데도 지속해서 나타난다면 신경학적인 장애 가능성을 추측할 수 있다. 신경학적인 병변이나 상해의 예측에 사용하는 대표적인 반사는 모로반사이다. 모로반사와 같이 좌우대칭적으로 나타나야 할 반사에서 비대칭적 반사가 나타나면 신경증적인 문제나 상해를 추측할 수 있다. 또한 신경적인 변이와 이상을 판단할 수 있는 반사에는 비대칭 목경직반사가 있다. 이는 눈과 손의 협응뿐만 아니라 좌·우측 인식의 발달과 관련이 깊은 것으로 보고되고 있다(Lord, 1977).

정상보다 더 지속되는 반사작용은 종종 생리학적 위험신호로 간주된다. 연령이 증가함에 따라 반사의 출현 빈도가 달라지는데, 성장할수록 원시반사는 감소되는 반면 자세반사는 점차 증가하는 경향을 보인다.

반사는 크게 원시반사, 자세반사, 운동반사로 나누어볼 수 있으며, 유아들의 운동발달을 예견할 수 있는 중요한 변인이 된다. 신생아에서 발견된 몇 가지 일반적인 반사작용은 다음 〈표 1-4〉와 같다.

찾기반사(탐색반사)

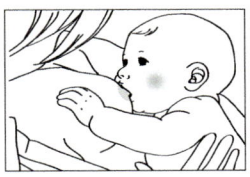
흡입반사

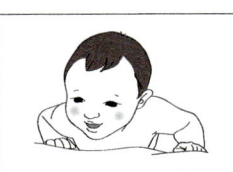
기기반사

수영반사

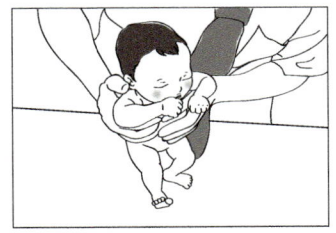
걷기반사

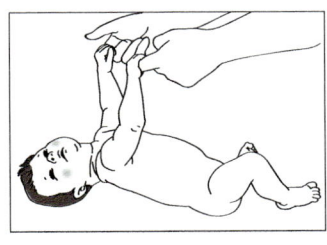
쥐기반사

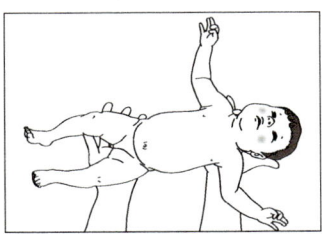
모로반사

그림 1-12. 신생아기의 각종 반사

표 1-4. 신생아에게서 나타나는 반사들

반사작용	자극 및 반응		중요성	발생 연령범위
원시반사(primitive reflexes)				
모로반사 (moro)	갑작스런 큰 소리가 나거나 머리가 아래로 떨어지듯 위치가 변하면 아기는 먼저 팔과 다리를 벌리고 손가락을 펴며 마치 무엇을 껴안으려는 듯이 몸 쪽으로 팔과 다리를 움츠린다.		아기가 어머니에게 매달리는 것을 도와준다.	출생 전~ 6개월
놀람반사 (startle)	갑작스런 커다란 소리에 놀라 팔꿈치를 굽힌 채 팔을 벌리는 자세			7~12개월
포유반사 (찾기반사) (rooting/search)	입 주위의 뺨을 건드리면 대상물을 향하여 입을 벌리고 고개를 돌린다. 이 반사는 신생아가 젖꼭지를 찾고 음식물을 먹을 수 있도록 도와준다.		젖꼭지 찾는 것을 도와주므로 섭식과 관련된다.	생후~ 12개월
흡입반사 (빨기반사) (sucking)	아기의 입에 손가락을 대면 아기는 그것을 찾아 빨려고 한다. 만약 젖꼭지일 경우 빨기, 삼키기, 숨쉬기의 협응 운동을 한다. 빨기반사의 비율과 강도는 개인차가 심하다.		섭식을 가능하게 해준다.	생후~ 3개월
인형눈 반사 (눈 깜박임 반사) (doll-eye)	불빛을 비추면 양쪽 눈을 감는다.		밝은 빛이나 이물질로부터 눈을 보호한다.	출생 전~ 2주
손바닥 파악반사 (palmar grasp)	아기의 손바닥이나 손가락이 자극을 받으면 그 물건을 자동적으로 힘주어 잡는 반응을 보인다.		이후 자발적으로 잡을 수 있는지를 나타내준다.	출생 전~ 6개월
하악반사 (palmar mandibular)	입을 열고 하악을 두드리면 입을 다문다.		피질척수 질환에서 현저하게 나타남	생후~ 3개월
발바닥 파악반사 (plantar grasp)	아기가 발바닥이나 발가락에 자극을 받으면 발가락을 아래쪽으로 오므리는 동작		바빈스키반사와 혼동하지 말 것	4~12개월
바빈스키반사 (babinski)	발바닥을 건드리면 처음에는 다리를 움츠리고, 그다음 발가락을 부챗살처럼 짝 펴는 반응을 보인다.		척추 하부조직에 결함이 있을 경우에는 나타나지 않는다.	생후~ 4개월
목강직반사 (tonic neck reflex)	비대칭성 긴장성 목반사 (asymmetric tonic neck)	머리를 한쪽으로 돌려놓으면 마치 펜싱을 하듯 얼굴이 향하는 쪽의 팔을 쭉 뻗으면서 반대쪽의 팔을 구부린다.	눈과 손의 협응을 가능하게 한다.	출생 전~ 6개월
	대칭성 긴장성 목반사 (symmetric tonic neck)			6~7개월

(계속)

자세반사(postural reactions)			
직립반사 (labyrinthine righting)	아기의 몸을 잡고 여러 방향으로 움직였을 때 머리를 직립으로 유지하려는 반사 움직임		2~12개월
시각 바로잡기 (optical righting)	아기가 시각 자극을 통해 목과 팔다리로 균형을 잡아 머리를 똑바로 유지할 수 있게 한다(동물이 공간에서 머리의 정확한 위치를 유지할 수 있게 한다).		6~12개월
당김반사 (pull-up)	앉아 있는 상태에서 손을 잡아주면 팔을 구부려 일어서려고 하는 반사 움직임		3~12개월
낙하산자세반사 (parachute)	아기를 뒤에서 안아 상체를 아래로 내리면 손을 앞으로 뻗고 손바닥을 펴 보호하려 한다.	추락에 대한 보호 반응	4~12개월
지지반사 (propping)	아기의 몸통을 잡고 좌우로 몸을 이동하면 원래의 자세를 유지하려고 팔과 다리를 움직이는 반사로, 혼자 걸을 때까지 나타난다.		4~12개월
목자세반사 (neck righting)	눕거나 엎드린 상태에서 머리를 한쪽으로 돌리면 목 아랫부분이 같은 방향으로 움직이는 반사	눈과 손의 협응을 가능하게 한다.	생후부터 6개월
몸통자세반사 (body righting)			6~12개월
운동반사(locomotor reflexes)			
기기반사 (crawling)	엎드린 상태에서 발바닥에 자극을 주면 팔다리를 움직여 앞으로 가려고 하는 반사 움직임		생후부터 4개월
걷기반사 (stepping/ walking)	아기의 겨드랑이를 잡고 평평한 곳에 맨발이 닿게 하면 걷는 것처럼 발을 교대로 움직이는 반응을 보인다.	이후 자발적으로 걸을 수 있는지를 보여준다.	생후부터 5개월
수영반사 (swimming)	아기를 물속에 넣으면 뜨기 위해 수영하는 것처럼 팔을 젓고 발을 걷어차는 움직임 반사	물에 빠지지 않으려는 아기의 생존본능	생후부터 5개월

반사를 자세히 관찰함으로써 앞으로 영아에게 나타날 수 있는 움직임이나 건강상태를 예측할 수 있으며, 중추신경의 이상이 있는 경우 반사의 발현 여부를 통하여 진단할 수 있다.

대부분의 반사는 첫 12개월 안에 모두 발현되고, 대부분은 첫 6개월 안에 나타나게 된다. 연령에 따른 반사의 역할은 다음 〈그림 1-13〉과 같다.

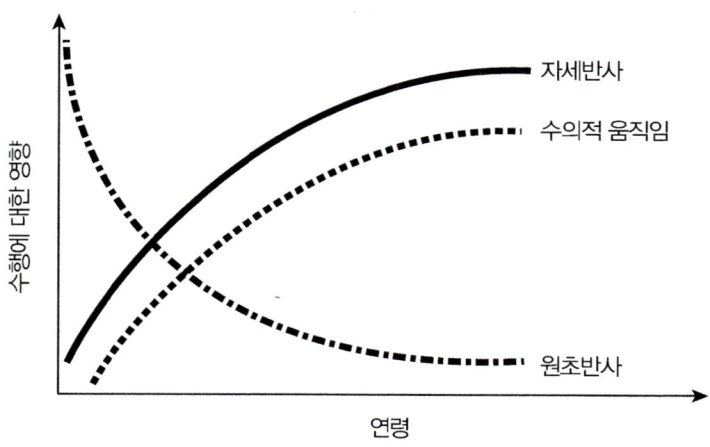

그림 1-13. 연령에 따른 반사의 역할

다음 〈표 1-5〉는 반사의 출현과 소멸 시기를 나타낸 것이다.

표 1-5. 반사의 출현과 소멸 시기

	출생 전 개월	출생	출생 후 개월											
			1	2	3	4	5	6	7	8	9	10	11	12
원초반사														
빨기반사	▓▓	▓	▓▓▓▓▓											
찾기반사		▓	▓▓▓▓▓▓▓▓▓▓▓▓											
모로반사		▓	▓▓▓▓▓▓▓▓											
파악반사	▓▓▓▓	▓	▓▓▓▓											
하악 반사	▓▓▓	▓	▓▓▓											
목강직반사	▓▓▓	▓	▓▓▓▓▓											
바빈스키반사		▓	▓▓▓▓▓▓											
손바닥 쥐기반사	▓▓	▓	▓▓▓▓											
자세반사														
직립반사				▓▓▓▓▓▓▓▓▓▓▓										
목, 몸통 자세반사			▓▓▓▓▓▓▓▓▓▓▓▓▓											
당김반사						▓▓▓▓▓▓▓▓▓								
낙하산자세반사						▓▓▓▓▓▓▓▓▓								
이동반사														
기기반사			▓▓▓▓▓▓											
걷기반사			▓▓▓▓▓											
수영반사			▓▓▓▓▓											

라. 유아기(초기 아동기) 발달

만 2세 이후 유아기 동안에는 성장 속도가 점점 줄어들게 되는데 유아기의 남아와 여아의 신장은 33~47인치(83.8~119.4㎝)이고, 체중은 25~53파운드(11.3~24kg)이다. 이 시기에는 매년 평균 신장이 2인치(5.1㎝)씩, 체중은 5파운드(2.3kg)씩 증가한다. 만 2세 이후부터는 성장 속도가 떨어지지만, 그래도 사춘기까지는 꾸준한 속도를 유지한다. 따라서 유아기(초기 아동기)의 기본 움직임부터 후기 아동기의 스포츠 기술에 이르기까지 여러 가지 다양한 움직임 과제를 발달시키고 정교하게 만들 수 있는 가장 적절한 시기가 바로 유아기이다.

이 시기에는 신체 기능들이 잘 조절되고 생리적 항상성(안정성)이 잘 이루어져 있다. 유아기가 끝날 때쯤에는 일반적으로 방광과 대장의 조절이 잘되지만 여전히 실수하는 경우가 발생하기도 한다.

취학 전 남아와 여아의 체격은 남아가 약간 더 크고 무거워 보이지만 거의 비슷하다. 남아가 여아의 신경자극에 비해 더 많은 근육량을 가지고 있으며, 남녀 모두 지방조직의 점차적인 감소를 보인다. 초기 아동기의 신체 비율은 눈에 띄게 변화한다. 가슴이 복부보다 점차 커지고, 위가 있는 아랫배는 점차 들어간다. 초기 아동기에서 뼈의 성장은 역동적이며, 골격계는 영양실조, 피로, 질병에 특히 취약하다. 초기 아동기 동안 골화가 빠른 속도로 진행된다.

3세 아동의 대뇌 무게는 성인의 약 75%이며, 6세가 되면 거의 90%에 이른다. 중뇌는 출생 시 거의 완전히 발달한 상태이지만, 대뇌피질은 4세가 될 때까지 완벽하게 발달하지 않는다. 신경원(neuron) 주변의 수초 발달(수초화, myelination)은 신경자극을 전달하며, 태어날 때에는 완성된 상태가 아니다. 출생 시 많은 수초가 부족하지만 아동이 성숙해짐에 따라 더 많은 양의 수초가 신경섬유를 따라 깔린다. 수초화는 초기 아동기가 끝날 무렵에 대체로 완성되어 신경계를 통해 신경자극을 완벽하게 전달할 수 있게 된다. 아동의 움직임 패턴은 소뇌의 수초화에 따라 더욱 복잡해진다.

뼈의 성숙에 있어서 모든 부분들이 같은 속도로 자라고 단단해지는 것은 아니다. 두개골과 손은 가장 먼저 성숙하는 반면 다리뼈는 10대 중반에서 후반까지 발달을 계속한다. 두개골, 다리뼈, 손의 넓이(또는 두께)는 일생 동안 약간씩 증가하지만 뼈의 발달은 18세경에 완성된다(Tanner, 1990).

근육조직의 성숙은 유아기에서 아동기로 진행되는 동안에 점진적으로 이루어지며, 청소년 초기에 가속화된다. 남아의 근육 양과 신체적 힘이 여아보다 더 극적으로 증가하기는 하지만, 남아나 여아 모두 근육 성장 급등의 결과로 눈에 띄게 강해진다(Malina, 1990). 남아와 여아의 체격은 뒤에서 보면 구조적인 차이점을 쉽게 찾아볼 수 없을 정도로 비슷하다.

감각기관은 취학 전 시기에도 지속적으로 발달한다. 안구는 12세가 되어야 비로소 완전한 크기가 되며, 어린 아동은 대개 원시안을 갖고 있다. 취학 전 아동은 성인보다 더 많은 미뢰(taste bud)를 가지고 있다. 중이를 인후에 연결하는 유스타키오관은 아동의 경우 짧고 평평해서 귀의 감염과 유체의 잔류에 더욱 민감해진다.

영아기 이후 아동이 성숙해감에 따라 운동능력도 급속하게 발달한다. 그러나 대근 운동제어는 빠르게 발달하는 반면에 소근 운동제어는 제대로 이루어지지 않는다. 아동이 스스로 옷 입는 법을

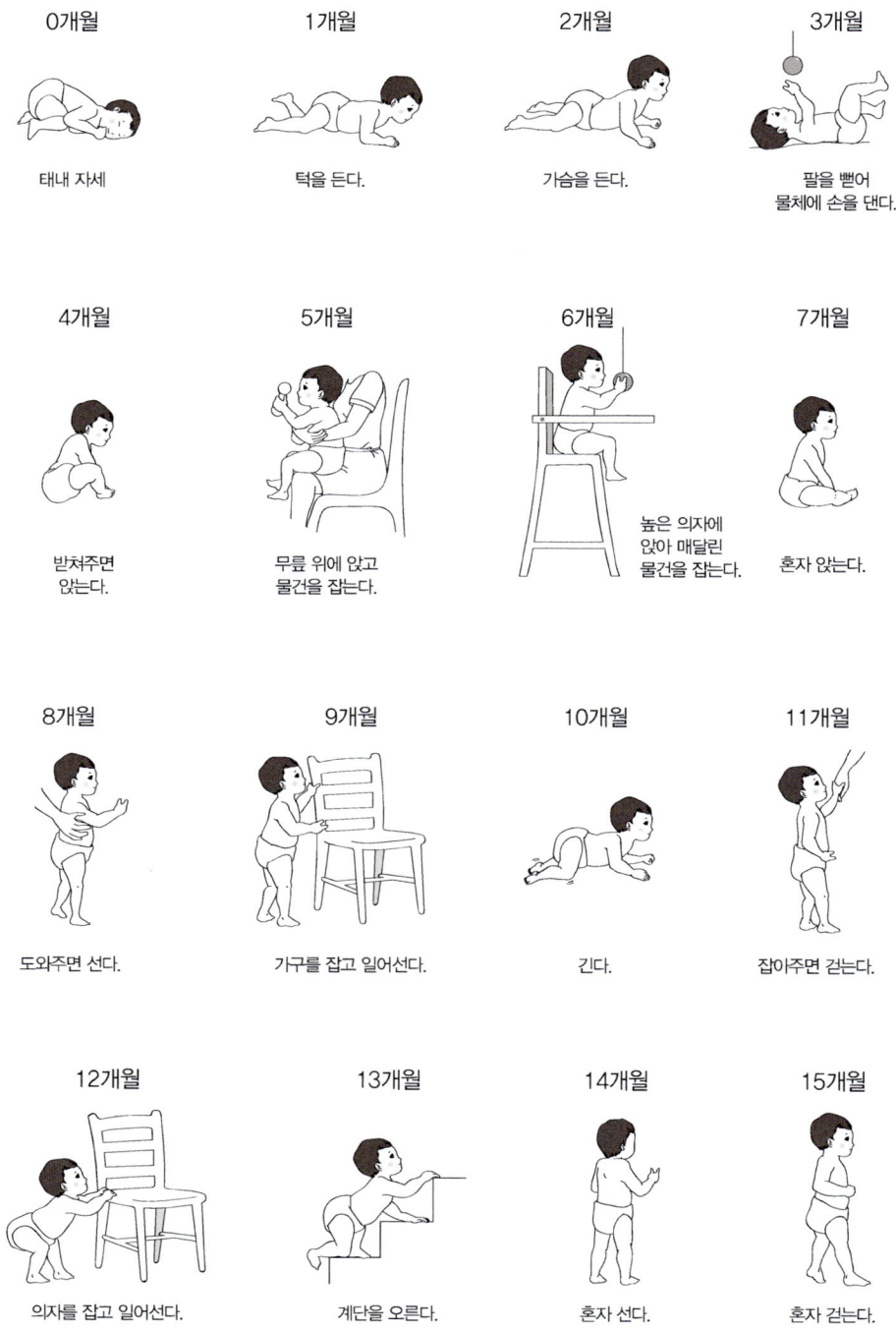

그림 1-14. 0~15개월까지의 신체 발달적 특징

배우기 시작할 정도까지 운동능력들이 발달한다. 그러나 옷을 제대로 입고 단추를 채우는 일에는 도움이 필요할 수 있다.

지각-운동능력은 빠르게 발달하지만 신체의 방향 인식, 시간 감각, 공간 인식에서 혼란이 발생하는 경우가 종종 있다. 원시안 때문에 눈은 장시간 정밀 작업을 할 상태가 되지 못하는 경우가 일반적이다. 3세경에 유아들은 아직 뛰다가 쉽게 방향을 바꾸거나 멈출 수는 없지만 줄을 따라 똑바로 걷거나 달릴 수 있으며, 두 발로 깡충뛰기를 할 수도 있다. 이 시기의 아동들은 여러 가지 운동 기술에서 기본 움직임 능력을 빠르게 발달시킨다. 그러나 줄넘기 같은 양측성 움직임이 일측성 움직임보다 어려운 경우가 많이 있다. 5세경이 되면 일부 유아들은 자전거를 탈 수 있을 정도로 균형감이 향상된다. 이 시기의 유아들은 활동적이고 원기가 있어 걷는 것보다 뛰는 경우가 많이 있지만, 짧은 휴식 시간을 자주 가져야 한다.

0개월부터 15개월까지의 신체 발달적 특징은 〈그림 1-14〉와 같다.

마. 후기 아동기의 발달

6세부터 10세까지의 후기 아동기는 신장과 체중이 느리지만 꾸준히 증가하는 특징이 있으며, 사춘기에 들어가기 전에 키가 크고 살이 찐다. 남·녀 신장은 44~60인치(111.8~152.4㎝)이며, 체중은 44~90파운드(20~40㎏)이다. 성장 속도는 취학 전에 비해 느리지만 특히 8세부터 아동기가 끝날 때까지 꾸준하게 증가한다. 신장은 1년에 2~3인치(5.1~7.6㎝), 체중은 3~6파운드(1.4~2.7㎏)씩 늘어나면서 신체가 길어지기 시작한다. 여러 신체 시스템의 성장은 기관에 따라 변화에서 시기의 차이를 보이며, 그 성장 곡선은 〈그림 1-5〉와 같다.

이 시기는 감각체계와 운동체계의 조직화가 더욱 진전되는 시기이다. 여아는 11세경, 남아는 13세경에 일어나는 사춘기 전 급성장에 앞서 신체적 성장이 점차적으로 이루어지는 특징을 보이지만, 생리적 발달에 있어 여아가 남아에 비해 1년 정도 앞서는 것이 일반적이며, 이 시기의 끝 무렵으로 가면서 남녀 간 관심의 차이가 나타나기 시작한다.

아동은 게임과 스포츠 수행에서의 성숙 수준이 높아짐에 따라 학습과 기능면에서 빠른 발달을 보인다. 이 시기는 성장이 느리기 때문에 아동은 자신의 신체에 익숙해질 시간을 갖게 되며, 이것은 일반적으로 아동기 동안 협응성과 운동제어에서 나타나는 매우 큰 폭의 향상에 중요한 요인으로 작용한다.

아동기의 지각 능력은 더욱 정교해진다. 감각운동기관이 더욱 효율적으로 기능하면서 아동기가 끝날 무렵 아동은 많은 복잡한 기술들을 수행할 수 있게 된다(예를 들어 연습을 통해 시력, 추적 능력, 반응과 움직임 시간, 감각운동의 통합이 향상되기 때문에 던진 공을 치는 능력이 향상된다). 아동은 이 기간 동안 원시안인 경우가 많기 때문에 장시간 정밀 작업을 할 준비가 되어 있지 않다. 그

뇌의 발달

영아의 뇌 성장 발달 속도는 놀라울 정도로 빠르다. 아기의 뇌는 출생 시 이미 모든 뇌세포를 갖고 있다고 알려져 있지만, 그 무게는 출생 시 성인 뇌 무게의 25% 정도가 된다. 발달 변화가 급격하게 일어나 출생 후 6개월 정도에는 성인 크기의 60% 정도가 되고, 2세 말경이 되면 75%에 이른다. 실제로 태아기의 마지막 3개월과 생후 첫 2년을 '뇌 성장 급등(brain growth spurt) 시기'라고 부른다. 왜냐하면 성인 뇌 무게의 절반 이상이 이 시기에 만들어지기 때문이다. 임신 7개월과 첫돌 사이에 뇌의 무게는 매일 1.7g씩 또는 분당 1mg 이상씩 증가한다.

발달의 변화는 뇌 크기의 변화뿐만 아니라 형태, 뇌세포 간의 신경회로망의 연결 정도, 뇌세포 간의 신경전달 속도 등 기능적인 면에서도 변화한다.

성인은 약 1조 개에 달하는 뇌세포를 가지고 있으며, 약 1천조 개의 *시냅스 혹은 세포들 간의 연결 공간을 통해 전기적·화학적 신호들을 전달하기 위해 함께 일한다(Shaffer, 2009 재인용) [그림 1-15].

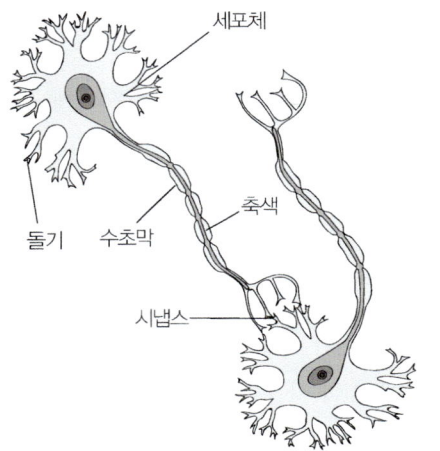

그림 1-15. 뉴런과 시냅스. 2개의 뉴런이 시냅스를 만든다. 뉴런들 간의 시냅스는 한 뉴런의 축색을 다른 뉴런의 수상돌기에 연결한다. 첫 번째 뉴런이 활성화될 때 그 뉴런은 두 번째 뉴런의 전기적 활동을 활성화(혹은 억제)시키는 신경화학전달물질을 배출한다(출처: Janowsky & Carper, 1996).

뉴런(neuron)은 뇌와 신경계의 기본 단위로, 신경자극을 받아들이고 전달하는 세포다. 2개의 뉴런이 시냅스를 형성하게 되는데, 보통의 영아는 성인들보다 훨씬 많은 뉴런과 뉴런 연결을 갖는다. 그러나 이렇게 연결된 뉴런이나 시냅스가 다 존재하는 것이 아니라 이들 중 많은 뉴런이 적절히 자극을 받지 않으면 사라지게 된다(Huttenlocher, 1994).

이 같은 현상은 어린 영아의 뇌가 갖는 놀라운 가소성(plasticity), 즉 뇌세포가 경험의 영향에 고도로 반응적이라는 사실을 보여준다. 뇌는 대단히 많은 양의 뉴런과 시냅스를 생성해 인간이 경험할 수 있는 모든 종류의 감각자극과 운동자극을 받아들일 준비를 하도록 진화해왔다. 생애 초기의 뇌 발달은 전적으로 성숙 프로그램의 전개에 의해서만 이루어지는 것이 아니라 생물학적 프로그램과 초기 경험 둘 다의 결과이다(Greenough 등, 1987). 유아기 동안 뇌 크기의 변화는 *수초화와 시냅스 밀도의 증가로 인한 것인데, 뇌의 수초화가 증가될수록 정보가 전달되는 속도가 빨라지고 효율성이 높아진다. 시냅스의 밀도는 출생 후 2세까지 급격히 증가하다가 그 후 서서히 감소하여 7세경에 성인의 90%에 도달한다.

뇌의 발달도 일정한 순서대로 발달하게 되는데, 영아기 초기에는 주로 반사행동 단계에서 자발적 통제로 발달하고 운동영역이 가장 빨리 발달한다. 시각영역이 청각영역보다 더 빨리 발달하기는 하지만 시각, 청각에 대한 통제영역은 늦게 발달한다.

사용되지 않는 뇌세포는 퇴화하기 때문에 유아는 다양한 자극을 제공하는 풍부한 환경에 노출되어야 한다. 같이 놀 많은 또래들과 많은 장난감과 함께 사육된 동물들은 보통의 실험실 조건에서 사육된 한 배의 새끼들보다 뇌가 더 무겁고 신경 연결망이 더 넓다(Greenough & Black, 1992).

따라서 영유아 시기의 경험은 뇌의 구체적인 구조를 대부분 결정하게 되는 대단히 중요한 시기라고 할 수 있다.

* **시냅스(synapse)**
  한 신경세포(뉴런)와 다른 신경세포 사이의 연결 공간(접합점)

* **수초화(myelinization)**
  신경섬유가 수초라는 덮개에 둘러싸이는 과정을 의미하며, 수초는 신경의 전달 속도를 빠르게 해주는 역할을 한다.

러나 이 시기가 끝날 무렵에는 시지각 메커니즘이 완전히 자리를 잡는다.

아동의 보다 성숙한 성장 패턴의 발달을 극대화시킬 수 있는 비결은 반복해서 사용하는 것이다. 성숙해지는 지각 능력과 함께 연습은 운동 구조들 간의 통합 과정을 강화시킨다. 이 시기에 연습, 지도, 격려 받을 기회를 갖지 못하면 능숙한 움직임 활동의 수행에 필요한 지각 정보와 운동 정보를 얻지 못할 것이다. 선호하는 손이 명백히 자리 잡는데, 대략 85%는 오른손을 그리고 약 15%는 왼손을 선호한다.

이 시기가 시작될 무렵에 가장 기본적인 움직임 능력들은 잘 발달할 가능성이 있다. 신체의 대근육이 소근육보다 명백히 빠른 발달을 보이면서 빌달 방향이 두미식(머리에서 발끝으로) 원리와 근말식(중심에서 말초 부분으로) 원리가 분명히 나타난다. 이 시기 초기에는 반응 시간이 느리기 때문에 눈-손과 눈-발의 협응성에서 어려움이 있다. 눈과 사지를 포함하는 협응 활동들은 발달이 느리다. 따라서 많은 연습이 요구된다. 그러나 이 시기가 끝날 무렵에는 일반적으로 이러한 협응성 능력이 좋아진다. 이 시기는 정교해진 기본 움직임 능력들이 스포츠 기술로의 과도기적 움직임 기

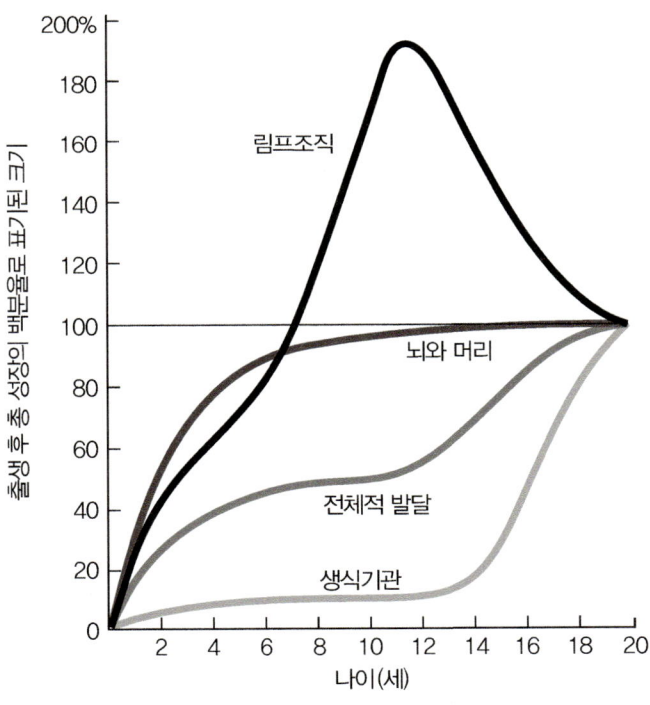

그림 1-16. 여러 신체 시스템의 성장 곡선. 각 곡선은 기관이나 신체 일부분의 크기를 20세 때(수직 눈금에서 100%일 때)의 크기에 대한 백분율로 표시하였다. '전체적 발달' 곡선은 호흡기관, 소화기관, 근육조직뿐만 아니라 신체 크기의 변화를 나타낸다. 일반적으로 뇌와 머리는 신체보다 빠르게 성장하고, 생식기관은 성인의 크기에 가장 늦게 도달한다.

술들로 발달하는 변화의 특징을 보인다.

후기 아동기에 속하는 초등학교에 다니는 아동은 안정적이며, 새로운 상황에 대처할 수 있으며, 주변 세계에 대해 더 많이 알고 싶어 한다. 초등학교 입학은 관심이 아동 개개인에게 주어졌던 상황을 벗어나 집단 상황에 놓이게 되는 아동의 첫 번째 경험이다. 즉, 자기중심적이고 아동 중심의 놀이 세계로부터 성인의 생각과 논리가 반영된 집단지향적인 세계로 점차 전환하기 위한 준비 기간이다. 또한 성공적인 놀이에 필요한 기본적인 기술들이 발달한다. 이 시기는 모두 활력적이지만 종종 지구력이 낮고 쉽게 피로를 느끼는 반면 훈련에 대한 반응성은 좋다.

1학년 때는 처음으로 인지적인 이해가 필요한 것들이 공식적으로 요구된다. 2학년이 되면 아동들은 자신들이 직면한 광범위한 인지적·정서적·심동적 과제들을 극복할 수 있어야 한다. 〈그림 1-16〉은 여러 신체 시스템의 성장 곡선을 나타낸 그래프이다.

2. 건강 체력의 발달

건강 체력이라는 의미는 건강과 관련된 신체적인 능력을 의미한다. 그러나 유아들에게 있어서의 체력에 대한 개념은 아직 명료하게 정의되어 있지 못하며, 유아들의 신체활동의 중요성은 이미 많이 강조되고 있지만 전 세계적으로도 이와 관련된 연구는 아직 대단히 부족한 실정이다. 따라서 유아들의 건강과 관련된 체력의 개념이 완벽하게, 적절하게 정의되지 못하고 있다. 또한 유아들의 체력 평가를 위한 타당도와 신뢰도를 갖춘 절대적 기준이 거의 없다. 더구나 6세 이전의 유아들에 대한 건강 체력과 관련된 연구는 거의 없는 상태이다. 그러나 여기서는 건강 체력을 구성하고 있는 심폐지구력, 근력, 근지구력, 유연성, 체성분 등 건강 체력 요소로 언급되고 있는 요소들과 관련하여 유아들의 발달 단계의 알려진 내용에 대해 간략하게 언급하고자 한다.

가. 심폐지구력의 발달

심폐지구력은 심장과 폐, 혈관계의 지구력을 말한다. 심폐지구력은 순환계와 호흡계를 많이 사용하는 강도 높은 활동을 반복적으로 사용하기 위해 필요한 능력이다.

최대산소소비량은 에너지 생산능력을 알려주는 척도이다. 최대산소소비량은 남성의 경우 8~20세까지 연령 증가에 따라 향상되는 모습을 보이며, 여성의 경우에는 대략 14세에 이르면 감소하는 경향을 보인다(Amstrong & Welsman, 2000). 이 이후에는 훈련을 통해서만 향상될 수 있다고 보고되고 있다. 신체의 크기 차이 때문에 여성의 산소소비량은 남성의 75% 수준이다. 10세 남아의 경우 여아에 비해 12% 정도 높으며, 성별에 따른 차이는 10대 때 더욱 커지게 되는데, 16세의 경우 37%까지 차이가 나는 것으로 나타나고 있다. 8세 미만 유아들의 산소소비량은 소수

표 1-6. 호흡수와 심박수의 변화

연령 변인	신생아	1세	2세	4~5세	성인
호흡수(횟수/분)	30~60	30~40	25~30	20~25	16~18
심박수(횟수/분)	120~160	120~160	100~120	90~100	65~75

연구자들에 의해 연구가 이루어져 일반화하는 데는 문제가 있다.

심박수의 측정은 심폐능력을 측정해볼 수 있는 가늠자가 되기도 하는데, 출생 시 영아의 심박수는 분당 120~140회이지만 1년 후에는 분당 80~100회로 감소하게 된다. 안정 시 심박수는 성장하면서 꾸준하게 감소되며, 신생아기 안정 시의 심박수는 120~160회/분 정도이고 2세 때는 100~120회/분, 5세는 90~100회/분 정도로 성인의 65~75회/분에 비하면 상당히 빠르며, 성인기의 안정 시 심박수는 영아기의 안정 시 심박수의 거의 50%까지 감소한다. 심박수는 경우에 따라 변화하는데, 예를 들어 체온이 1℃ 상승하면 15~20회 정도 증가하며, 운동할 경우에도 증가한다. 호흡 상태는 호흡수에 의해 표현되는데 신생아의 경우 30~60회이며, 4~5세는 20~25회, 성인의 경우는 16~18회 정도로 횟수가 감소되어간다. 호흡수는 맥박수의 1/4 정도이고, 과격한 놀이를 할 때 호흡수는 평상시의 7~10배에 달한다. 6세 유아의 폐활량의 평균치는 1,000cc 정도로 성인 여성의 1/3 정도이다. 유아는 짧은 시간의 운동이라 할지라도 맥박이 현저히 올라가나 운동을 멈추면 순간적으로 안정 시보다 낮아지는 현상을 볼 수 있다. 이는 심장의 조절 능력이 충분히 발달하지 않았기 때문으로 보인다.

최대 심박수도 연령이 증가하면서 감소하는 경향을 보인다. Mrzena와 Macuek(1978)은 트레드밀을 이용하여 3~5세 유아의 최대 심박수를 측정해보았는데, 유아들의 최대 운동 심박수는 150~200회/m 정도가 된다고 보고하고 있다. 또한 Parizkova(1977)는 벤치스테핑 과제를 통해 3세 유아들의 최대 심박수를 측정한 결과 160회/m로 나타났다고 보고했으며, Cumming과 Hantiuk(1980)의 연구에서는 유아들의 최대 심박수가 180~234회/m로 보고하고 있다. 그러나 최대 심박수의 측정은 유아들의 참을 수 있는 능력이 부족함으로 인해 그 신뢰도는 떨어진다고 할 수 있다. 유아기와 청소년의 경우에는 최대 심박수가 195~220회 정도이고, 성인 초기에는 200회, 50~60대 성인 중기와 후기에는 160회 전후로 감소하게 된다.

나. 근력

근 기능의 유지·발달은 일상생활을 유지하는 데 필수적인 요소이다. 유아의 근육은 3~4세경에 급속히 발달하여 5~6세가 되면 근육을 형성하는 근섬유가 굵어지고, 근력이 강해지며, 체중의 약 75%를 차지하게 된다. 영아기인 1년 동안은 수의근이 완전히 조정되지 않아서 낮은 강도의 신체활동에도 빨리 피로를 느낌과 동시에 빠르게 회복하는 특징을 보인다.

근력은 근육이 힘을 발휘하는 신체의 능력을 말하는데, 이론적으로 근력은 한 번에 근육이 발휘할 수 있는 최대 힘을 의미한다. 아동기의 근력과 근육의 질량은 성장에 따라 자연스럽게 증가하는데, 9~10세 아동이 팔을 구부리는 동작을 할 때 근육이 큰 아동이 더 큰 힘을 내는 것으로 나타났다(Wood, Dixon, Grant & Amstrong, 2006). 점차 근육의 질량은 증가하여 14세경에 최대로 성장하게 되며, 최대 근력은 15세경에 나타나는 것으로 알려져 있다(Rasmussen, Faulkner, Mirwald & Bailey, 1990). 근력의 변화는 성별에 따라 다른 양상을 보이는데, 약 13세까지는 성별에 따른 근력의 차이가 거의 없으나 남학생이 여학생보다 약 10%가 근력이 더 높은 경향을 보이는 것으로 나타났다(McArdle 등, 2006). 청소년기 이전에는 근육의 무게가 체중의 27%를 차지하나 청소년기에는 약 40%로 증가한다. 남자는 6세부터 사춘기까지 근력이 꾸준히 증가하며, 17세를 전후로 급격한 향상을 보인다. 여자는 15세까지 꾸준한 증가가 나타나며, 성인 이전까지 근력이 일정하게 유지된다.

Clarke(1971)는 케이블 장력계를 이용해 18회의 종단 연구들을 실시하여 7~17세 사이의 남아들의 근력이 매년 증가하는 것을 밝혀냈다. Beunen과 Thomis(2000)에 따르면 3~6세 사이 유아들의 근력의 성별 차이는 거의 없음을 보고하고 있다. 남아의 경우 6세부터 사춘기의 시작 지점(대략 12세경)까지 근력은 선형 발달의 모습을 보이고, 17세 이후 근력은 큰 폭으로 가속화된다. 여아의 경우 근력은 대체로 15세까지 선형 발달을 보이며, 10대 후반 이후에는 뚜렷한 정체 혹은 퇴보 양상을 보인다.

유아에서 아동으로 성장하면서 신체 크기의 급속한 변화는 근력 및 개인적인 성장 패턴의 다양성과 정적 관계를 가지면서 예측을 어렵게 하고 있다.

다. 근지구력

근지구력은 지속적으로 근력 운동을 지속할 수 있는 능력을 말한다. 근지구력은 유아의 경우 매년 뚜렷한 향상을 보이게 되며, 남아의 근지구력이 여아의 근지구력보다 조금 더 좋다고 알려져 있다. 같은 또래의 남아에 비해 일찍 사춘기에 접어드는 여아(일반적으로 10~11세경)가 근지구력에 있어 남아보다 더 좋은 경우가 흔히 있다.

라. 유연성

유연성은 여러 관절의 가동범위를 포괄하는 여러 관절의 움직임 능력을 말한다. Clarke(1975)는 유연성이 관절에 따라 다르고 연습을 통해 향상될 수 있음을 언급하면서 남아의 경우 10세경

그리고 여아의 경우 12세경부터 감소하기 시작한다는 결론을 내리고 있다. 뼈의 성장이 활발한 사춘기에는 뼈의 성장이 근육의 길이가 길어지도록 하는 자극이 되기 때문에 유연성이 감소하게 된다(Micheli, 1984). 이와 같이 뼈의 성장이 유연성의 감소에 영향을 미치는지는 명확치 않으나, 성장기에 적절한 유연성 훈련을 하지 않으면 유연성이 감소된다. 유연성은 청소년기 후반이나 20대 초반에 가장 높으며, 연령이 증가함에 따라 점차 감소하는 경향을 보여 20대 후반부터 50대 사이에 약 38%가 감소된다. 특히 척추 신전이나 어깨 굴곡 동작이 다른 동작에 비해 유연성이 빠르게 감소하는 것으로 나타났다(Einkauf, Gohdes, Jensen & Jewell, 1987; Germain & Blair, 1983; Roach & Miles, 1991). 또한 여성보다 남성의 유연성이 빠르게 감소한다.

마. 체구성

체구성은 체지방량과 제지방량의 비율로 정의된다. 체구성은 아동과 성인, 노인의 건강과 밀접하게 관련된 체력 요소이다. 피하지방조직은 임신 3개월경에 나타나고 8개월경에 급속히 발달한다. 남성의 경우 출생 시 체지방은 11%, 여성은 14%이며, 지방세포의 수는 약 50억 개에 달한다. 신생아의 지방세포 수는 첫 12개월 동안 증가하며, 생후 12개월경의 체지방률은 남성이 26%, 여성이 28%까지 증가한다(Butte 등, 2000). 일생 중 지방조직이 급격히 성장하는 때는 생후 12개월이 되는 시기와 사춘기를 전후한 시기이다.

지방조직이 비정상적으로 증가하게 되면 비만이 발생하게 된다. 비만은 주로 20~50대 사이에 발생하며, 여러 가지 성인병을 유발하는 원인이 된다. 또한 비만은 운동발달에 부정적인 영향을 미친다. 비만 혹은 과체중 유아는 정상체중 유아보다 걷는 시기가 늦어지는 것과 같은 운동발달의 지연이 나타나게 된다(Shirley, 1931; Slining 등, 2010; Jafle & Kosakov, 1982). 또한 근력과 심폐지구력의 감소에 영향을 미쳐 사춘기 청소년은 체지방이 1% 증가할 때마다 12분 걷기 또는 달리기 검사에서 수행력이 감소하게 된다(Watson, 1988).

3. 유아의 성장과 발달에 영향을 주는 요인

가. 영양섭취

태아기의 신체발달에 영향을 주는 요인들 중 영양섭취가 가장 중요하다. 성장 지체의 정도는 영양부족의 심각성, 지속시간, 시작 시점에 의해 좌우된다. 예를 들어, 만성적 영양실조가 생후 4년 동안에 일어났다면 정신발달에 있어 또래를 따라잡을 가능성이 거의 없다. 그 이유는 뇌 성장의 결정적 시기가 이미 지났기 때문이다. 장기적 영양부족과 영양과잉은 유아들의 성장에 심각한 영향을 미치게 된다. 또한 영양실조는 신체 성장을 방해할 뿐만 아니라 특정 질병을 중재하는 조건이 될 수 있다. 예를 들어, 비타민 D가 부족하면 형성된 뼈의 석회염으로 인해 뼈의 연화와 기형을 만드는 구루병을 가져올 수 있다. 비타민 B12 결핍은 피부 손상, 위장 장애, 신경학적 증상을 수반하는 니코틴산 결핍 증후군(pellaga)을 초래할 수 있다. 만성적인 비타민 C 결핍은 원기 상실, 관절 통증, 빈혈증, 골단골절 증세를 수반하는 괴혈병(scurvy)을 초래할 수 있다.

연구 결과에 따르면, 특히 유아기와 초기 아동기에 만성 영양실조(chronic malnutrition)로 고통 받는 아동들은 그 또래의 성장 기준을 결코 완전히 따라잡을 수 없으며, 성장 지체(growth retardation)로 인해 고통을 받는다. 성장 지체는 모든 인종 집단에서 나타나지만, 그것의 확산 정도는 성, 인종적 혈통, 소득 수준에 따라 다르다. 성장 결핍의 사례는 개발도상국뿐만 아니라 미국 같은 선진국에서도 나타나는데, 이유는 산업화로 인한 빈곤층의 형성과 기초 영양 지식에 대해 무지한 부모 때문인 것으로 보고되고 있다. 미국의 질병통제센터에서는 빈혈증을 가진 아동이 그 연령기의 전형적인 운동 발달 달성기준에 뚜렷하게 지체를 보였다고 보고했다.

영양 결핍도 문제이지만 영양과잉도 아동 성장에 영향을 미친다. 현재 대부분의 국가들에서는 비만이 중요한 문제로 대두되고 있다. 전 세계 비만 인구는 6억 명(WHO, 2014)으로 추산되고 있으며, 비만 성인의 80%는 유소년기 때 비만(대한체육회, 2013)인 것으로 알려져 있다. 세계보건기구(WHO)는 유소년 비만 퇴치를 21세기가 해결해야 할 중대 과제로 규정하고 있다(대한체육회, 2012; 서울시체육회, 2013; CDC, 2009).

이같이 유아의 발달에 아주 중요한 영향을 미치는 요소인 영양은 너무 지나쳐도 모자라도 안 되기 때문에 유아기 건강과 발육·발달을 위해서는 적절한 영양섭취를 할 수 있도록 하여야 한다. 그러나 아직 우리나라에서는 유아의 연령에 따른 영양 가이드가 정확하게 제시되고 있지 않아 앞으로의 과제로 남아 있다. 또한 여러 가지 활동과 영양 요인이 훗날의 발달에 어떤 영향을 주는지는 시작 연령과 지속시간 그리고 심각성의 정도에 의해 결정된다고 알려져 있지만, 자세한 기준에 대한 연구도 앞으로 지속적으로 이루어질 필요가 있다.

나. 운동과 손상

신체활동의 원칙 가운데 하나는 사용과 미사용의 개념이다. 이 원칙에 따르면, 사용되는 근육은 비대해지고(hypertrophy, 크기의 증대), 사용되지 않는 근육은 위축(atrophy, 크기의 감소)된다. 아동의 경우 활동이 근육 발달을 촉진시킨다는 것은 명백하다. 근섬유 수가 증가하는 것이 아니라 근섬유 크기가 커지는 것이다. 근육은 더 큰 스트레스에 반응하고 적용한다. 활동적인 아동들이 더 많은 근섬유를 가진 것이 아니라 더 많은 근육량과 더 적은 지방세포를 가지고 있을 뿐이다.

일반적으로 신체활동이 아동의 성장에 긍정적인 영향을 주기는 하지만, 지나치게 과도한 활동은 부정적인 영향을 초래할 수 있다. Malina(1994)는 일련의 연구들이 과도한 훈련 프로그램에 참여한 어린 선수들의 신장과 체중의 성장 속도가 감소한 것을 밝혀냈다. 특정 스포츠는 아동 신체의 특정 관절을 과사용하게 한다. 과사용은 골단골절과 성장판 손상을 일으킬 수 있다. 유해한 활동과 유익한 활동을 구분할 수 있는 결정적인 기준이 무엇인지에 대해 아직 명확하지 않다. 그러나 장기간에 걸친 강도 높은 활동이 유아의 근육과 뼈 조직에 손상을 가져올 가능성을 배제할 수는 없다. 아동들을 위한 운동과 활동 프로그램들은 세심하게 감독되어야 한다.

요약하면 규칙적인 운동이 뼈 성장 길이에 직접적으로 영향을 미친다는 생각을 지지하는 증거는 거의 없다(Malina, 1994). 뼈의 성장은 활동 수준에 의해 영향을 받지 않는 호르몬 작용에 의한 것이기는 하지만, 운동은 뼈의 직경을 증대시키고 뼈를 더욱 강하게 만들어 덜 부서지게 하는 골광화작용(bone mineralization)을 촉진시키는 것은 사실이다. 개인의 한계를 넘지 않는 수준의 스트레스는 뼈에 유익하며, 신체활동은 골광화작용과 근육 발달을 자극하여 지방 축적을 지체시키는 데 도움이 된다고 알려져 있다.

다. 질병과 기후

질병이나 질환이 성장을 지체시키는 정도는 병의 지속시간과 심각성 그리고 병에 걸린 시점에 의해 좌우된다. 종종 아동에 있어 영양실조와 질병 간의 상호작용으로 인해 성장 자체의 특정 원인을 정확하게 파악하기가 어렵지만, 이상 상태의 결함은 아동을 위험에 처하게 하고 성장 결핍의 가능성을 크게 높인다.

많은 문헌들이 기후에 따라 신장, 체중, 사춘기의 시작 지점 등에서 차이가 있다고 보고하고는 있지만, 영양과 건강의 상호작용 효과뿐만 아니라 유전적인 차이의 가능성도 기후와 신체 성장 간의 직접적인 인과관계를 입증하는 것을 어렵게 하고 있다. 앞으로도 유아의 성장과 발달 관계에 대한 연구 결과들이 더 많이 이루어질 필요가 있다.

유아의 성장과 발달에 영향을 주는 요인에 대해 요약해보면 다음과 같다.

① 아동기 동안 신장과 체중의 느리지만 꾸준한 증가는 아동에게 지각 정보와 운동 정보를 협응시킬 수 있는 기회를 제공한다.
② 영양부족과 영양과잉은 성장 패턴에 영향을 미칠 수 있으며, 불충분한 영양 상태 심각성의 지속기간에 따라 아동에게 항구적인 영향을 미칠 수 있다.
③ 유소년스포츠의 코치들은 강도와 운동 기간에 따른 효과에 대해 관심을 갖고 있다. 신체운동이 성장 과정에 긍정적인 영향을 미치는 것은 사실이지만 지나치게 과도한 훈련량이 요구되는 경우를 제외하고는 신체활동이 아동들에게 해로울 수 있다는 주장을 뒷받침하는 증거는 아직 거의 없다.

④ 기후 요인 역시 아동들의 성장 속도를 가속 또는 감속시키는 요인이다. 생활양식과 영양섭취 환경에서의 차이가 장기적으로는 유아의 성장의 추세 변화에 중요한 역할을 한다.

4. 유아기 감각 및 인지적 발달 특징

가. 감각의 발달

태아의 반응, 즉 운동은 감각수용체를 통하여 자극을 받아들임으로써 일어나게 되는데 감각 수용체의 3가지 유형에는 내부감각수용기, 내장수용기, 자기수용기가 있다.

내부감각수용기 또는 내수용기라고 하는데, 이 수용기는 체내장기에서 오는 자극들을 감지한다 (예: 혈압, 복통, 포만감, 갈증에 관한 정보 제공). 내장수용기는 빛의 파동이나 소리의 진동 같은 외부환경에서 오는 정보를 제공하게 되며, 자기수용기는 근육이나 힘줄의 긴장이 만드는 몸의 움직임이나 위치에 관한 정보를 감지함으로써 정보를 전달하게 된다.

이러한 정보의 수용은 오감을 통하여 감지되는데, 태내 또는 갓 태어난 신생아들에게 오감은 중요한 정보 수용 역할을 한다. 오감은 인간의 5가지 감각을 말하며, 시각, 청각, 촉각, 후각, 미각을 의미한다. 각 감각 발달의 내용을 알아본다.

1) 시각

시각은 영유아일 때 가장 늦게 발달한다. 황반과 접안근육은 태어날 때 완벽하게 완성되지 않아서 응시, 초점 맞추기 그리고 안구 움직임을 관장하는 데 부족하다. 그럼에도 불구하고 유아들은 생후 1~2주까지 움직이는 물체에 시선을 가져간다. 태어난 지 얼마 안 되는 영아는 다른 형태 (pattern)보다는 얼굴(또는 얼굴 모양의 자극)을 추적하려는 경향을 보이는데, 이러한 얼굴에 대한 선호 경향은 생후 1~2개월 내에 사라진다. 이러한 선호 경향은 뇌의 하위피질에 의해 조절되는 반사(reflex)이며, 이러한 반사는 영아가 자신을 돌봐주는 사람과 친숙하게 되며, 사회적 작용을 촉진시킨다고 알려져 있다(Shaffer, 2009 재인용).

신생아는 출생 시 눈 깜빡거림 기관과 눈물기관이 충분하게 발달해 있지 못하기 때문에 생후 1~7주 동안은 눈물을 흘리지 못한다. 시력, 원근 조절, 주변시, 쌍안시, 응시, 추적, 색채감각, 형태지각은 생후 몇 주와 몇 개월 사이에 빠른 속도로 발달한다. 물체를 식별할 수 있는 능력은 생후 6~7개월 때 성취하는 것으로 보인다.

신생아도 밝기에 예민(Pratt, 1954)한데, 조명의 강도가 바뀌면 동공반사가 나타난다. 밝기에 대한 변별은 생후 몇 주 안에 급격히 발달하여 2개월경에는 백지 위에 5% 정도의 관도 차이를 보이는 하얀 선을 구별할 수 있다. 또한 움직임을 감지하는데 천천히 움직이는 시각적 자극을 눈으로

표 1-7. 유아의 시지각과 관련한 몇 가지 선별된 능력들의 발달적 측면

시각적 특징	선별된 관련 능력	대략적인 시작 연령
빛에 대한 감각 시각기관은 신생아 때 완벽하며, 바뀌는 광원의 세기에 적응할 때 처음으로 사용된다.	• 공감성 동공반사(동공의 수축과 팽창) • 사시 • 광원 쪽으로 머리 돌리기 • 밝은 빛일 경우 눈 감기 • 잠잘 때 눈꺼풀 닫기 • 밝은 빛보다 흐린 빛에서 더 활동적임	• 생후 2~3시간까지 • 생후 14일까지 • 출생 시 • 출생 시 • 출생 시 • 생후 1년까지
시력 눈의 성숙에 따라 초점거리가 매일 길어진다.	• 시각기관은 기본적으로 완벽 • 초점거리 4~10인치(10.2~25.4cm) • 초점거리 약 36인치(9.14cm) • 초점거리 약 100피트(30.5cm)	• 출생 시 • 생후 1주일까지 • 생후 3개월 • 생후 1년
원근 조절 원근 조절은 수정체의 기능적 성숙에 좌우된다.	• 서투름 • 성인과 유사	• 생후 2개월까지 • 생후 2~4개월
주변시 주변시는 수평 방향으로 빠르게 개선된다.	• 중심에서 15도 • 중심에서 30도 • 중심에서 40도	• 생후 2주까지 • 생후 1~2개월 • 생후 5개월
응시 응시는 단안이며, 생후 첫 몇 주 동안에는 본질적으로 반사성이다.	• 한 눈을 밝은 대상에 고정 • 두 눈을 밝은 대상에 고정 • 고정된 밝은 면에서 다른 면으로 머리 돌리기 • 머리를 고정시키고 움직이는 대상 쫓기 • 대상 쪽으로 시선 보내기	• 출생 시 • 생후 2~3일 • 생후 11일 • 생후 23일 • 생후 10주
추적 추적은 처음에는 단속적이다가 점차 원활해진다. 운동 구성요인 보다 훨씬 빠르게 발달한다.	• 수평 • 수직 • 대각선 • 원	• 단속적 추적은 태어나면서부터 시작 • 원활 추적 안구운동은 생후 2개월경 시작 • 순서는 고정
깊이지각 출생 시 단안시는 곧 쌍안시와 깊이 지각으로 대체된다.	• 단안시 • 쌍안시 • 깊이지각	• 출생 시 • 생후 2개월 • 생후 2~6개월
색채 구별과 선호 연구결과들이 일치하지 않으며, 색채감각은 출생 시 로돕신과 요돕신의 양에 따라 나타날 수 있다.	• 색채감각 • 색채지각 • 색채보다 모양 선호 • 색채 구별	• 출생 시 • 생후 10주 • 생후 15일 • 생후 3개월
형태지각 구별은 초기에 시작되어 그 복잡성에서 빠르게 발달한다. 사람의 얼굴은 선호되는 대상이다.	• 무늬가 있는 것을 선호 • 표정 모방 • 사람 얼굴 선호 • 크기와 모양 불변 • 2차원과 3차원 형태 구별	• 신생아 • 신생아 • 신생아 • 생후 2개월 • 생후 3개월, 생후 6개월

따라갈 수 있다(Shaffer, 2009 재인용).

　출생 시 거리 시각은 성인 능력의 약 20/300으로, 정상적인 시력을 가진 성인이 9m 밖에서 볼 수 있는 것을 신생아는 0.6m 떨어진 곳에서 볼 수 있다. 성인에 비해 신생아들은 뚜렷한 시각적 대비를 요구하기 때문에 여러 가지 형태를 구별하는 데 어려움이 있는 것으로 알려져 있다(Shaffer, 2009 재인용). 영아들의 시각 상은 뚜렷하지 않을 가능성이 높은데, 이는 눈의 렌즈를 조절하여 사물에 초점을 맞추는 것이 어렵기 때문이다. 시력은 생후 몇 개월 동안 빠르게 향상되지만 영아가 성인만큼 볼 수 있으려면 6개월에서 1년 정도 걸린다. 생후 2~3개월 때 원근감을 느낄 수 있게 된다. 위는 유아의 시지각과 관련한 몇 가지 선별된 능력들의 발달적 측면을 표로 정리한 것이다(표 1-7).

　영아의 시지각에 있어 중요한 발달적 측면들과 이러한 능력이 나타나기 시작하는 대략적인 연령은 〈표 1-8〉과 같다.

표 1-8. 영아의 시지각 발달표

연령	형태지각	공각지각
생후~1개월	• 시각 입력 추적, 시각적으로 극명하게 대조되고 적당히 복잡한 자극 선호 • 시각 목표물의 경계를 훑어봄	• 어느 정도의 크기 항상성을 보임 • 거대하게 나타나는 물체 및 운동 깊이 단서에 반응
2~4개월	• 자극 전체를 시각적으로 훑어봄 • 움직임으로부터 형태 지각 • 주관적 윤곽의 일부 탐지 • 뒤섞인 얼굴보다 정상적인 얼굴 선호 • 엄마 얼굴 재인식, 매력이 없는 얼굴보다 매력이 있는 얼굴 선호	• 시각 절벽 위에서 깊이 단서 탐지 • 양안 깊이 단서에 민감해짐
5~8개월	• 고정된 물체의 형태지각 • 보다 미묘한 주관적 윤곽 탐지	• 크기 항상성 향상 • 그림(단안) 깊이 단서에 민감해짐 • 낭떠러지를 무서워함
9~12개월	• 제한된 정도(예: 움직이는 불빛)로부터 형태지각 • 타인의 표정 해석	공간지각의 모든 측면이 더욱 정교해짐

영아의 시지각

• 형태지각

영아는 단순한 형태보다는 복잡한 형태를 선호하며, 매우 복잡한 자극보다는 적절하게 복잡한 자극을 선호하고(그림 1-17), 가장 잘 볼 수 있는 것은 적당히 복잡하면서도 극명하게 대조되는 형태이다. 1개월 된 영아는 대상의 형태를 훑어보며, 2개월 된 영아는 대개 바깥쪽 특정 가장자리나 경계선보다는 내부 모양에 집중한다(그림 1-18). 생후 2~3개월쯤 되면 영아는 좀 더 상세하게 보고 좀 더 체계적으로 탐색할 수 있으며, 좀 더 구체적인 형상 같은 시각 형태를 구성할 정도로 성숙해진다. Cohen은 생후 6개월 정도가 되면 유아는 2차원으로 찍힌 사람의 얼굴 사진을 구별할 수 있다고 보고하고 있다. 모양과 패턴을 구별할 줄 아는 유아의 능력은 이 기간에 급속히 발달하며, 생후 6개월이 지날 무렵이면 훨씬 정교한 수준에 도달한다.

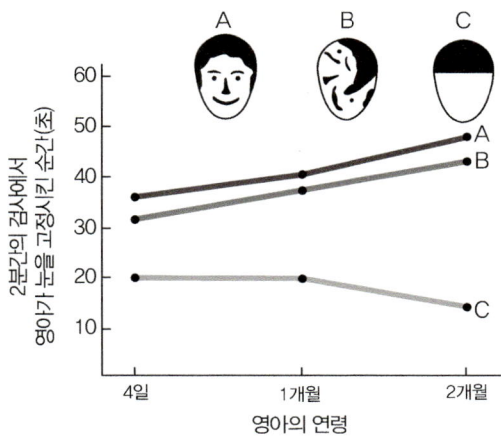

그림 1-17. 어린 영아의 형태 선호를 알아보기 위한 Fantz의 실험. 영아는 단순한 흑백의 달걀형보다는 복잡한 자극을 더 선호하였다. 그러나 영아는 뒤섞인 얼굴 모양보다 정상적인 얼굴 모양을 더 선호하지는 않았다(Fantz, 1961에서 인용).

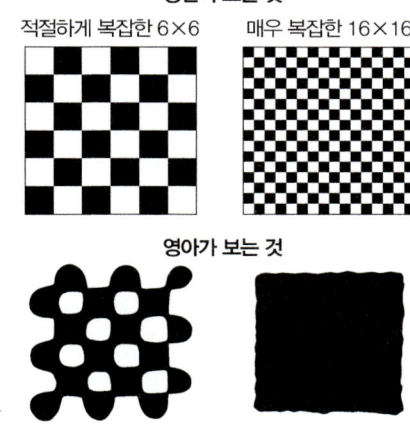

그림 1-18. 어린 영아의 눈에 비치는 유형의 모습. 별로 좋지 않은 시력을 가진 눈이 이 두 장기판을 시각 처리한다면, 오직 왼쪽 장기판의 유형만이 눈에 흔적을 남길 것이다. 영아는 생후 초기의 좋지 않은 시력으로 인해 매우 복잡한 자극보다는 적당히 복잡한 자극을 선호한다(Banks & Salapatek, 1983에서 인용).

1개월 된 영아

2개월 된 영아

1개월 된 영아

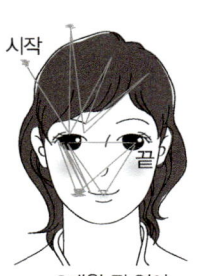
2개월 된 영아

그림 1-19. 영아의 눈의 움직임. 눈의 움직임을 사진으로 찍음으로써 연구자들은 영아가 시각적 자극을 훑어볼 때 무엇을 보는지를 알 수 있다. 비록 아주 어린 영아는 전체 형태를 볼 수는 없지만, 2개월 된 영아는 1개월 된 영아보다 훨씬 더 철저하게 대상의 형태를 훑어보며, 대개 바깥쪽 특정 가장자리나 경계선보다는 내부 모양에 집중한다(Salapatek, 1975에서 인용).

(계속)

- **깊이지각**

깊이지각은 자신으로부터 대상이 떨어져 있는 거리를 판단하는 능력이다. 정적 깊이지각은 Gibson & Walk(1960)와 Walk(1966)의 시각절벽(visual-cliff) 실험을 통해 연구되었는데, 이들 연구자들은 자기 힘으로 이동할 수 있는 유아와 동물들이 다양한 깊이를 지각할 수 있도록 만든 시각절벽(그림 1-20)이라는 장치를 고안하여 유리 바닥의 중간 경계에 영아를 올려놓고 유리절벽 위를 건너오게 하였다. 6개월 반 이상 된 영아들의 90% 이상이 얕은 구역은 지났으나 절벽으로 착각하게 되는 깊은 구역을 지난 영아는 10%도 채 되지 않음을 발견하였다. 기어 다닐 정도가 된 대부분의 영아는 깊이를 지각하고 낭떠러지를 두려워한다. Joseph Campos와 그의 동료들(1992)은 수주 동안 기어 다닌 영아가 아직 기기 시작하지 않은 영아보다 낭떠러지를 훨씬 두려워함을 발견하였다. 영아는 운동발달을 통해 깊이의 의미를 다르게 해석한다고 볼 수 있다.

그림 1-20. 시각절벽 실험

- **색채지각**

신생아들은 색채도 구분하는 것으로 알려져 있는데, 회색과 청색의 구별은 어려우나 습관화를 통해 다른 많은 색을 구별할 수 있다고 보고되고 있다(Powers, Schneck & Teller, 1981). 노란색보다 파란색과 초록색을 더 오래 보는 것으로 보아 태어날 때 색을 식별할 수 있는 능력을 가지고 있는 것으로 보인다. 3~4개월경에는 색에 대한 시각이 상당히 성숙하여 색을 잘 변별할 수 있을 뿐만 아니라 성인들이 하듯이 여러 가지 색을 몇 가지 기본 범주, 즉 붉은색, 초록색, 노란색 계통으로 나눌 수 있다(Shaffer, 2009 재인용).

- **시각과 운동의 협응**

시각은 운동 발달과 대단히 밀접한 관련성을 가진다. 다음은 연령에 따른 시각과 운동과의 협응 형태를 정리한 표이다 (표 1-9).

표 1-9. 연령에 따른 시각-운동 협응 형태

3세	4세	5세	6세	7세	8세
직접적인 시각반응에 손을 사용	손의 지지가 필요하지 않음	수직과 수평 개념 이해	과제 흉내를 보다 쉽게 함	크레용보다는 연필 선호	다이아몬드 모양을 모사
기술적인 조작	깊이지각에 의한 발견 활동	사각형과 삼각형을 모사	그림 그리기 능력 향상	글자와 숫자를 동일한 크기로 작성 가능	필기체 가능
선을 보다 잘 조절하여 긋게 됨	신발끈 묶기	세밀한 손가락 조절능력 증가		보다 정확하게 인물 묘사	글자를 균일하게 정렬
원과 십자가 모양을 모사할 수 있음	큰 버튼 누르기	선과 선 사이에 색깔을 입힘			
작은 블록 쌓기	움직임이 말초중심으로부터 지향	보다 정확한 자르기 동장			
필기류를 다룸	인지적 그림을 그리기 시작	인지적 사물을 그림			
구슬을 뺌					
가위로 종이 자르기					

2) 청각

신생아는 소리의 크기, 방향 등을 구별하는 것이 가능하다. 태아가 자궁 안에서 어머니의 목소리와 음악을 들을 수 있는 것은 실험을 통하여 입증되었다. Decasper와 Fifer(1980)는 태아가 소리를 들을 수 있는지 실험하였다. 임산부로 하여금 임신 마지막 6주간 이야기책 하나를 하루에 두 번씩 읽어주도록 한 다음 아기가 출생한 후에 같은 이야기책을 읽어주어 아기의 빨기 반응을 살펴 보았다. 그 결과 다른 이야기책을 읽어주었을 때보다 더 빠르게 젖꼭지를 빨았고, 다른 여성의 목소리보다 어머니의 목소리일 때 반응을 더 많이 나타냈다. 이러한 결과는 아기들이 태내에서도 들을 뿐 아니라 태내에서 들은 것을 기억하고 있음을 알 수 있다.

또한 신생아도 비교적 잘 들을 수 있는데, 큰 소리가 나면 놀라고 그 소리로부터 머리를 돌린다. 작은 소리가 나면 소리 나는 방향으로 얼굴을 돌려 그 근원을 찾는 모습을 보인다(Field 등, 1980; Muir, 1985). 소리 나는 방향으로 얼굴을 돌리는 신생아의 행동이 출생 후 2개월경에 사라지는 것으로 나타나고 있는데, 이런 측면에서 보면 이것을 반사행동으로 해석하는 경우도 있다.

성인 언어에 대한 아기의 반응은 그의 사회적, 정서적 그리고 지적 발달에 긍정적으로 영향을 줄 수 있고, 성인으로부터 관심을 일으키게 하고 대인 접촉을 강화시켜준다. 영아의 청각은 생후 4개월에서 6개월 사이에 크게 향상되며, 매우 작은 소리의 탐지는 아동 후기에 이르러서야 가능하게 된다(Irwin 등, 1985).

3) 촉각

신생아는 손가락으로 뺨을 건드리면 고개를 돌리고, 입술을 건드리면 빠는 동작을 한다. 또한 따뜻하거나 차가운 것 같은 온도의 변화에 민감하여 우유가 뜨거우면 빨기를 거부하고 방안의 온도가 떨어질 때는 체온을 유지하기 위해 몸을 활발하게 움직인다. 이 같은 활동은 아기들의 촉각이 이미 태어나면서부터 발달해 있음을 말해준다.

접촉에 대한 민감성은 영아가 주변 환경에 대한 반응성을 높이는 반응이라고 볼 수 있다. 미숙아를 인큐베이터 속에서 주기적으로 쓰다듬어주고 마사지해줄 때 발달이 더 진행되는 것으로 나타나고 있으며, 주의집중을 잘 못하는 영아를 마사지해줌으로써 영아를 안정시킨다는 연구들은 접촉을 통해 영아가 주변 사람들과 더 밀착하게 된다는 증거가 된다(Field 등, 1980).

생후 1년 동안 영아는 물체를 탐구하기 위해 촉각을 사용하기 시작하는데, 처음에는 입술과 입, 나중에는 손을 이용한다. 따라서 접촉은 영아가 주변 환경에 대한 지식을 습득하는 주요 수단이며, 영아의 초기 인지발달에 매우 결정적으로 기여한다(Shaffer, 2009 재인용).

신생아는 따뜻함, 추위 및 온도 변화에도 상당히 민감하다. 방의 온도가 갑자기 낮아지면 더욱 활동적이 됨으로써 신체 내부의 열을 보존하려 하기도 한다(Shaffer, 2009 재인용).

4) 후각

신생아는 좋아하는 자극에 대해서는 미소를 짓거나 자극이 있는 방향으로 고개를 돌리는 반면, 싫어하는 자극에 대해서는 얼굴을 찡그리거나 반대 방향으로 고개를 돌린다. 생후 6일 된 신생아들을 대상으로 한 연구에서 모유 수유로 자라고 있는 아기들에게 어머니의 젖을 댄 거즈와 사용하지 않은 깨끗한 거즈를 코에 가까이 댔을 때 아기들은 어머니의 젖을 댄 거즈를 선호하였다. 그러나 2일 된 신생아들은 이 같은 선호를 나타내지 않았는데, 이러한 결과는 냄새에 대한 선호가 발달하기까지는 며칠간의 경험이 필요함을 의미하는 것이라 볼 수 있다.

신생아는 자신과 가장 가까운 사람을 변별하는 초기 수단으로 각각의 사람들에 대해 독특한 후각적 특성을 이용한다.

5) 미각

신생아는 쓰거나 시거나 짠 용액이나 맹물보다는 단맛이 나는 용액을 빠른 속도로 오랫동안 빠

표 1-10. 영아의 청각, 후각, 미각, 촉각 능력의 발달적 구분

지각 양상	능력	발생 시기
청각지각: 완성된 구조를 갖추었으며, 소리에 반응할 수 있다.	크고 날카로운 소리에 반응함	영아기
	소리에 주의를 기울임	출생
	크게 지속되는 소리에 주로 반응함	출생
	소리의 높낮이를 구분함	1~4일
	소리의 강약 차이에 반응함	3~6개월
	부모의 목소리에 반응함	5~6개월
	성인 수준의 반응을 보임	24개월
후각지각: 완전한 기전을 갖추었으며, 다양한 냄새에 반응할 수 있다.	냄새에 반응함	출생
	자극이 반복되면 감응이 감소함(습관화)	생후 4주 이내 영아
	좋은 냄새와 좋지 않은 냄새를 구분함	2~3일
	엄마의 냄새를 선호함	2주
	경험을 통하여 냄새를 구분하는 능력이 향상됨	유아기
미각지각: 단맛, 신맛, 쓴맛의 차이에 반응할 수 있다.	단맛, 신맛, 쓴맛 순으로 맛의 선호도가 생김	생후 4주 이내 영아
촉각지각: 반사 움직임을 통하여 다양한 촉각자극에 반응한다.	뺨을 건드리면 머리를 돌림 입술을 건드리면 빨기 동작을 함 자극이 주어지는 손가락과 발가락을 오므림	영아기

는 경향을 보인다. 이 같은 능력은 태어난 지 2시간밖에 안 된 아기들에게서도 나타나는데, 달거나 시거나 쓴 용액을 맛보게 했을 때는 다른 표정을 지었다. 즉, 단맛에는 미소를 짓거나 입맛을 다신 반면, 신맛에는 코를 찡그리며 입을 오므렸고, 쓴맛에는 입술을 내리면서 혀를 내밀거나 뱉어내는 반응을 보였다(Shaffer, 2009 재인용).

유아의 청각, 미각, 후각, 촉각, 지각의 발달적 구분은 〈표 1-10〉과 같다.

나. 유아기의 인지적 발달 특징

인간이 지식을 습득하고 문제 해결과정에서 이를 사용하는 정신적 과정을 '인지(cognition)'라고 한다. 인지과정은 인간으로 하여금 주변 환경을 '이해'하여 적응할 수 있도록 도와주고 주의, 지각, 학습, 사고, 기억 같은 인간의 정신세계를 특징짓는 관찰될 수 없는 사건과 활동을 포함한다(Bjorklund, 2000). 인지의 발달은 대부분의 학자들이 유아기(만 3~6세)에 국한되어 설명하지 않고 아동기 전체(초기 아동기, 후기 아동기)를 구분하여 설명한다.

특히, 인지이론의 가장 대표적인 학자인 Piaget의 이론은 현재까지도 인간의 인지이론을 가장 잘 설명하고 있는 이론으로, 그는 인지의 발달을 초기 아동기와 후기 아동기로 나누어 설명하고 있다.

초기 아동기에는 깨어 있는 대부분의 시간을 놀이로 보내는데, 놀이는 말 그대로 아동들에 있어 일에 해당하는 것으로 볼 수 있다. 이 시기의 아동들은 무엇보다 놀이를 통해 자신의 신체와 움직임 능력을 배운다. 놀이는 대근 운동기술과 소근 운동기술의 발달을 위한 중요한 수단일 뿐만 아니라 어린 아동들의 인지적·정서적 성장의 중요한 촉진제이다. 초기 아동기는 인지발달의 중요한 시기로서, Piaget의 용어에 따르면 '전조작적 사고 단계'이다. 이 시기에는 언어와 놀이에서 상징적 사용 능력이 발달한다. 전조작기 유아는 외부에 단서가 없어도 머릿속으로 어떤 대상을 표상하는 것이 가능해진다. 아동의 상징 사용은 그림이나 언어 또는 놀이에서 나타난다. 특히 상징놀이에서는 '~인 척'하는 가장의 요소를 역할, 사물, 장소, 행동에 적용시킨다. 전조작기에는 자기중심성, 물활론, 중심화 같은 비논리적인 사고가 특징적인데, 이 시기 동안 아동들은 궁극적으로 논리적 사고와 개념 형성의 토대가 되는 인지 기능을 발달시킨다. 자기중심성이란 유아가 자신의 입장에서만 보고, 다른 사람의 생각이나 관점 그리고 감정을 자신과 동일하다고 가정하는 현상을 말한다. 즉, 유아는 우주의 모든 현상에 대해 자신을 중심으로 생각하며, 내가 보고 있는 것을 상대방도 보고 있으며, 내가 느끼는 것을 상대방도 느낀다고 여긴다.

자기중심성은 유아가 다른 사람의 입장을 고려하지 못하는 상태를 의미하며, 이러한 유아기의 자기중심성은 다른 사람의 관점을 수용하는 능력이 제한되어 있음을 의미하는 것일 뿐 이미 자기중심성이 어떤 것인지에 대한 사고의 판단이 있으면서 자기중심적으로 움직이는 이기주의와는 구별되는 개념이다. 어린 아동들은 극도로 자기중심적이어서 거의 모든 것을 자기의 관점에서 본다.

취학 전 아동들의 지각은 그들의 사고를 지배하고 특정 순간에 경험한 것이 그들에게 많은 영향을 미친다. 말 그대로 보는 것만 믿는다. 이 시기의 아동들은 자신의 사고를 재구성할 수 없으며, 자기가 어떻게 결론에 도달했는지를 다른 사람에게 설명할 수 없다. 놀이는 인지 구조가 점차 높은 수준으로 발달해가는 데 꼭 필요한 수단이다.

물활론은 무생물을 생명과 의식이 있는 존재라고 믿는 것이다. 예를 들어 유아의 상상 속 세계에서 태양은 웃고 자동차는 구름 위를 떠다니는 것처럼 물활론적인 사고는 상상력이 풍부하고 독창적인 유아의 그림에 반영되기도 한다. 또한 자동차나 인형 등과 대화를 한다든지 하는 현상을 말한다. 중심화는 유아가 어떤 상황에서 다른 여러 요소들은 무시하고 한 가지 측면에만 초점을 맞추거나 주의를 집중시키는 경향을 일컫는다(Santrok, 2003). 중심화는 유아의 반응이 지각적으로 편향되어 있다는 것을 의미하는데, 유아에게 중요한 것은 사물이 바로 그 순간에 어떻게 보이는가 하는 것이다. 유아의 주의는 가장 현저하거나 눈에 띄는 요소에만 집중되기 때문에 일단 주의가 집중되면 주의 전환이 어려우며 다른 정보를 고려하는 것이 쉽지 않다(Vasta 등, 1999). 이러한 특징 때문에 외양의 변화에도 불구하고 대상의 속성은 불변한다는 보존개념(conservation)이 없어 보존과제를 이해하지 못한다. 보존과제라는 것은 같은 양의 물을 넓은 용기에 담거나 좁고 깊은 용기에 담을 때 눈으로 보기에 높이에는 차이가 있으나 물의 양에는 차이가 없이 보존된다는 개념으로 유아는 이러한 개념을 이해하지 못하는 것을 말한다.

놀이라는 매개체를 통해 어린 아동들은 다양한 이동성, 조작성, 안정성 능력을 발달시킨다. 안정적이고 긍정적인 자기개념은 근육군에 대한 제어 능력의 습득을 원활하게 해준다. 2~3세 아동의 소심하고 조심성이 있으며 신중한 움직임은 4~5세가 되면 점차 자신 있고 열성적이며 때로는 무모하기까지 한 행동으로 바뀐다. 취학 전 아동들은 자신의 개성을 주장하고 능력을 발달시키며, 자신의 한계뿐만 아니라 가족과 주변 삶의 한계도 시험한다. 어린 아동을 돌보는 사람은 취학 전 아동들의 발달 특징, 한계, 잠재력을 이해해야 한다. 이렇게 해야 아동의 욕구와 관심을 진정으로 반영하고 아동의 능력에 맞는 발달 경험을 효과적으로 구조화할 수 있다.

다양한 연구 결과들에서 나타난 초기와 후기 아동들의 특징을 요약해 보면, 초기 아동기에는

- 생각과 의견을 언어로 표현하는 능력이 꾸준히 향상된다.
- 상상력은 행위와 상징의 모방을 가능하도록 하지만, 정확성이나 사건의 적절한 순서에는 별 관심이 없다.
- 주로 개인적으로 관련이 있는 새로운 상징들을 지속적으로 조사하고 발견한다.
- 아동 행위의 '방법'과 '이유'가 지속적인 놀이를 통해 학습된다.

– 이 시기는 자기만족적 행동에서 기본적인 사회화 행동으로 전환되는 발달의 전조작적 사고 단계이다.

후기 아동기는 만 7~12세까지의 시기로,

– 이 시기의 초기에는 관심의 지속시간이 일반적으로 짧지만 점차 늘어난다. 그러나 자신이 관심 있는 활동에는 많은 시간을 쓰는 경우가 흔히 있다.
– 아동은 몹시 알고 싶어 하고 어른을 기쁘게 하고 싶지만 의사 결정에 있어서는 도움과 지도를 필요로 한다.
– 아동들은 뛰어난 상상력을 가지고 있을 뿐만 아니라 매우 창조적인 생각을 보여준다. 그러나 이 시기의 끝으로 가면서 강한 자의식이 자리 잡는 것으로 보인다.
– 이 시기 초기에는 구체적인 사례와 상황은 훌륭하게 처리하지만 보다 추상적인 인지 능력은 이 시기가 끝날 무렵에 분명해진다.
– 아동은 지적으로 호기심이 강하고 이유에 대해 몹시 알고 싶어 한다.

다음은 Piaget의 인지발달 단계를 요약한 표이다(표 1-11).

표 1-11. Piaget의 인지발달 단계

대략의 연령	단계	표상의 주된 도식과 방법	중요한 발달
출생~2세	감각 운동기	환경을 탐색하고 환경을 이해하기 위해 영아는 감각운동능력을 사용한다. 출생 시 영아들은 세상에 적응하기 위한 선천적 반사만 가지고 있다. 감각운동기 말경에 영아들은 복잡한 감각운동 협응이 존재함을 배운다.	영아들은, '자기(self)'와 '타인(others)'에 대한 원시적 감각을 획득하며, 사물들이 자기들의 시야에서 벗어나 있을 때에도 계속 존재함을 배운다. 그리고 행동적 도식을 내면화해서 심상이나 정신적 도식을 만들기 시작한다.
2~7세	전조작기	아동은 환경의 다양한 측면을 나타내고 이해하는 데 상징적 표현(심상과 언어)을 사용한다. 아동은 겉으로 보이는 방식에 따라 사물과 사건에 반응한다. 사고는 자기중심적인데, 이것은 아동들이 모든 사람이 자기가 보는 방식과 같은 방식으로 세상을 본다고 생각하는 것을 뜻한다.	아동은 놀이활동에서 상상력이 풍부해진다. 그들은 다른 사람들은 항상 자기가 하는 것처럼 세상을 지각하지 않을 수 있음을 점차로 인정하기 시작한다.

대략의 연령	단계	표상의 주된 도식과 방법	중요한 발달
7~11세	구체적 조작기	아동은 인지조작(논리적 사고의 구성요소인 정신적 활동)을 획득하고 사용한다.	아동은 더 이상 외관에 속지 않는다. 인지조작에 의지해서 아동들은 일상세계의 사물과 사상들 간의 관계를 이해한다. 아동은 타인의 행동과 행동이 발생하는 상황의 관찰을 통해 동기를 추론하는 데 더 능숙해진다.
11세 이상	형식적 조작기	청소년의 인지조작은 그들이 조작에 대한 조작(사고에 대한 사고)을 허용하는 방식으로 재조직화된다. 사고는 체계적이고 추상적이다.	논리적 사고는 더 이상 구체적이고 관찰 가능한 것에 한정되지 않는다. 청소년은 가설적 문제에 대한 생각을 즐기며, 그 결과로 보다 더 이상주의적이 된다. 그들은 여러 개의 가능한 문제해결 방법을 생각하고, 정확한 답을 찾는 것을 가능하게 해주는 체계적인 연역적 사고가 가능하다.

다. 지각-운동발달

앞서 살펴본 감각(sensation)이 감각수용세포가 자극으로부터 들어온 정보를 뇌로 전달하는 과정이라고 한다면 지각(perception)은 감각 정보에 대한 해석을 하는 것으로 보이는 것이나 들리는 것 또는 지금 맡고 있는 냄새가 무엇인지에 대해 아는 것을 의미한다. 즉, 신경자극의 형태로 다양한 신체 내의 감각기관을 통해 들어온 주변 환경의 정보가 뇌로 전달되고 뇌에서 이를 수용, 분석, 처리하는 과정을 말한다.

지각-운동은 사물에 대한 존재를 발견(detection)하는 단계부터 그것이 무엇인지를 명확하게 알게 되는 단계(recognition)까지를 의미하며, 감각과 지각의 발달은 인간이 어떻게 현실에 대한 지식을 획득해가는지에 대한 근본적인 단서를 제공해준다. 간략히 언급하면 '알아서 깨달음, 사물을 심리적으로 이해하는 감각'이라고 할 수 있다.

따라서 지각-운동의 개념은 의식적 신체 움직임과 조화를 이루는 인지적 노력의 결합체를 의미하며, 지각-운동 능력의 발달은 정신과 신체의 조절을 강화하고 결합시키므로 인지발달과 밀접한 관계를 갖는다. 기본 동작 능력과 함께 아동의 운동 능력을 나타내는 중요한 요소이다.

또한 지각-운동 능력의 발달은 지각과 운동과의 상호작용을 통하여 혼돈된 감각세계에 의미와 체계를 부여하여 조화된 세계를 형성하는 과정이라고 할 수 있다.

지각-운동은 감각기관(시각, 청각, 운동감각 등)과 운동기관 간의 상호작용으로 이루어지며, 향후 두뇌 및 인지발달과 밀접한 관련성 있다. 3~5세 유아기는 지각-운동이 급속히 발달하는 최적의 시기로 체계적인 지각-운동발달 프로그램은 유아의 지각-운동 능력을 확장하는 데 중요한 영향을 미친다. 유아기의 지각-운동 학습의 경험이 많을수록 대뇌피질에 정보를 저장하고 통합하여 다양한 운동 상황에 반응하는 적응력이 발달하게 된다.

지각-운동발달은 지각 정보와 운동 정보를 연합하는 능력으로, 향후 운동발달을 토대로 전 생애적 발달과정에서 다른 영역의 발달과 상호 관련성을 가진다. 즉, 유아의 신체상, 자세와 균형, 시지각 능력의 발달과 밀접한 관련성을 가진다. 또한 정서적 발달에도 영향을 미치는데 지각-운동발달이 미흡할 경우 집중력, 종합능력, 자기평가, 자기통제, 자신감, 학업성취도, 추상추리력 등의 발달에 부정적 영향을 미치게 된다.

지각과 운동은 상호 의존적이며, 다양한 움직임을 경험하는 가운데 공간지각, 신체지각, 시간지각, 방향지각 등을 학습하게 된다. 6~7세까지 기본운동 능력의 60% 정도가 완성된다.

운동 활동 시 신체에 대한 지각, 움직임을 수행하는 공간과 시간에 대한 지각, 신체와 사지의 방

Kephart의 지각-운동 이론

Kephart는 지각운동 이론을 주장한 최초의 학자로, 모든 지각운동 과정이 부분적이 아니라 통합된 전체로서 작용하며, 단계적 발달을 하게 되고, 한 단계의 발달을 지나서 다음 단계로 들어가면 전 단계보다 복잡한 과정을 거치게 된다고 주장하였다. 그의 이론은 운동과 지각은 떨어질 수 없는 불가분의 관계이며, 인지발달에 운동이 중요함을 강조한 학자이다. Kephart는 대근육, 소근육 운동, 운동-지각, 지각-운동, 지각, 지각-개념, 개념의 6단계를 제시하면서 발달의 단계가 언제 이루어지는가가 중요한 것이 아니고 발달의 순서성이 중요하다는 점을 강조하였다.

각 단계가 중첩되는 경우도 있지만 일련의 관계를 토대로 구성된 계층구조로 이루어지며, 충분한 대근육 발달 없이는 보다 고차의 지각-운동 협응은 정상적으로 발달할 수 없고 정상적 발달 없이는 고차의 개념이 왜곡될 수 있음을 주장하였다. 특히 그는 대근육 운동, 운동-지각, 지각-운동 단계를 중시하였다.

대근육/소근육 운동 단계
운동의 일반화가 이루어지는 단계로 자세와 균형유지, 이동, 접촉과 방면, 수용과 추진 등의 기초적 운동이 통합되어 이루어진다. 이러한 운동 형태를 통해 사물의 특성 탐색, 물체의 특성과 성질 관찰, 형태지각과 전후 배경 관계의 발달이 이루어지게 된다.

운동-지각 단계
대근육 운동에 의한 탐색과정에서 얻은 감각정보를 지각에 연계시키는 단계로, 눈과 손의 협응이 나타나기 시작하는 단계를 말한다.

지각-운동 단계
지각 기능이 발달하면서 지각과 운동과의 상호작용이 이루어지는 단계이다. 이 단계에서의 지각능력은 불완전하기 때문에 반복적인 운동과 지각에 의한 정보의 확인이 요구된다. 운동에 의해 탐색된 정보를 지각정보만으로 탐색한다.

지각 단계
운동에 의한 정보의 도움 없이 지각에 의해 환경을 이해하는 단계이다. 지각정보 요소의 관계를 분명히 함과 동시에 지각정보를 조작할 수 있는 단계이다.

지각-개념 단계
지각적 기반 위에 직접 지각한 유사성이나 차이를 변별하는 단계이다.

개념 단계
한층 더 발달한 추상작용의 단계로, 구체성이라고 할 수 있는 지각된 내용을 개념화하여 의미를 이해하는 단계이다.

향에 대한 지각을 수반하게 된다.

모든 운동행동은 지각-운동의 산물이며, 운동행동을 하기 위해서는 주변 환경과 자신의 신체에 대한 정보에 바탕을 두어야 한다. 운동과 지각은 인간 발달의 기초적 구성요소로서 서로 분리될 수 없는 하나의 세계를 형성하기 때문에 Kephart(1971)는 운동과 지각을 지각운동이라는 결합된 하나의 용어로 제시하였다.

지각운동은 운동과 지각의 발달과 조화 속에서 나타나며, 자극의 수용과 처리, 감각통합, 운동계획 수립, 정보 피드백 과정을 내포하고 있다. 지각-운동 과정은 자극 수용과 처리-감각통합-운동계획 수립-정보 피드백의 과정을 거치게 되는데, 자극 수용과 처리과정은 운동행동에 필요한 정보를 수집하는 과정을 의미한다(예: 날아오는 공을 보면서 공의 속도나 방향에 필요한 정보습득. 수많은 시각적 정보 중 공에 대한 정보만을 수용, 처리). 감각 통합은 환경에서 제공되는 정보를 수용하고 처리하는 능력이 경험의 정도에 따라 다르게 나타난다. 초보자들과 숙련자는 정보를 처리하는 양과 정확성에 차이를 나타낸다. 감각 통합을 통해 이러한 과정이 이루어지게 되며, 감각 통합의 과정은 감각종합, 장기기억과 비교기의 요소들로 이루어진다.

운동계획 수립은 환경으로부터 제공되는 외부 자극에 대한 정보를 수용하고 처리하는 과정을 거쳐 무슨 일이 벌어지고 있는가를 알게 될 때 적절한 운동행동을 수행하기 위한 운동행동의 계획과 수립 과정이 시작된다. 운동행동의 계획과 수립은 운동행동의 수행에 필요한 감각 결정에 근거를 둔다. 이 과정에서 언제, 어떻게, 어디로 움직일 것인가를 결정하게 된다. 장기기억에 저장된 정보와 현재의 상황에 대한 정보 간의 비교를 통해 어떻게 운동행동을 조직하고 실행할 것인가를 결정해야 한다. 정보 피드백 과정에서는 움직임 시작과 함께 정보 피드백 과정이 이루어진다. 정보 피드백은 움직임을 수행하는 동안 지속적으로 이루어지며, 끝난 후에도 운동행동의 결과에 대한 정보를 제공하게 된다. 정보 피드백 과정은 운동감각, 촉각, 청각 같은 감각체계를 통해 이루어지게 된다.

5. 유아기의 사회 · 정서적 발달 특징

인간은 움직임을 통하여 본인과 다른 사람들에게 작용하는 느낌과 감정을 경험하게 된다. 이를 '정서'라고 하며, 출생 이후 역동적으로 일어나는 운동발달과 맞물려 변화한다. 정서는 신체적 · 심리적 자극으로 발생하는 심리적 · 생리적 긴장 반응이 일어나는 상태를 의미한다.

출생 시 아기들은 흥미, 괴로움, 혐오 및 만족감 등을 보인다. 이러한 정서의 표현을 보통 '기본 정서'라고 한다. 2~7개월 사이에 일어나는 정서들은 분노, 서글픔, 기쁨, 놀람과 공포 등이다. 이러한 정서의 표현은 영아들에게 거의 같은 연령에서 나타나고 있으며, 모든 문화에서 동일하게 표현되고 있다. 그러나 이후에는 출생 시 없었던 정서의 표출이 어떤 학습이나 인지적 발달로 나타

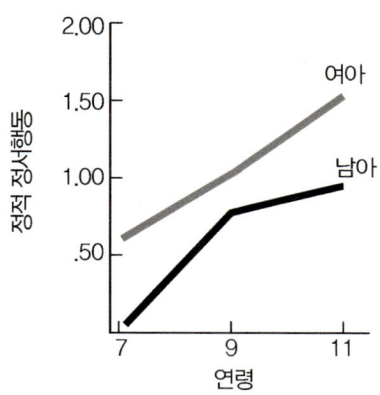

그림 1-21. 연령 증가에 따른 정서 반응. 연령이 증가하면서 아동은 실망스러운 선물을 받은 후 긍정적 정서 반응을 더 잘 보인다(Saarni, 1984에서 인용).

날 수도 있는데, 학습된 기대들이 맞지 않으면 2~4개월 된 아기들은 분노할 가능성이 많은 반면 4~6개월 된 아기들은 슬퍼할 수도 있다(Lewis, Alessandri & Sullivan, Lewis & Alesandri, 1992). 정서표현을 해석하는 영아의 능력은 8~10개월 사이에 보다 분명해진다. 불확실한 상황에 대한 부모의 반응을 모니터하고 자신의 행동을 조절하기 위해 이 정보를 사용하기 시작한다. 이런 사회적 참조(social referencing)는 나이가 들면서 더욱 보편적이 된다(Shaffer, 2009 재인용).

이후 2세가 되면 영아들은 당혹감, 수치심, 죄책감, 부러움, 자부심 같은 2차(혹은 복잡한) 정서를 표출하기 시작한다. 이런 감정들은 때로 자기-의식적 정서라고 불리는데, 이것은 자기개념에 해를 주거나 증진시키기 때문이며 이러한 정서의 표출은 유아기에는 주로 부모의 반응에 따라 영향을 받는 것으로 나타나고 있다. 약 3세 정도면 유아들은 자신의 진짜 감정을 숨기는 데 약간 제한된 능력을 보이며, 시간이 지나면서 유아들은 내적인 감정과 다른 외현적 표현을 하는 데 좀 더 나아지게 된다. 그러나 여전히 5세 유아들인 경우에도 진짜 자신의 감정을 주장하거나 거짓말이 사실이라고 다른 사람을 설득하는 데 익숙하지는 않다. 예를 들어 실망스러운 선물을 받아도 정서적으로 남 앞에서는 그런 표현을 나타내지 않도록 하는 정서 반응을 하도록 하였을 때의 반응의 결과는 〈그림 1-21〉에서 보듯이 연령이 증가하면서 가능해진다.

유아기(초기 아동기)에서의 정서발달 측면에서 두 가지 중요한 사회-정서적 발달과제, 즉 자율성과 주도성이라는 발달과제를 수행한다. 자율성은 독립심에 대한 욕구의 증가를 통해 표현되는데, 이러한 것은 모든 직접적인 질문에 아동이 '아니오'라고 대답하면서 기뻐하는 모습에서 볼 수 있다. 완전한 불복종의 표현이라기보다는 주변 환경에서 어떤 요인을 조작하는 능력이다. 이렇듯 자연스럽게 나타나는 자동적인 반응을 피하는 한 가지 방법은 "밖에 나가고 싶니?"라는 질문을 "밖에 나가 놀자" 같은 긍정문으로 바꾸어 말하는 것이다. 이런 식으로 하면 아동들은 "예-아니오"라는 직접적인 선택에 직면할 필요가 없다. 아동의 자율성 표현이 이치에 맞고 적절할 수 있는 상황을 많이 만들어주도록 세심한 배려를 해야 한다. 어린 아동의 주도성에 대한 욕구는 호기심 탐구 그리고 매우 적극적인 활동을 통해 표출된다. 아동들의 기어오르기, 점프하기, 달리기, 물체 던지기 같은 새로운 경험들은 어떤 다른 목적을 가진 것이 아니라 경험 그 자체에 목적이 있으며, 자신이 무엇을 할 수 있는가를 알기 위한 것이다. 주도성과 자율성 발달에 실패했을 경우 아동은 수치심과 무가치감 혹은 죄책감을 느낀다. 안정된 자기개념의 형성은 인지 기능과 심동 기능에 영향을 미치기 때문에 어린 아동의 정서발달에 매우 중요하다. 유아기(3~6세)의 정서적 발달 특징을 살펴보면, 이 단계에서 아동들은 자기중심적이며, 모든 사람들이 자신과 같은 방법으로 생각한다고 추측한다. 다른 사람과 나누거나 사이좋게 지내기를 싫어하는 것처럼 보이기도 한다. 종종 새로운 상황을 두려워하고 수줍어하며, 자의식이 강하고 친숙함으로부터 오는 안정감을 상실하는 것을 싫어한다. 옳고 그름을 구별하는 것을 배우고, 양심이 발달하기 시작하며, 2~3세 아동은 일관성이 없는 면을 보이는 반면에 3~5세 아동들은 행동이 안정되고 순응적으로 보이는 경우가 많다. 또한 자기개념이 빠르게 발달한다. 이 시기에는 현명한 지도와 성공지향적인 경험 그리고 긍정적 강화가 특히 중요하다.

초등학교에 들어간 이후의 아동기(후기 아동기)에는 많은 규칙들이나 평가들을 충분히 내면화하고 외부의 다른 사람들이 보거나 평가를 내리는 것과 상관없이 자신의 품행에 대해 자부심을 느끼거나 수치스러워하거나 죄책감을 느끼게 된다.

이 시기는 정서조절 능력을 배울 수 있는 시기로, 아동이 문화의 정서표출 규칙을 따르기 위해 습득해야 할 첫 번째 기술이다. 학령기를 거쳐 점차 아동들은 사회적으로 안정된 표출규칙을 인식하게 되고 특별한 상황에서 어떤 감정을 표현하고 어떤 정서를 억제하는가에 대해 더 많이 학습한다(Shaffer, 2009 재인용)[그림 1-22]. 부정적 정서를 억누르고 긍정적 정서로 표출하는 것은 부모와의 상호작용 영향을 많이 받는 것으로 알려져 있으며, 남아에 비해 여아들이 좀 더 감정을 조절하는 데 동기화되고 숙련화되는 것으로 나타나고 있다. 이 같은 현상을 심리학자들은 엄마가 여아들에게 더 정적 정서를 강조한다고 주장하고 있다(Shaffer, 2009 재인용). 이 시기의 정서 특징들을 살펴보면, 이 시기 초기에는 남녀의 관심사가 비슷하지만 곧 달라지기 시작한다. 이 시기 초기에는 자기중심적이며 대집단보다는 소집단 상황에서 행동을 더 잘하는 경향을 보이며, 종종 공격적이고 허풍을 떨며, 자기 비판적이고 과잉반응을 하며, 지고 이기는 것을 받아들이는 것에 능숙하지 못하다. 또한 권위, 공정한 징계, 기강, 강화에 민감하며, 모험심이 강해서 친구나 또래집단의 위험하거나 은밀한 활동에 참여하고자 하는 욕구가 크다. 이 시기는 자기개념이 확고히 자리를 잡는 시기이기도 하다. 유아기(전기 아동기)와 후기 아동기의 정서적 변화에 대한 개관은 다음 〈표 1-12〉와 같다.

이와 같이 정서는 사람의 판단에 영향을 미치며 자존감, 자기개념 등과 같은 개인의 자아형성뿐만 아니라 타인과의 관계형성에 도움을 주는 사회성 등에 영향을 미친다. 특히 생애 초기에는 운동발달과 정서발달이 긴밀하게 연계되어 나타난다. 그중 자존감과 사회성의 발달은 운동발달과 함께하는 중요한 정서 영역으로 알려져 있다.

특히 자존감(self-esteem)은 개인으로서 자신을 가치 있게 생각하거나 능력, 성공 같은 경험을 통하여 자신의 가치를 판단하는 개념으로, 자아뿐 아니라 타인과의 관계를 유지하는 데 중요한 요소이다. 자존감은 개인을 둘러싼 환경에 영향을 받으며, 가족, 친구, 동료 그리고 교사 같은 수많은 집단과의 상호작용을 통하여 발달하게 된다. 궁극적으로 다양한 환경을 통해 개인에게 형성되는 자존감이 개인의 전반적인 자존감을 형성하는 요소가 된다. 개인의 전반적 자존감을 구성하는 다차원적인 위계모델은 다음 〈그림 1-22〉와 같다.

표 1-12. 정서발달의 개관

연령	정서표현 / 조절	정서이해
출생~	모든 일차적 정서가 나타남	기쁨, 분노, 슬픔 같은 표정 구분
6개월	• 정적 정서의 표출이 격려되고 보다 일반적이 됨 • 손가락을 빨거나 고개를 돌림으로써 부적 정서를 조절하려는 시도	
7~12개월	• 분노, 공포, 슬픔 같은 일차적 정서가 보다 분명해짐 • 정서적 자기조절이 향상되고, 영아는 스스로 몸을 흔들거나, 물건을 빨거나, 불쾌한 자극으로부터 멀리 떨어짐	• 다른 사람의 일차적 정서에 대한 인식 향상 • 사회적 참조 등장
1~3세	• 이차(자기-인식) 정서 등장 • 정서조절이 향상되고, 걸음마기 아동은 그들을 짜증나게 하는 자극들로부터 스스로 거리를 두거나 조절하려는 시도를 함	• 걸음마기 아동은 정서에 대해 말하기 시작하고, 정서가 놀이에 등장 • 감정이입적 반응 등장
3~6세	• 정서조절을 위한 인지적 책략의 등장과 세련화 • 정서를 감추거나 간단한 표출규칙과 일치	• 정서의 외적 원인과 결과의 이해가 향상됨 • 감정이입적 반응이 보다 공통적이 됨
6~12세	• 표출규칙과의 일치 정도가 향상 • 자기-의식 정서는 보다 밀접하게 '옳은' 혹은 '유능한' 행동의 내면화된 기준과 결합됨 • 자기조절 책략(적절할 때 정서를 강화하는 것 같은)은 보다 다양해지고 보다 복잡해짐 • 아동은 타인의 정서를 이해하기 위한 내적·외적 단서를 통함	• 감정이입적 반응이 보다 강화 • 사람들이 동일한 사건에 대해 다른 정서적 반응을 할 수 있다는 것을 인식함 • 타인은 혼합된 정서를 경험할 수도 있다는 것을 이해

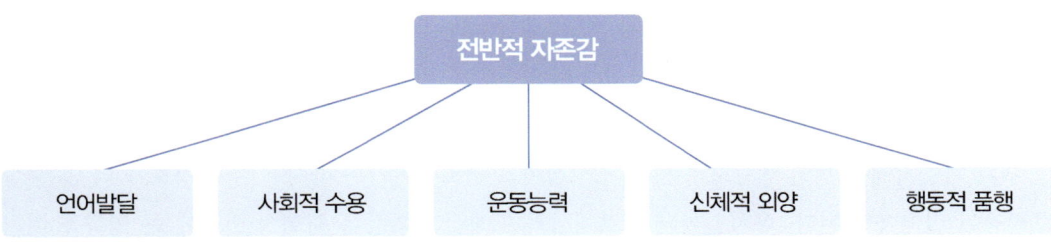

그림 1-22. 자존감의 다차원적인 위계모델

개인의 자존감을 형성하는 요소로는 학업능력, 사회적 수용, 운동능력, 신체적 외양, 행동적 품행 등이 영향을 미치게 되며, 운동발달이 지연될 경우 자존감 발달에 부정적인 영향을 미치는 것으로 나타나고 있다. 또래보다 운동발달이 늦은 유아와 아동들은 자존감뿐만 아니라 자아가 낮은 것으로 나타났다(Skinner & Piek, 2001).

아동의 경우 스포츠나 체력적으로 자신이 유능하다고 지각된 경우 신체적 외모에 큰 영향을 미치는 것으로 나타나고 있으며, 이는 아동의 자존감 발달에 중요한 역할을 한다.

앞서 언급한 바와 같이 정서는 사회성 발달과도 긴밀하게 영향을 미치는 요소가 되는데, 사회화(socialization)는 우리가 사는 세상을 이해하고 타인과 상호작용하는 사회성 발달과 학습 과정이다. 즉, 사회화는 개인과 타인의 관계를 형성하는 역동적인 과정으로, 개인이 속한 사회에서 요구하는 규범과 가치에 부합하는 가치관을 형성하는 과정이라고 할 수 있다.

사회화는 운동발달에도 중요한 역할을 하는데 개인을 둘러싼 모든 요소는 어떻게, 그리고 언제 특정한 움직임 능력을 습득하는가에 큰 영향을 미친다. 사회에서 중요하게 인식되는 가치에 따라 신체활동이 결정될 수 있다. 운동발달과 사회화는 서로 영향을 미치며 동시에 발달하게 됨으로써 그 관계를 이해하는 것이 중요하다.

생후 첫 1년은 자기중심적이고 비사회화된 시기이다. 이 시기의 영아의 상호작용은 매우 제한된 사람과의 관계에서만 발생하게 되며, 이 시기의 영아는 시각과 뻗기의 발달로 물체와 접촉할 수 있는 운동능력이 발달한다. 영아는 친밀한 정도에 따라 사람과 사물을 구분하고, 이에 따른 반응을 나타내는 사회적 유대관계를 형성한다. 이러한 행동들은 생후 약 3개월까지 사회적 유대관계에 영향을 미친다. 생후 7~24개월까지 이동운동의 발달로 인하여 주변 물체와의 유대관계를 능동적으로 탐색할 수 있게 되며 새롭게 발달하는 움직임은 사회적 상호작용을 촉진, 확장시킨다. 이러한 과정은 더 많은 활동을 유발하고 주변 환경, 즉 사물, 주변 사람(부모, 친구, 기타 모든 사람들)들과의 상호작용을 통하여 인지, 정서 그리고 운동발달에 긍정적인 영향을 미친다.

유아 및 아동기는 더 큰 사회적 영향을 받는 시기로 사회성 발달뿐만 아니라 운동발달에도 많은 변화가 나타나는 시기이다. 일반적으로 유아의 상호 놀이는 4세 반부터 5세 사이에 나타나게 되며, 놀이를 이끄는 주도자의 역할도 함께 나타나게 된다. 이러한 놀이의 형태는 점차 큰 집단의 형태로 나타나며, 이를 통한 리더십 향상과 경쟁, 협동 그리고 사회적 인식이 발달할 수 있는 기회를 제공하게 되고, 유아에게 제공되는 체육활동은 이러한 사회성 발달에 대단히 큰 영향을 미치는 요소가 된다.

후기 아동기에는 성인 집단보다는 덜 조직적이고 구조적이기는 하지만, 유아기보다 더 많은 상호작용이 일어나게 된다. 유치원이나 학교에서의 또래집단 활동은 사회성 발달에 큰 영향을 미치게 된다. 이 시기에는 상호 간의 우정이나 동료애 같은 심리적 경험을 하게 되며, 체육활동 같은 팀

활동을 경험하면서 공동의 목표를 달성하기 위한 노력을 하게 되고 동료나 타인에 대한 배려, 협동, 규율의 준수 등 사회화 과정에 필요한 요소들을 경험하고 터득하게 된다. 이 시기의 신체활동 및 스포츠 활동 참여는 집단 내 구성원과의 상호작용으로 리더십을 배양하고 공동의 목표를 위하여 함께 노력하는 공동체 의식을 강화시킬 수 있다는 점에서 사회화 발달에 긍정적인 영향을 미칠 수 있다. 다음 〈표 1-13〉은 자기개념과 사회적 인지발달에 대한 요약표이다.

표 1-13. 자기개념과 사회적 인지발달

나이	자기-개념/자존감	사회 인지
0~1세	• 외부 환경과 자신을 구분 • 개인적 작용감(agency) 등장	• 친숙한 사람과 친숙하지 않은 사람을 변별함 • 친숙한 동료(애착 대상)를 선호함
1~2세	• 자기-인식 등장 • 범주적 자기 발달	• 다른 사람들이 의도에 따라 행동한다는 것을 인식함 • 사회적으로 유의미한 차원들에 따라 타인들을 범주화함
3~5세	• 자기개념이 행동 강조 • 성취에 대한 평가 등장 • 자존감 등장 • 마음의 신념-소망이론과 사적 자기의 등장 • 성취 귀인은 능력의 증가 관점을 반영함	• 인상은 타인의 행동과 구체적인 속성들에 기초 • 인종적 고정관념과 편견적 태도에 대한 지식 등장 • 우정을 공유하는 활동에 기초
6~10세	• 자기개념은 성격 특질들을 강조하기 시작 • 자존감은 학문적·신체적·사회적 능력에 기초 • 성취 귀인은 능력에 대한 본질 관점으로 진보	• 인상은 타인들이 보이는 특질들에 기초하기 시작(심리적 구성개념) • 편견적 태도의 강도 감소 • 우정은 심리적 유사성과 상호적 신뢰에 기초
11세 이상	• 우정과 낭만적 매력은 자존감에 중요 • 자기개념은 이제 가치와 이데올로기를 반영하고 통합되고 추상적이 됨 • 정체성은 이후 청소년기 혹은 초기 성인기에 획득	• 인상은 타인의 성향적 유사성과 차이점에 기초(심리적 비교) • 편견적 태도는 사회적 영향에 따라 감소하거나 강화 • 우정은 의리와 친밀성의 공유에 기초

3장 유아기 발달에 관한 관점과 이론

 학습목표

- 발달의 개념이 무엇인지 알아본다.
- 발달 이론으로는 어떤 것들이 있는지 알아본다.

1. 유아기 발달 개요

가. 발달의 개념

유아기 발달에 관한 관점과 이론을 살펴보기 전에 발달의 개념이 무엇인지를 알아보자.

발달(development)이란 출생에서 사망에 이르기까지 진보적이고 계속적인 변화를 말하며, 신체의 각 부분에 대한 형상의 변화와 각 부분의 기능적 통합을 의미하고, 학습 전 기본적인 형태의 출현을 의미한다(김재은, 1984). 또한 발달은 유기체와 유기체 기관이 양적으로 증대하고, 구조에 있어 정밀화되며, 기능에 있어서 유능화되는 것을 말한다.

양적이고 질적인 일련의 변화가 함께 이루어지는 변화를 발달이라고 할 수 있다. 이러한 변화과정은 성장이나 성숙과 달리 환경과의 상호작용을 통한 학습으로 인해 이루어지는 변화까지를 포함하는 개념으로, 출생에서 사망에 이르기까지 생애에 있어서의 계속적이고 진보적인 양적·질적 변화가 이루어지는 것이라 정의된다. 발달과 유사한 개념은 다음과 같다.

성장(growth)	성숙(maturation)
발달과정에 따른 단순한 양적 변화. 일정 시기가 되면 자연히 발생하는 신장, 체중, 체격, 신경조직, 치아 그리고 성징 등에 대한 발달을 의미하며, 성장은 일정한 시기가 되면 자연히 발생하는 신체적·생리적 변화에 의한 양적 변화라고 정의된다.	성장을 기초로 해서 나타나는 질적 변화. 성숙이란 단지 신체적·생리적 변화만 뜻하는 것이 아니라 이것을 바탕으로 발생하는 행동의 변화를 의미한다. 성숙에서의 행동 변화는 내적인 유전적 메커니즘에 의해 나타나는 것으로, 부모로부터 받은 유전자가 지니고 있는 정보에 따라 일어나는 변화를 말한다. 태아의 발육, 영아의 보행, 영구치의 돌출, 사춘기의 2차적 성징 등을 예로 들 수 있다. 또한 성숙이란 성장을 기초로 해서 나타나는 질적 변화를 의미하는데, 선천적으로 결정된 성장 또는 신체적·심리적 변화가 순서에 따라 자연적으로 일어나는 것이라 정의된다.

그림 1-23. 발달과 유사한 용어들의 정의

나. 발달의 일반적 원리

발달의 일반적 원리는 다음과 같다.
- 성숙과 학습이 발달에 상호 영향을 미치며, 유아의 발달은 일정한 순서를 따른다.
- 발달은 계속적인 과정이지만, 발달의 속도는 일정하지 않다.
- 유아 발달에는 최적기가 있다.
- 발달은 연속적이며, 점진적이다.
- 발달은 분화, 통합적으로 이루어진다.
- 발달은 개인차가 있다.

2. 유아기 운동발달

가. 발달 이론

유아기의 발달을 설명하는 이론으로는 대표적으로 다음과 같은 이론들이 있다. 유아기의 발달을 설명하는 이론들에 대한 이해는 곧 유아를 이해하고 그를 바탕으로 교육하는 가장 중요한 바탕이 된다. 따라서 유아체육을 지도하기 위해서는 유아를 설명하는 발달 이론들에 대해 충분히 이해하고 있어야 한다. 발달 이론은 발달심리학 이론들과 맥을 같이하며, 이러한 이론들은 교육학적 측면에서도 가장 중요한 이론들이 된다. 앞서 언급하였듯이 이들 이론이 중요한 이유는 인간의 발달에 대한 이해는 곧 교육 계획을 위한 가장 중요한 바탕이 되기 때문이다. 여기에서 제시하는 이론 이외에도 인간 행동을 이해하고자 하는 이론은 있지만, 여기에서는 유아체육 지도자로서 현장에서 유아들을 이해하는 데 중요하게 작용할 수 있는 이론들만을 제시하고자 한다. 이 이론들은 곧 유아체육을 어떻게 바라보아야 하는지에 대한 관점이 된다.

1) Arnold Gesell의 성숙주의 이론

Darwin(1859)의 진화론에서 비롯된 성숙주의 관점은 발달심리학의 계보가 Hall과 Gesell로 이어졌다. Gesell(1940)은 많은 연구를 통해 유아의 연령과 능력에 대한 표준을 만들고, 유아 발달 수준을 넘어서는 성취를 강요하지 못하도록 강조하였다(Shaffer, 2009 재인용).

성숙주의 입장에 근거하면 유아의 발달을 돕기 위해서는 성인의 개입을 최소화하고 유아가 발달적 준비가 되었을 때 자신의 발달수준에 적합한 활동을 스스로 선택해 활동해나가는 것을 기본으로 해야 한다는 점을 강조하였다. 성숙주의적 관점에서는 유아가 자신을 수용하고 이해하도록 돕는 환경 제공이 필요함을 강조하고 있다. Gesell은 발생학적 모델을 근거로 하여 신체의 성숙 및 발달 기준에 대한 연구를 하여 이를 양육과 교육에 적용하였다. 유아기 동안 일어나는 발달적 변화에 대해 10년에 걸친 유아의 행동 표준 목록을 제시하여 유아를 이해하는 데 큰 영향을 미쳤다. 그러나 그의 표준 목록은 제시한 연령 규준이 너무 획일적이며 연령에서 발생할 수 있는 변이에 대한 대안 제시에 실패하였다는 점과 관찰연구 대상에 대한 제한(대학 부속 유치원에 다니는 유아 20~30명에 대한 측정 결과)되었다는 점, 그리고 성숙 이론이 지나치게 극단적으로 환경이 단순히 내적 패턴화를 유지하는 것 이상의 큰 영향을 유아에게 미칠 수 있다는 점을 간과하였다는 점에서 비판을 받고 있다.

성숙주의적 관점에서 발달이란 인간 개체가 성숙한 단계에 이르게 되는 결정적인 힘은 개체가 가진 유전적 요인에 전적으로 의존한다는 관점이다.

2) 행동주의 이론

인간의 본성은 태어날 때부터 환경에 따른 훈련에 의해 만들어진다고 보는 관점이다. 행동주의적 관점에서는 외적 요인을 중시하여 유아의 발달은 외부적인 환경적 요인을 잘 조직하고 변화시킴으로써 유아의 행동을 훈련과 학습에 의해 바람직하게 촉진시키고 바람직하지 않은 행동은 감소하거나 소거함으로써 이루어진다고 보았다. 행동주의 이론의 대표적인 이론으로는 Pavlov의 고전적 조건 이론을 들 수 있다. 이 이론은 고전적 조건 이론의 개념을 최초로 인간 행동에 적용하였다는 점에서 의미가 크다. 또한 행동주의 이론은 심리학을 하나의 과학으로 정립하는 데 크게 기여한 이론이다. Pavlov는 개에게 종을 울리고 밥을 주다가 종만 울려도 개가 침을 흘린다는 점을 발견하여 S-R 이론을 주장하고, 이를 인간 행동에 적용하면서 인간의 행동 또한 조건에 따라 반응한다는 점을 주장했다. 그러나 이 이론에 따른 유아교육은 유아보다는 교사가 학습의 주도적 역할을 하여 교사의 역할이 주도적인 반면 창의성을 억제할 수 있다는 측면에서 행동주의에 따른 유아교육의 문제점을 지적하고 있다.

행동주의 이론의 또 다른 이론으로는 Thorndike의 자극-반응 이론을 들 수 있다. 자극-반응 이론은 '시행착오설'로도 불리는데, Thorndike에 의해 체계화되었다. 이 이론은 학습이 시행과 착오의 과정을 통해 특정한 자극과 특정한 반응이 결합된 것으로 보며, 자극-반응 이론은 추리적인 사고가 아닌 되풀이되는 행동에서 성공하게 되는 우연한 시행착오적 반응을 통해 자극-반응 결합이 이루어진다고 주장한다.

뒤이어 행동주의 학파의 또 다른 학자로는 Skinner의 조작적 조건화 이론을 들 수 있다. 이 이론은 자극에 반응한 결과를 강조하는 이론으로, 그 결과 행동의 발생 빈도를 높이기 위해 자극요인을 조건화하게 된다는 이론이다. 조건화는 강화를 통해 이루어지게 되는데 S(자극)-R(반응)-SR(강화자극-정적강화, 부적강화)의 이론으로 조건화를 설명하였다. 이 이론은 유아교육에 적용하는 이론으로서 행동주의 이론과 마찬가지로 비판을 받고 있으나 강화의 원리와 행동수정기법에 대한 시사점을 받아들일 필요가 있다고 판단되고 있다.

3) 인지주의 이론

인지주의 이론은 Piaget의 인지발달론에 근거한 이론으로, Piaget는 유아의 인지발달은 성숙과 환경과의 끊임없는 상호작용의 결과라고 주장하였다. 즉, 유아는 자발적으로 환경과 계속적인 상호작용을 하면서 포괄적인 인지구조를 능동적으로 형성해나가는 존재라고 보았다.

Piaget는 유아의 행동에 대한 기본 개념을 '도식(schema)'이라는 용어로 설명하고 있는데, 도식은 동화(accommodation), 조절(assimilation), 평형화(equilibrium)의 과정을 통해 이루어진다고 주장하였다.

또한 그는 인지발달 이론을 네 단계, 즉 ① 감각운동기, ② 전조작기, ③ 구체적 조작기, ④ 형식적 조작기로 나누어 설명하고 있다. Piaget의 인지 이론은 지금까지도 인지적 관점에서 유아들의 발달을 이해하는 데 중요한 이론으로 언급되고 있으며, 따라서 그 단계에 대해 보다 자세히 이해할 필요가 있다. Piaget가 언급하는 인지발달의 단계에 따르면 연령의 구분도 다소 차이가 있다. 이러한 차이는 특히 연령을 인지적 발달에 기본을 두고 나누기 때문에 생활연령의 차이와 다소 차이가 있음을 이해해야 할 것이다.

인간을 수동적인 존재로 보는 환경적 결정론을 비판하면서 인간은 단순히 외적 자극에 반응하는 피동적 존재가 아니라 받아들인 정보를 능동적으로 처리하고 그것을 새로운 형태나 유목으로 변형시키는 자율적 존재로 보는 관점이다. 인지주의적 관점에 따른 연구들은 유아의 인지적 발달에 대한 관심을 불러일으켰으며, 지금까지도 유아의 인지발달에 대한 이해를 돕기 위해 반드시 알

표 1-14. Jean Piaget의 인지발달단계

단계	특징	대략적인 연령기	사건적 특징
I. 감각운동기	유아는 감각 경험과 움직임을 조화시켜 자신의 환경의 의미를 구성한다.	출생~2세	움직임을 통해 기본적인 동화와 도식 형성
II. 전조작기	어린 아동은 자신의 세계를 언어와 이미지에 연결함으로써 상징적 사고를 확대시킨다.	2~7세	신체활동을 인지 과정의 형성에 이용함으로써 동화가 더욱 진척됨
III. 구체적 조작기	아동은 구체적인 사건에 대해 논리적으로 생각하고 자신의 환경에 있는 대상을 다양한 상황으로 분류할 수 있다.	7~11세	활동적인 놀이를 통한 지적 실험으로 가역성을 갖게 됨
IV. 형식적 조작기	청소년은 더욱 논리적이고 추상적이면서 관념적인 방식으로 생각할 수 있다.	11세 이후	추상적 가설을 설정하여 추론적으로 사고함

아두어야 할 관점이라고 할 수 있다. 인지 이론의 대표적인 학자는 Piaget와 Vygotsky이다.

인지발달 학자들은 유아의 의미 있는 인지발달은 그들이 속한 환경과의 상호작용을 통하여 인지구조가 확장되고 사물과 사건의 논리적인 내적조작에 의해 영향을 받게 된다.

① 감각운동기(sensorimotor stage: 0~2세)

감각경험과 운동 활동에 의해 도식을 형성해나가는 시기로, 이 시기의 유아들은 처음에는 반사행동이나 무질서행동으로 반응하면서 2세경이 되면 행동의 목표가 생기게 된다. 자신의 행동을 조절하고 감각기관이 받아들인 정보를 시행착오를 통해 학습해나가는 출발점이 되는 시기이다. 대표적인 사고의 특성은 '대상 영속성의 개념'으로, 대상이 눈앞에 보이지 않으면 그 대상이 사라진 것으로 생각하여 존재에 대한 영속성을 잘 이해하지 못한다. 이 시기에는 까꿍놀이를 통하여 유아가 즐거워하는 모습을 볼 수 있는데, 바로 이는 '대상 영속성의 개념'을 확인할 수 있는 좋은 예로 눈앞에서 안 보이면 울다가 눈앞에 보이면 웃는 것은 존재가 숨는다고 해서 없어지는 것이 아니라는 영속성의 개념을 가지지 못하기 때문이다.

② 전조작기(preparation: 2~7세)

이 시기는 언어 같은 상징적인 기호를 사용함에 따라 사고 능력에 큰 진보가 이루어지는 시기이지만, 직관적이며 체계적이거나 논리적이지 못한 시기이다.

자기중심성인 시기로, 자신의 관점에서 사물이나 사건과의 관계를 인식하고 다른 사람의 관점이 존재한다는 사실을 이해하지 못한다.

이 시기에는 보존개념 또한 발달하지 않는데, 보존개념이란 양, 수, 길이, 면적 등이 그 형태나 위치가 변하더라도 동일하다는 개념으로 이 시기 유아들은 이러한 보존개념이 없다.

또한 세상의 모든 물건에 생명이 있다고 생각하는 물활론을 가지고 있으며, 유아들의 세계는 꿈과 현실이 명확하게 구분되어 있지 않음으로써 꿈의 실재론을 믿는다.

이 시기의 유아들은 상징적 기능이 증가하여 비언어적 상징행동을 많이 한다. 상징적 표현을 통해 과거를 경험하고 미래를 예측하며, 사건을 타인에게 전달한다. 그러나 역추리의 원리인 가역적 사고가 불가능하며, 외현적 행동의 결과만으로 도덕적 판단을 하는 타율적인 도덕성을 가지고 있다.

③ 구체적 조작기(concrete operational stage: 7~11세)

이 시기는 전조작기에 비해 사고의 급격한 진전을 보이며, 자신의 관점에서 세계를 인식하기보다는 다양한 관점을 수용하게 되고 사물의 속성 간의 관계를 이해할 수 있게 된다. 전조작기에 부족했던 보존개념이나 가역성도 획득하게 된다. 외부 세계를 탐구하고 상호작용하는 데 있어서도 일반적인 규칙이나 전략을 사용할 수 있게 되며, 완전하지는 못하지만 사물과 사건과의 문제를 해결하는 데 약간의 추리적인 사고가 가능해진다.

④ 형식적 조작기(formal operational stage: 12세 이후)
이 시기가 되면 유아는 추상적으로 생각하고 가설을 검증하면서 한 가지 문제를 해결하기 위해 여러 가지 가설과 추리과정을 통한 검증을 할 수 있으며, 모든 가능한 결론을 논리적으로 검증할 수 있다.

인지이론의 또다른 학자인 Bruner는 1960년대 지식구조론을 핵심으로 교과과정의 새로운 방향을 제시하였으며, 인간의 인지발달 단계를 행동적 표상, 심상적 표상, 상징적 표상으로 구분하여 설명하고 있다. 행동적 표상은 영아에 해당하며, 동작과 손놀림 같은 행동을 통하여 사물과 세상을 표상하는 것을 의미한다. 심상적 표상은 2~3세 된 유아에게 해당하며, 여러 형태의 감각적 심상을 통하여 행동을 표상하는 것을 의미한다. 상징적 표상은 5~6세 된 유아에게 해당하며, 유아는 상징적인 기호체계인 언어를 통해 자신의 사고를 표상할 수 있음을 의미한다.

4) Vygotsky의 상호작용 이론

Vygotsky의 상호작용 이론은 성인이나 또래와의 상호작용과 협동학습의 중요성을 강조하는 이론이다. Vygotsky는 인간의 지식과 사고과정은 사회적 상호작용을 통해 형성되기 때문에 인간의 학습이나 사고과정을 이해하기 위해서는 전체적인 상호작용 과정을 이해해야 한다고 강조하고 있다. Vygotsky의 이론은 주로 유아의 교육적 측면에서 이론을 발달시켰기 때문에 학자에 따라서는 인간의 발달 이론에 그의 이론을 포함하지 않는 경우가 많으나 유아교육을 이해해야 하고 방법론적인 면을 참고하기 위해서는 유아체육론에서 Vygotsky의 상호작용 이론을 이해할 필요가 있다.

Vygotsky는 상호작용의 개념을 발생적 접근방법, 고등정신 과정, 도구와 기호, 근접발달 영역을 주된 이론적 개념으로 설명하고 있다. 발생적 접근방법은 단순한 영적 축적이 아니라 발달상의 여러 기능, 그리고 한 형태에서 다른 형태로의 혁명적인 전환에 따른 본질적인 변화, 내적 요인들의 유기적 관계 속에서 특징지어지는 변증법적인 과정을 의미한다.

고등정신 과정은 사회화 과정의 근원이 되는 것으로 모든 고등정신(자발성, 논리적 기억, 사고, 문제 해결력)은 개인의 내적 정신 기능이 되기 이전에는 본질적으로 사회적인 것이며, 개인의 내적 정신 기능은 준사회적이다. 유아가 자신의 개인적 정신 기능을 재구조화하기 위해서는 사회적 체계를 변형하는 것이며, 자기 규제 능력이 형성되는 과정으로 보고 있다.

도구와 기호는 사회적 상호작용과 고등정신 형성을 위한 매개체이다. 도구란 기술적인 것을 의미하는 것으로, 능동적으로 환경에 접하는 자극을 변형하고 환경을 통제하며, 자신의 행동을 조절하기 위한 매개물이다. 기호란 심리적인 것을 말하며, 자신의 의식을 재구조화하고 다른 사람의 의식에 영향을 미치는 언어, 상징, 그림들이 해당된다.

근접발달 영역은 실제적인 발달 수준과 잠재적인 발달 수준의 차이를 말하는 것으로 학습이 가장 역동적으로 일어나는 영역을 의미한다. 유아의 상호작용은 근접발달 영역 내에서 교사나 보다 능력 있는 또래와의 협력적 교수를 통해 나타나며, 근접발달 영역은 유아의 사회화 과정 학습의 주요 개념이 됨을 주장하고 있다.

Vygotsky의 이론에 따른 상호작용 교수 원리는 다음과 같다.

① 자기통제와 자기조절 : 자기통제란 자기조절의 전 단계로 양육자의 부재 시에도 양육자의 지시, 요구가 유아에게 내면화되는 것이다. 자기조절이란 자신의 행동을 안내해주는 내면화된 성인의 요구에 따르기보다는 자기-형성적인 계획에 따라 행동을 조절하는 능력을 말하며, 상황의 변화에 따라 융통성 있게 자신의 행동을 계획하고 모니터하는 능력이며, 타인이 아닌 자기 자신이 세운 계획과 목표를 따르는 행동을 의미한다.
② 지지 : 유아의 활동과정 속에서 부모, 교사 또는 유능한 또래가 직·간접적으로 도움을 주는 것을 말하며, 유아는 이러한 상호작용을 통하여 다양한 과정에서 활동을 증가시키고 인지적 성장을 수반하게 된다.
③ 공동학습 : 공동학습은 유아가 또래들과의 갈등상황에서 서로 협력하여 그들의 논쟁을 해결하고 그 상황에 대한 공동의 의견을 모아 문제를 해결하는 것을 말한다. 공동학습은 참여자들 간의 사회적 상호작용을 통해 한 가지 학습과제를 해결하기 위한 가장 역동적인 근접발달 영역을 유지하게 해주는 역할을 한다.
④ 상호주관성 : 어떤 과제를 시작할 때 서로 다르게 이해하는 학습자들이 공유된 이해에 도달하는 과정을 말하며, 사회적 상호작용에서 유아가 자신의 근접발달 영역에 있는 상황에 대한 공통된 의견을 얻기 위해 항상 협의하고 타협하는 과정을 의미한다.

Vygotsky는 사회적 상호작용을 도울 수 있는 효과적인 교수전략을 '스캐폴딩(scaffolding)'이라 하였으며, 스캐폴딩이란 유아의 근접발달 영역 내에서 효과적인 교수-학습을 위해 교사가 유아와의 상호작용 중 도움을 적절히 조절하며 제공하는 것을 의미한다. 그 중요한 개념은 흥미 보충, 자유도의 감소, 방향 유지, 주요 특징의 표시, 좌절의 조절, 시범 등이다.

유아교육에서는 Piaget와 Vigotsky의 이론을 많이 비교하는데, Piaget는 유아의 인지발달에 있어서 일반적인 구조의 변화를 설명하는 데 있어 유기체의 능동적인 면을 강조하고 내부적인 면에 초점을 둔 반면, Vigotsky는 유아와 숙련된 협력자와의 상호작용을 통한 사회적인 경험을 강조한다는 점에서 차이가 있다. 그러나 이들 두 이론 간에는 상당히 많은 공통점을 가지고 있는 데, 즉 인지적 변화는 유기체의 능동적인 면과 사회적인 면의 끊임없는 상호작용을 통하여 이루어지게 되며, 발달은 환경 내에서 이루어지는 경험의 결과이므로 유아들이 자신들의 경험을 내적 반성을 통하여 변화할 수 있다고 보고 있으며, 인지발달 과정은 사고에 있어서 중요한 질적 변화를 내포한다는 점이다.

5) 정보처리 이론

정보처리 이론은 1970년대 이후 행동주의 이론과 Piaget의 인지 이론이 가지는 인간의 사고과정에 대한 제한적이고 모호한 이해를 보다 체계적이고 과학적으로 이해하기 위한 새로운 접근 이론으로, 인간의 지속적으로 변화하는 사고 과정에 초점을 둔 이론이다(그림 1-24). 정보처리 이론은 Piaget 이론처럼 유아가 환경적 요인을 고려하여 그들의 사고과정을 능동적이고 적극적으로 수정해나가는 존재로 본다. 그러나 Piaget와 다른 점은 인간의 발달을 단계 이론으로 제시하기보다는 지속적으로 변화하는 사고과정으로 보고 있다.

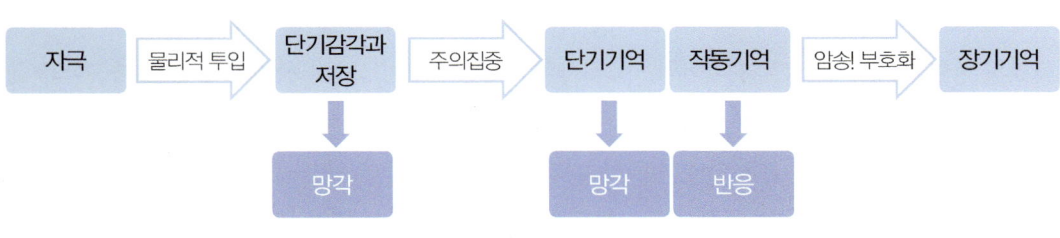

그림 1-24. 정보처리 이론

6) Freud의 정신분석 이론

Freud는 인간의 정신을 빙산에 비유하면서 물 위에 떠 있는 작은 부분이 의식이라면 물속에 잠겨 있는 큰 부분을 무의식으로 보았다. 즉, 무의식을 인간의 행동과 사고를 통제하는 보이지 않는 힘이라 보았다. Freud는 인간은 본래 성적으로 공격적이고 무의식적인 본능에 지배되는 존재로 보아 성과 공격성을 지나치게 강조한다는 점에서 비판을 받았다. 그러나 지금까지도 Freud의 이론은 인간의 무의식적 내면과 본성을 설명하는 데 여전히 의미 있는 이론으로 받아들여지고 있다. Freud는 인간의 인성 구조를 ① 원초아(id), ② 자아(ego), ③ 초자아(superego)로 설명하고 있다. 그 개념을 좀 더 자세히 살펴보면 다음과 같다.

① 원초아(id)

원초아는 먹고, 자고, 배설하는 것과 같은 육체적 쾌락을 추구하는 본능적 욕구를 의미하며, 인간은 기본적인 욕구충족에 대한 쾌락의 욕망은 곧 수행하지만 고통스러운 것은 회피하려 한다는 본성을 가지고 있다. 이렇게 고통을 피하고 쾌락을 추구하는 원초아는 비현실적이고 비합리적인 욕구를 충족하려 하는 인간의 무의식이라고 설명하고 있다. Freud는 이러한 본능적인 충동이 쾌락의 욕망을 충족하기 위해 현실과 부딪치는 과정에서 자아가 발달하게 된다고 설명한다.

② 자아(ego)

Freud는 자아라는 것은 현실에 적응하는 기능의 주체로 원초아에서 발전되는 것으로 설명하면서 외부와 접촉하는 과정에서 발생하는 갈등상황을 타협하고자 하는 욕구를 '자아'라고 설명하고 있다. 자아는 쾌락의 원리보다 현실의 원리에 지배받기 때문에 현실파악을 위한 인지과정이 발달하게 되며, 자아는 현실의 실제적인 원리에 따라 현실적·논리적으로 욕구 충족을 위한 계획과 실행을 하며 현실에서의 가능성을 검증하고자 하게 된다고 설명하고 있다.

③ 초자아(superego)

현실보다는 이상을 대표하고, 쾌락보다는 완전함을 추구하는 것을 Freud는 '초자아'라고 설명하면서 사회의 가치나 도덕이 의식적·무의식적으로 내면화됨으로써 사회의 규범을 준수하고 옳고 그름에 대한 기준을 반영하게 된다고 보았다. 초자아는 양심과 자아이상이라는 두 부분으로 이루어지게 되며, 양심이란 초자아에 죄의식을 느끼게 하면서 벌을 주는 부정적인 부분이고 자아의 이상은 보상적이고 긍정적인 부분으로 승화하게 된다고 설명하고 있다.

Freud는 이러한 이론을 기본으로 ㉠ 구강기 ㉡ 항문기 ㉢ 남근기 ㉣ 잠복기 ㉤ 생식기로 나누어 인간발달 단계를 설명하고 있다.

㉠ 구강기(oral stage: 0~1세): 주된 성감기는 구강. 유아는 구강을 통하여 먹고 빨고 깨물고 삼키는 데서 성적 욕구를 충족하며, 자신에게 만족과 쾌감을 주는 대상에게 애착을 가지게 된다. Freud는 각 단계마다 욕구가 충분히 충족되어야 다음 단계로의 이행이 순조롭게 된다고 주장하고 있으며, 만일 욕구불만이 생기거나 한 단계의 쾌감에 지나치게 몰두하게 되면 다음 단계로 넘어가지 못하고 그 시기에 고착된다고 주장하고 있다. 구강기적인 성격 특성으로는 의존적이고 유아적인 성향을 보인다고 설명하고 있다.

㉡ 항문기(anal stage: 1~3세): 배설물을 보유하거나 배출하는 데서 쾌감을 얻는 시기라고 설명하고 있다. 즉, 대소변 가리기 훈련으로 본능적 충동을 외부로부터 통제받는 경험을 하게

되며, 충동적 통제와 외부적 통제와의 절충을 통해 자아가 발달하게 되며, 이러한 훈련이 잘 되지 않아 고착현상을 갖게 되면 창의적이거나 생산적인 긍정적 성격과 인색하거나 강박적 성격, 무질서하고 파괴적인 성격을 보인다고 설명하고 있다.

ⓒ 남근기(phallic stage: 3~5세): 남근기 시기의 가장 큰 특성은 동성의 부모에 대해 질투를 느끼면서 이성의 부모에 대한 성적인 애정과 접근을 시도하는 시기라고 보았다. 이러한 감정을 Freud는 '콤플렉스'로 설명하면서 아들이 아빠에게 가지는 콤플렉스를 '오이디푸스 콤플렉스'라고 명명했다. 이와 반대로 여아가 엄마에게 느끼는 콤플렉스를 '엘렉트라 콤플렉스'라 하며, 이 시기를 이러한 콤플렉스가 발현되는 시기로 규정하고 있다.

ⓔ 잠복기(latent stage: 6~11세): 성적욕구가 철저히 억압되므로 이전 단계의 욕구들을 잊게 되는 시기로 설명하고 있다. 이 시기는 위험한 충동이나 환상이 잠재되는 조용한 시기로 이를 '잠복기'라고 명명하고 있다.

ⓜ 생식기(genial stage: 12세 이후): 잠복된 성적 에너지가 다시 분출하기 시작하고, 무의식에서 의식의 세계로 표현되며, 그러한 충동을 현실적으로 수행할 수 있는 능력을 갖게 되는 시기이다. 이 시기의 성적 욕망은 이성에 대한 관심으로 발전하고, 신체적으로도 성적인 구분이 확실해지는 성징들이 발달하게 되는 시기이다.

7) Erikson의 심리사회발달 이론

Freud의 정신분석 이론에 바탕을 두면서 인간의 성격발달을 전 생애에 걸쳐 사회와의 관계 속에서 연구한 이론이다. Freud의 이론이 인간의 본능적 충동, 무의식적인 사고와 감정, 그리고 성적 요인을 지나치게 강조한 반면 Erikson은 사회적 요인과 또래관계를 포함한 인간관계에서의 상호작용을 중시하였다. Erikson은 인간의 발달단계를 출생에서 노년에 이르기까지 8단계로 구분하고, 각 단계마다 습득해야 할 기본적인 과제를 대칭적으로 설명하고 다음 단계로의 발달을 위해 두 양극이 충분히 균형을 이루어야 한다고 강조하였다. Erikson의 이론은 유아의 사회심리학적 발달을 설명하는 이론으로 지금까지도 유용하게 사용되고 있다. Erikson이 구분하고 있는 8단계는 ① 1단계: 기본적 신뢰감 대 불신감, ② 2단계: 자율성과 수치 및 회의, ③ 3단계: 주도성 대 죄의식, ④ 4단계: 근면성 대 열등감, ⑤ 5단계: 정체감 대 역할혼미, ⑥ 6단계: 친밀감 대 고립감, ⑦ 7단계: 생산성 대 자기침체, ⑧ 8단계: 자아통합 대 절망의 단계로 나누어 설명하고 있다.

① 1단계: 기본적 신뢰감 대 불신감(0~1.5세)

Erikson이 말하는 1단계는 어머니와 같이 돌보아주는 사람이 유아의 신체적·심리적 요구와 필요를 적절히 충족해주면 유아는 그 대상에게 최초의 신뢰감을 형성하게 되고 그렇지 못할 경우에는 불신감이 형성되는 시기라고 언급하고 있다. 유아는 이것을 바탕으로 후기에 맺게 되는 사회 관계의 성공적인 적응과 밀접한 영향을 미치게 된다고 보았다.

② 2단계: 자율성과 수치 및 회의(1.5~3세)

Erikson이 말하는 2단계는 유아 스스로 하고자 하는 자율성이 발달하는 시기로, 근육발달을 조절할 수 있게 됨으로써 대·소변의 통제가 가능하고 자기 발로 서서 걷게 되면서부터 자기 주위를 열심히 탐색하기 시작한다. 자기개념이 형성되기 시작하면서 이 시기 유아들은 "내 것", "내가 할 거야", "싫어" 같은 자기주장을 하는 언어적 표현을 많이 하게 된다. 유아가 자신의 의지대로 행동하려고 하게 되면 사회는 부모를 통하여 유아가 사회적으로 적합한 행동을 하도록 권장하면서 자율성 발달을 도울 필요가 있다. 사회적 기대에 적합한 활동을 원활하게 수행하지 못하면 유아는 수치심과 회의심을 갖게 된다고 설명하고 있다.

③ 3단계: 주도성 대 죄의식(3~6세)

Erikson이 말하는 3단계는 어떤 목표나 계획을 세워 성공하고자 노력하는 시기로, 자신이 세운 목표나 계획을 실천하고자 하는 욕구와 또래의 판단 사이에 갈등을 겪게 되는 시기라고도 했다. 또한 자신의 계획이나 희망이 사회의 금기의 결과를 가져오게 되는 경우 죄의식을 느끼게 되는 시기이기도 하다. 주도적인 유아는 호기심이 많고 풍부한 상상력이 있으며, 스스로 계획과 목표를 설정하여 새로운 행동을 시도하고 창조하면서 목적을 달성하고자 한다. 반면 실패에 대한 벌이나 두려움으로 수치심을 갖게 되기도 한다.

④ 4단계: 근면성 대 열등감(6~12세)

Erikson이 말하는 4단계는 자아 성장에 결정적인 시기로, 기초적인 인지 기술과 사회적 기술을 습득하게 되면서 가족의 범주를 벗어나 더 넓은 사회에서 통용되는 유용한 기술을 배우고자 하며 이를 숙달하고자 하는 시기이다. 자발적으로 소속 사회에 대한 문화를 습득하게 되고 삶에 유용한 인지, 사회기술을 습득하게 되며, 만일 실수나 실패를 접하게 되고 바람직하게 근면성이 발달하지 못하면 열등감을 갖게 되는 시기이기도 하다.

⑤ 5단계: 정체감 대 역할혼미(12~18세)

Erikson이 말하는 5단계는 신체적 발달이 급변하고 사회적 압력과 요구에 대한 혼란을 겪게 되는 시기이다. 이 시기의 가장 중요한 발달 과업은 자아 정체감으로 사회 속에서의 나의 존재와 위치에 대한 느낌을 확립하게 되는 시기이다. 자신에 대한 끊임없는 질문과 탐색을 통해 자신의 정체성을 확립하게 되며, 자기 존재에 대한 갈등이 계속 야기되는 경우 방황하는 시간을 보내게 되면서 부정적인 자아개념을 형성하게 된다. 사회적 관계에서의 친밀감을 형성하지 못하고 자신에게만 몰두하게 되는 시기이기도 하다.

⑥ 6단계: 친밀감 대 고립감(성인 초기)

Erikson이 말하는 6단계는 성인 초기로 배우자를 선택하고 직업을 갖게 되며 감정, 가치관 등을 교류하는 성숙한 인간관계를 맺음으로써 친밀감을 형성하는 것이 중요한 발달 과업이 되는 시기이다. 진정한 친밀감은 긍정적인 정체감을 확립한 경우에 성립되게 되며, 정체감을 확립하지 못한 경우 자기 자신에 대한 자신감을 가지지 못함으로써 타인과의 친밀감을 형성하지 못하고 고립되며 자기 자신에게만 몰두하게 되기도 한다.

⑦ 7단계: 생산성 대 자기침체(성인기)

Erikson이 말하는 7단계는 가정적으로 자식을 낳아 기르고 사회적으로는 다음 세대를 양성하는 데 관심과 노력을 기울이게 되는 시기로, 자녀를 낳아 기르거나 직업적인 성취나 학문적·예술적 업적을 통해 생산성을 형성하는 시기이기도 하다. 타인이나 사회에 대한 관심보다 자기 자신을 위한 이기적인 목적에만 몰두하게 된다고 보았다.

⑧ 8단계: 자아통합 대 절망(노년기)

Erikson이 말하는 8단계는 노인기에 해당하는 생애 마지막 시기로 체력의 쇠퇴, 직업에서의 은퇴, 친구나 배우자의 죽음으로 인하여 인생에 대한 무력감을 느끼게 되는 시기이다. 자신의 삶을 반추하게 되며, 자신의 삶에 회의를 갖게 되면 절망감을 느끼고 죽음에 대한 두려움으로 불만족감을 느끼게 되는 시기이다.

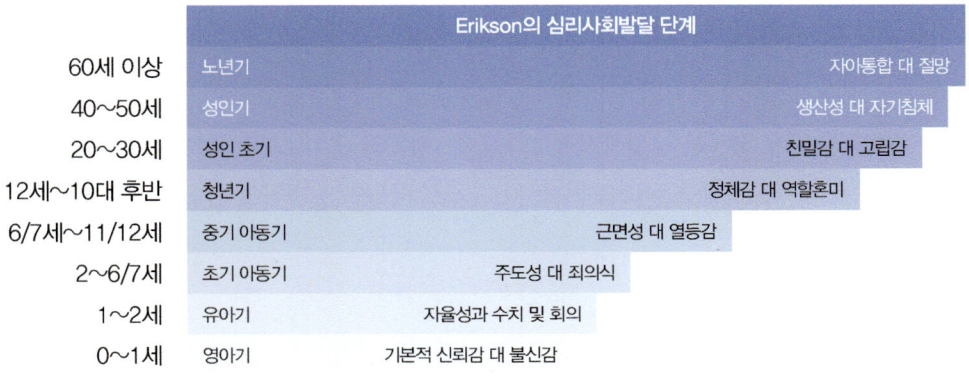

그림 1-25. Erikson의 심리사회발달 단계

8) Maslow의 인본주의 이론

Maslow는 개인은 자아실현을 위한 주체로서 감정, 사고를 할 수 있는 인격체로 보았다. Maslow 같은 인본주의 학자들은 기계적인 방법을 취하는 행동주의와 무의식과 성적 충동을 강조하는 정신분석 이론에 반대하면서 인간은 자신의 의지로 삶의 방향을 결정하며 자신의 잠재력을 성취하기 위하여 동기화된다고 주장하였다. 따라서 Maslow는 자아실현의 욕구를 중시하고 기본적인 욕구를 생리적 욕구/불안, 공포, 위험으로부터 벗어나고자 하는 욕구/사랑과 소속의 욕구/자아존중의 욕구라고 주장하면서 욕구위계 이론을 주장하였다.

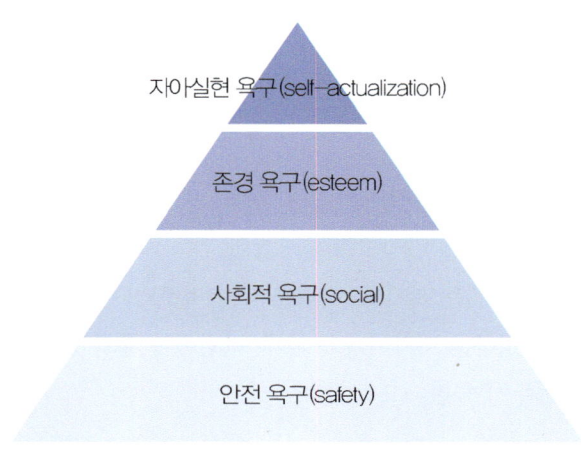

그림 1-26. Maslow의 욕구위계 이론

9) Kohlberg의 도덕발달 이론

도덕발달 이론은 Piaget 이론에 근거하여 구체적으로 발전하였으며, Piaget는 타율적 도덕성과 자율적 도덕성으로 구분하여 설명하였다. 자율적 도덕성은 행동의 의도를 파악할 수 있으며, 권위에 대한 우월성을 부정하면서 가치의 상대주의적 입장을 이해할 수 있는 도덕성을 의미하며, 타율적 도덕성은 법과 규칙에 복종하는 강제성에 의거하여 행동의 동기보다는 결과에 관심을 갖는 것을 말한다. Kohlberg는 도덕발달을 다음과 같이 6단계로 나누어 설명하고 있다.

① 제1수준(인습 이전 수준)
　　1단계: 처벌과 복종 지향
　　2단계: 욕구충족 지향

② 제2수준(인습 수준)
　　3단계: 대인관계에서의 조화 지향
　　4단계: 법과 질서 지향
③ 제3수준(후인습 또는 자율적 수준)
　　5단계: 사회계약적인 법률 지향
　　6단계: 보편적인 도덕 원리 지향

10) Bandura의 사회학습 이론

Bandura의 사회학습 이론은 심리학이나 사회학 분야에서 지금까지도 대단히 중요한 이론으로 언급되고 있으며, 인간은 사회적 상황 속에서 모방을 통하여 많은 것을 학습한다고 하며, 모방학습의 중요성을 강조하면서 사회학습 이론을 제시하였다.

Bandura는 사회학습 이론을 관찰학습과 모방학습으로 구분하여 설명하고 있는데, 관찰학습은 직접적인 강화에 의해 새로운 행동을 학습하는 것이 아니라 모델의 행동을 관찰하여 이를 모방함으로써 직접적인 강화 없이도 새로운 행동을 학습하게 된다는 의미이며, 모방학습은 단순히 타인의 행동을 모방하는 것이 아니라 유아 주변의 인물, 특히 부모의 언어형태, 성역할, 친사회적·반사회적 행동을 모방하게 된다고 설명하고 있다. Bandura는 유아가 관찰하여 모방하는 대상의 행동들은 사회화 과정에서 어떠한 행동을 하는가에 대한 중요한 측면이라고 보았다.

11) 생태학적 이론

가장 최근에 대두되고 있는 생태학적 이론은 인간이 생물로서 다양한 환경에 적응하는 것을 발달적 측면에서 연구하는 이론으로, 최근에는 사회심리학 거의 모든 전 분야에 걸쳐 폭넓게 적용되는 이론이다. 생태학적 관점의 대표적 학자는 Bronfenbrenner이며, 생태학적 입장에서 유아의 행동은 유아가 속해 있는 환경 속에서만 설명 가능한 것이며, 이러한 환경적 경험은 유아의 추후 발달에 영향을 미친다고 보는 입장이다. Bronfenbrenner는 이러한 생태학적 관점을 ① 미시체계(microsystem), ② 메소체계(mesosystem), ③ 엑소체계(exosystem), ④ 거시체계(macro-system)의 개념으로 나누어 설명하고 있다.

① 미시체계

성장하는 개인이 경험하는 활동패턴, 역할 그리고 인간관계 및 특별한 물리적 환경을 의미한다. 여기서 환경이란 일대일의 관계를 수행하는 것을 의미한다. 환경은 역할, 인간관계 그리고 물리적 특성에 의해 결정되며, 이러한 요인들은 서로 상호작용하면서 직·간접으로 인간의 행동에 영향을 미친다.

② 메소체계

적어도 두 개 이상의 환경에서 인간의 행동을 관찰하는 것으로, 가정 내에서의 유아의 행동과 학교생활을 비교하는 것을 예로 들 수 있다. 관찰된 행동이 환경적인 특징으로 인한 것인지 아니면 유아행동의 일반적 특성인지를 결정한다.

③ 엑소체계

사회·경제적 변인 같은 요인이 유아의 행동에 어떤 영향을 미치는가를 파악하는 것으로, 어머니의 취업이 유아의 행동에 어떤 영향을 미치는가 같은 특성을 본다.

③ 거시체계

인간발달에 미치는 거시체계의 영향력은 미시체계, 메소체계, 엑소체계 그리고 거시체계의 문화적 구성요소인 일관성과의 관계를 본다. 예를 들어 미국과 중국의 양육 태도를 비교하기보다 양육문화에 있어 서로 다른 과정이 무엇인지를 파악하는 것이다. 즉, 두 문화의 상이점을 비교하기보다는 거시체계를 결정짓는 제반 상황이나 과정을 검토해야 한다.

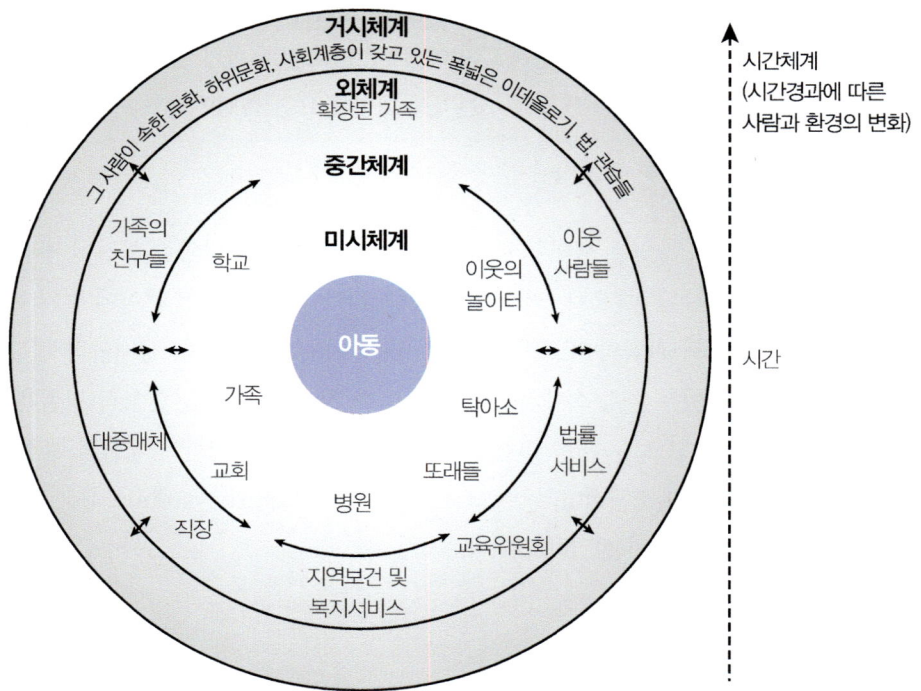

그림 1-27. 생태학적 이론모델. 일련의 포개진 구조인 Bronfenbrenner의 생태학적 모델. 미시체계는 아동과 직접 접해 있는 환경 사이의 관계를 나타낸다. 중간체계는 아동의 직접적인 환경들 간의 연결을 나타내고, 외체계는 아동을 포함하지는 않지만 영향을 주는 사회적 환경을 나타내며, 거시체계는 그 문화의 이념을 나타낸다(Bronfenbrenner, 1979에 근거).

12) 환경 이론

Havighurst(1972)에 의해 주장된 이론으로, 발달은 생물학적·사회적·문화적 힘들 간의 상호작용으로 이루어지게 된다는 이론이다. 환경 이론에서는 발달은 개인의 적절한 발달상의 진행을 확실하게 하기 위해 특정 시간 내에 습득되어야 하는 영속성을 가진 과제이며, 유아기와 아동기 발달에 있어 움직임, 놀이, 신체활동에 주안점을 둔 이론이다. Havighurst의 이론은 신체활동이 유아발달의 중요한 요소가 된다는 점을 강조한 이론으로 운동발달 측면에서 눈여겨 볼 수 있는 이론이라고 할 수 있다.

4장 유아기 운동발달

 학습목표

- 운동발달 이론을 이해한다.
- 운동발달 모형을 통해 운동발달 과정을 이해한다.
- 움직임 능력의 습득 과정을 이해한다.

1. 운동발달 모형

운동발달 과정은 주로 움직임 행동의 변화를 통해 나타난다. 운동발달 과정을 관찰할 수 있는 주된 방법은 생애 주기에 걸쳐 일어나는 움직임 행동에 대한 변화를 살펴보는 것이다.

Gallahue는 움직임의 발달 단계를 다음과 같은 모델로 설명하고 있다(그림 1-28).

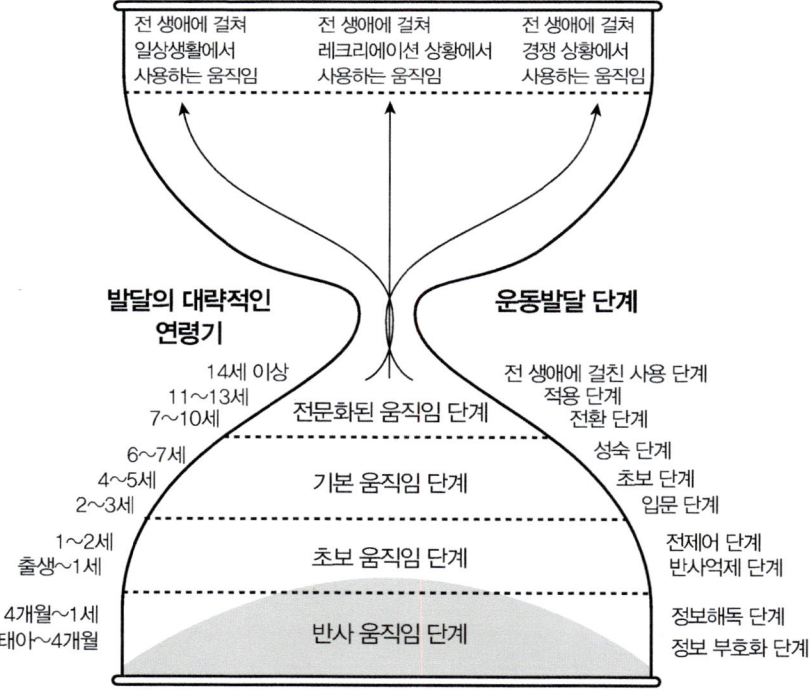

그림 1-28. 운동발달 단계 모델

인간의 운동발달 단계는 태어나서 1세까지는 반사 움직임의 단계로, 불수의적인 움직임을 주로 하는 반사 움직임 단계로 보고 있다. 반사(reflex)는 불수의적으로 이루어지며, 피질 하에서 제어되는 움직임으로 운동발달 단계들의 토대가 된다. 유아는 반사활동을 통해 자신의 직접적인 환경에 대한 정보를 얻게 되는데, 접촉, 빛, 소리, 압력 변화에 대한 유아의 반응은 불수의적 동작을 유발하며, 이러한 불수의적인 움직임은 유아의 신체와 외부 세계에 대해 더 많이 배울 수 있도록 도와주는 중요한 역할을 한다. 반사는 크게 원시반사, 자세반사 그리고 운동반사로 나뉘며, 자세한 반사의 종류는 p 28~29에서 설명하고 있다.

출생 후 1세 이후가 되면 이러한 불수의적인 반사행동은 점차 줄어들거나 사라지게 되며, 기본적인 초보 움직임 단계가 된다. 초보 움직임은 출생부터 약 2세까지의 유아에게서 나타나며, 초보 움직임은 성숙에 의해 결정되고, 나타나는 순서를 잘 예측할 수 있다는 특징이 있다. 이러한 능력이 나타나는 속도는 아이들마다 다를 수 있지만, 주로 생물학적 요인과 환경적 요인 그리고 과제 요인에 의해 좌우된다.

유아의 초보 움직임은 생존에 필요한 수의적 움직임의 기본 형태이며, 여기에는 머리, 목, 몸통, 근육의 제어 획득 같은 안정성 움직임, 뻗기, 잡기, 놓기 같은 조작적 과제 그리고 포복하기, 걷기 같은 이동성 움직임 등이 해당된다.

기본 움직임 단계에서는 유아기(초기 아동기)의 기본 움직임 능력들이 발달되는 단계이다.

이 단계에서 유아는 자신의 신체 움직임 능력을 통해 적극적으로 탐구하고 실험하는 시기라고 할 수 있다. 다양한 안정성, 이동성, 조작적 움직임을 처음에는 각각 분리해서, 그다음에는 이러한 움직임들을 결합해서 어떻게 수행할 수 있는가를 발견하는 시기이다.

이 단계는 시작 단계, 초보 단계, 성숙 단계로 이루어진 것으로 본다.

시작 단계에서는 기본 기술을 수행하는 유아의 첫 번째 목표지향적인 시도가 이루어지는 시기이며, 이 시기에는 신체의 사용이 제한되거나 과장된 움직임이 나타나고, 협응이 제대로 되지 않으면서 움직임이 매끄럽지 못하다. 일반적으로 2세 유아는 시작 수준의 이동성, 조작적, 안정성 움직임을 보인다.

두 번째는 초보 단계로, 이 단계에서는 기본 움직임의 제어와 협응성이 향상된다.

움직임의 시간적·공간적 요소들이 일치하면서 움직임이 좋아진다. 그러나 이 단계에서의 움직임 패턴은 협응성은 좋아지지만 아직 제한되거나 과장된 형태를 띠는 것이 일반적이다. 일반적인 3~4세 유아들은 이 단계에서 다양한 기본 움직임을 수행한다.

세 번째 성숙 단계는 수행이 역학적으로 효율성을 가지고 이루어질 뿐만 아니라 협응성과 제어 측면에서도 향상된 모습을 보인다. 유아는 5~6세 정도 되면 대부분의 움직임 기술에서 성숙단계에 도달하게 된다. 그러나 움직이는 물체를 추적해서 잡아야 하거나 움직여야 하는 조작적 기술

(예: 날아오는 공 받아치기, 받기 등)은 정교한 시각운동과 신체의 움직임이 함께 이루어져야 하기 때문에 이 단계에서도 완전하게 발달하지는 않는다. 다만 연습과 격려, 지도받을 기회 등을 부여 받게 됨으로써 발달이 좀 더 효율적으로 이루어지게 된다. 그런 기회를 부여받지 못하게 되는 경우 다음 단계로의 발달이 이루어지게 되며 다음 단계의 발달 또한 지장을 받게 된다.

네 번째는 전문화된 움직임 단계로, 이 단계는 기본 움직임 단계로부터 파생된 결과라고 할 수 있다. 전문화 단계에서의 움직임은 일상생활, 기본적인 스포츠 기술이나 레크리에이션 분야 등에서 여러 복잡한 활동에 응용되어 보다 더 세련되고 복잡한 활동이 가능하게 된다.

전문화 움직임 단계 동안 이루어지는 기술 발달의 시작과 정도는 다양한 과제 요인과 개인 요인 그리고 환경 요인에 의해 좌우된다.

이 단계는 과도기 단계, 적용 단계, 평생이용 단계 등으로 이루어진다.

과도기 단계는 대략 7~8세의 후기 아동기에 접어드는 아동기가 포함된다. 이 단계의 아동은 스포츠와 레크리에이션 상황에서 전문화된 기술을 수행하기 위해 기본 움직임 기술을 결합시키고 응용하기 시작한다. 이 단계에서 정교해진 기본 움직임 기술들은 놀이, 게임, 일상생활의 상황에 응용되며, 부모나 교사들이 다양한 활동을 통하여 아동의 능력이 향상될 수 있도록 도와줘야 한다.

두 번째는 적용 단계로, 대략 11세에서 13세까지의 기간(중학생 연령)이 여기에 해당된다. 이 시기에는 인지 능력이 더욱 정교해지고 경험 토대가 확대되면서 많은 것을 학습할 수 있게 된다. 또한 다양한 과제, 개인, 환경 요인들을 토대로 무엇에 참여할 것인지를 결정할 수 있게 된다. 적용 단계에서는 특정 활동을 찾거나 기피하기 시작한다. 움직임 수행의 형태, 기술, 정확성과 더불어 양적 측면이 강조되며, 이 시기에 더 복잡한 기술들이 정교해지고 보다 수준 높은 게임과 간이게임 활동 그리고 선택된 스포츠에서 사용된다.

세 번째는 평생이용 단계로, 약 14세쯤부터 시작하여 성인기까지 지속된다. 평생이용 단계는 운동발달 과정의 정점으로, 이때 습득한 움직임 레퍼토리는 일생 동안 사용된다. 이전 단계에서 형성된 관심과 능력 그리고 선택이 지속되고 정교해지면서 평생 동안 일상생활과 여가 및 스포츠 관련 활동에 활용된다. 본질적으로 평생이용 단계는 이전 단계들의 축적된 산물이며, 이 단계는 평생 지속되는 단계로 보아야 한다.

움직임 능력의 단계적 발달은 전문화된 움직임 기술 수준에 도달하기 위한 발판으로 보아야 한다. 유아기는 발달상 성숙하지 못하므로 그 발달 수준에 적합한 의미 있는 움직임 경험을 구조화할 필요가 있다. 발달에 적합한 방식으로 움직임 기술을 점진적으로 습득하는 것이 유아의 균형 잡힌 운동발달을 위해 꼭 필요하다는 인식을 가질 필요가 있다. 전체적인 운동발달 단계는 다음 〈표 2-15〉와 같다.

표 1-15. 운동발달의 단계

시기	태내기	영아기	유아기	아동기	청소년기	성인 초기	성인 중기	노인기 (성인 후기)
연령	수정	출생 6개월	2세	6세	12세	18세	40세	65세
발달 단계	반사 단계	기초 단계	기본 움직임 단계	스포츠 기술 단계	성장과 세련 단계	최고 수행 단계	퇴보 단계	
				전문화된 움직임 단계				

2. 운동기술의 발달

운동발달의 관찰 대상은 움직임의 기술이다. 운동기술(motor skill)은 목적을 달성하기 위한 수의적이고 효율적인 신체 움직임을 그 기본으로 한다. 운동기술에는 걷기, 글쓰기, 말하기 등과 같은 일상생활에서 수행하고 있는 많은 동작뿐만 아니라 테니스, 농구, 축구 등과 같은 스포츠 장면에서 수행하게 되는 복잡한 운동동작 등이 포함된다.

운동기술이 가지는 특징은 첫째, 기술과 관련된 동작이 특정한 목적을 가져야 하며, 반드시 수의적인 운동이어야 한다. 반사행동은 비록 그 동작에 목적이 있을지라도 수의적인 운동이 아니기 때문에 운동기술이라고 하지 않는다. 둘째, 운동기술은 행동의 목적을 달성하기 위하여 신체 또는 사지의 움직임이 반드시 있어야 한다. 이 같은 특성을 고려해볼 때 운동기술은 효율적인 신체 움직임을 통하여 의도하는 목표 동작을 다양한 상황적 요구에 맞게 수행해낼 수 있는 능력이라고 볼 수 있다.

운동기술은 기술 수행에 필요한 근육의 크기, 움직임의 연속성 그리고 환경의 안정성에 따라 분류될 수 있는데, 분류 방법에는 1차원 분류법과 2차원 분류법이 있다. 운동기술을 분류하는 것은 움직임을 구분해보는 관점을 가지는 데 대단히 중요하며, 특히 유아체육을 지도함에 있어 난이도를 구분하는 기준으로 사용할 수 있다는 점에서 중요하다.

운동기술의 1차원 분류법은 한 가지 차원에 의거하여 움직임 기술을 분류하는 방법으로, 움직임의 근육 측면, 움직임의 시간적 연속성 측면, 움직임의 환경 측면, 움직임의 의도된 기능 등의 측면으로 나누어볼 수 있다. 움직임의 1차원 모델은 다음 〈표 1-16〉과 같다.

움직임의 2차원 분류법은 연속해 일어나는 움직임을 고찰하는 방법으로, Gentille의 모델과 Gallahue의 모델이 있다. 두 모델은 보는 관점에 따라 차이가 있는데, Gentille의 2차원 모델은 운동기술 학습의 과정에 초점을 두는 모델로, 움직임 과제가 수행되는 환경과 맥락, 움직임의 의도된 기능에 초점을 두고 운동기술을 구분한 모델이다. 이 모델은 운동기술의 난이도를 나누어볼 때 유용하게 활용될 수 있다(표 1-17).

표 1-16. 움직임의 1차원 모델

움직임의 근육	움직임의 시간적 연속성	움직임의 환경	움직임의 기능
대근 운동기술: 움직임 과제수행을 위해 몇 개의 대근 사용 (달리기, 점프, 던지기 등)	불연속 운동기술: 시작과 끝이 분명 (던진 공치기, 회초리 휘두르기 등)	개방형 운동기술: 변화하는 환경에서 일어나며, 예측할 수 없음 (레슬링, 뜬 공 잡기, 대부분의 컴퓨터 게임)	안정 과제: 정적 또는 동적 움직임 상황에서 균형을 획득하거나 유지 강조 (앉기, 서기, 균형잡기 등)
소근 운동기술: 정확도를 갖고 움직임 과제 수행을 위해 몇 개의 소근 사용(쓰기, 타이핑, 뜨개질 등)	연속운동기술: 일련의 불연속 기술을 빠른 속도로 연속 수행 (농구공 드리블, 잠긴 문 열기 등)	폐쇄형 운동기술: 안정되고 변화하지 않는 환경에서 발생(골프 퍼팅, 컴퓨터 워드 작업)	이동과제: 공간을 통해 신체를 한 곳에서 다른 곳으로 옮기기(기기, 달리기 등)
	지속운동기술: 정해진 시간 동안 반복 수행(자전거 페달 밟기, 수영 등)		조작과제: 물체에 힘을 가하거나 힘 받기(치기, 쓰기 등)

표 1-17. Gentille의 2차원 모델

움직임 과제의 환경 맥락			움직임 과제의 의도된 기능			
			조작 없는 안전성	조작 있는 안전성	조작 없는 이동	조작 있는 이동
불변의 통제 조건 + 시도별 변화 없음 =		완전한 폐쇄형 움직임 과제	• 의자에 앉기 • 제자리에 서 있기	• 티에서 공 치기 • 움직이지 않는 공 차기	• 평지 걷기 • 고정된 높이로 점프하기	• 가방 들고 걷기 • 리드미컬 하게 줄넘기
불변의 통제조건 + 시도별 변화 있음 =		중간 수준 폐쇄형 움직임 과제	• 다양한 높이의 의자에 앉기 • 다양한 높이의 의자에서 일어나기	• 다양한 높이의 티에서 공 치기 • 여러 형태의 움직이지 않는 공 차기	• 트레드밀 위에서 걷기 • 다양한 높이로 점프하기	• 쇼핑백 들고 미끄러운 바닥 걷기 • 자신이 토스한 공을 잡기 위해 고정된 높이로 점프하기
변화 있는 통제조건 + 시도별 변화 없음 =		중간 수준 개방형 움직임 과제	• 움직이는 에스컬레이터 위에 서 있기 • 대형 짐볼 위에 앉기	• 피칭머신에서 나오는 공 치기 • 부드럽고 평평한 바닥 위에서 천천히 구르는 공 차기	• 에스컬레이터 위에서 걷기 • 달려와 일정한 높이로 점프하기	• 투포환 던지기 • 달려가면서 창 던지기

(계속)

| 변화 있는 통제조건 | + | 시도별 변화 있음 | = | 완전한 개방형 움직임 과제 | • 움직이는 에스컬레이터 위에 서 있기
• 양발을 들고 대형 짐볼 위에 앉기 | • 던진 공 치기
• 빠르게 움직이는 축구공 차기 | • 흔들거리는 다리 건너가기
• 달려가 다양한 높이로 점프하기 | • 날아오는 공을 잡기 위해 달려가기
• 튕긴 공을 잡기 위해 점프하기 |

Gallahue의 2차원 분류법은 안정성, 이동성, 조작성이라는 움직임 범주에서의 움직임의 의도된 기능과 움직임의 복합성에 따라 반사, 초보, 기본, 전문화 움직임 단계로 구분하는 모델로, 발달 측면에서의 모델로 유아의 운동기술을 발달적 측면에서 구분해볼 때 유용하게 적용될 수 있다(표 1-18).

표 1-18. Gallahue의 2차원 모델

운동발달의 단계	움직임 과제의 의도된 기능		
	안전성 (정적·동적 움직임 상황에서의 신체 균형 강조)	이동 (신체의 장소 이동 강조)	조작 (물체와 힘을 주고 받는 것 강조)
반사 움직임 단계: 태아기와 초기 유아기에 피질 하에서 통제되는 불수의적 움직임	• 직립반사 • 목 자세반사 • 몸통 자세반사	• 기기반사 • 걷기반사 • 수영반사	• 손바닥 파악반사 • 발바닥 파악반사 • 당김 반사
초보 움직임 단계: 성숙에 의해 영향을 받는 유아의 움직임	• 머리와 목 제어 • 몸통 제어 • 지지 없이 앉기 • 서기	• 포복하기 • 기기 • 직립하여 걷기	• 내밀기 • 잡기 • 놓기
기본 움직임 단계: 아동의 기본 움직임 기술	• 한 발로 균형 잡기 • 낮은 빔 위 걷기 • 축성 움직임	• 걷기 • 달리기 • 점프하기 • 깡충뛰기	• 던지기 • 잡기 • 차기 • 치기
전문화 움직임 단계: 후기 아동기와 그 이후의 복합적 기술	• 체조의 평균대 연습하기 • 축구에서 골킥 막기	• 100m 달리기 혹은 육상의 허들 • 사람 많은 거리에서 걷기	• 축구에서 골킥 하기 • 던진 공 치기

3. 운동 능력의 변화

1) 수의적 움직임

수의적 움직임이란 대뇌피질에서 제어되는 움직임으로, 인간의 의지에 따라 움직임을 생성하거나 의식적으로 움직이는 것을 의미하며, 일반적으로 반사행동 이후에 나타난다. 인간은 출생 후 약 1년 동안은 주로 반사에 의한 움직임을 보이지만, 점차 반사 움직임은 줄어들고 수의적인 움직임이 증가한다. 수의적 움직임은 생후 약 4주부터 나타나며, 신체의 성장과 함께 더욱 복잡하고 효율적인 형태로 발달하게 된다. 수의적 움직임은 운동행동에 영향을 미치며, 숙련된 움직임으로의 발달을 위한 중요한 역할을 한다. 수의적인 움직임은 의식적이고 목표를 가진 행동을 반복하게 되면서 움직임의 효율이 향상되고 적절한 움직임을 선택하는 능력을 향상시키게 된다. 수의적인 움직임은 안정성 운동, 이동성 운동, 조작 운동 등으로 나누어볼 수 있다. 안정성 운동은 앉기와 서기를 위해 신체가 중력을 이기는 법으로 자세 조절(머리 조절, 몸통 조절, 서기) 운동들이 여기에 속한다. 이동성 운동은 환경에서 움직이기 위한 기본 능력들이 발달하는 것으로 걷기, 달리기 등 신체를 이동하는 기술들을 말한다. 세 번째는 조작 운동으로 손사용을 하는 운동기술을 말하며, 초보적 능력(뻗기, 잡기, 놓기)이 발달하게 되며, 이후에는 다양한 기구들을 조작할 수 있는 능력으로 발달하게 된다.

유아의 초보 움직임 능력은 운동발달의 초석이 되며, 유아의 환경 요인은 초보 움직임 능력의 발달을 강화시키는 요인이 된다. 유아 운동기능의 조기발달이 훗날의 발달에 영향을 미치는 종류와 시기, 정도, 지속시간 등에 대해서는 더 많은 정보가 필요하다.

유아기의 기본적인 움직임들은 기본 움직임 기술로, 기본 움직임의 발달은 아동 운동발달의 토대가 되며 다양한 움직임 경험은 아동들이 자신의 환경을 지각하는 데 필요한 정보를 제공해준다.

2) 안정성 운동기술

① 머리와 목의 제어

인간은 머리의 움직임을 시작으로 수의적 움직임 발달이 시작된다. 영아는 출생 후 약 2시간이 지나면 서서히 눈을 뜨게 되며, 약 60시간이 지나면 외부로부터 제시되는 물체에 대하여 정향성을 갖게 된다(Bullinger, 1981).

영아가 머리와 목을 제어하는 능력의 발달은 다음 〈표 1-19〉와 같다.

표 1-19. 머리와 목을 제어하는 능력의 발달

안정성 과제	선별된 관련 능력	대략적인 시작 연령
머리와 목의 제어	한쪽으로 돌리기	출생 시
	양쪽으로 돌리기	생후 1주
	지지를 받아 유지하기	생후 1개월
	지면에서 턱 들어올리기	생후 2개월
	엎드린 자세에서 제어하기	생후 3개월
	등을 대고 누운 자세에서 제어하기	생후 5개월

② 몸통 제어

머리 조절이 가능한 영아는 몸통을 조절하는 능력이 발달하게 되는데, 생후 2개월부터는 머리뿐 아니라 가슴을 들어 올리는 능력이 발달한다. 몸통을 지지하는 동작이 가능해지면 몸통 전체를 뒤집으면서 구르는 형태가 나타난다. 몸통 제어 발달의 단계는 다음 〈표 1-20〉과 같다.

표 1-20. 몸통을 제어하는 능력의 발달

안정성 과제	선별된 관련 능력	대략적인 시작 연령
몸통 제어	머리와 가슴 들어 올리기	생후 2개월
	등을 대고 누운 자세에서 엎드린 자세로 뒤집기 시도하기	생후 3개월
	등을 대고 누운 자세에서 엎드린 자세로 뒤집기 성공하기	생후 6개월
	엎드린 자세에서 등을 대고 누운 자세로 뒤집기	생후 8개월

③ 앉기

구르기가 가능한 영아의 몸통 아랫부분을 지지해주면 앉을 수 있게 된다. 생후 5~6개월경에 영아는 상체를 앞으로 굽히는 자세를 보이다가 점차 앉을 수 있게 된다. 생후 7개월이 되면 보호자의

표 1-21. 앉기의 발달

안정성 과제	선별된 관련 능력	대략적인 시작 연령
앉기	a. 지지를 받아 앉기	생후 3개월
	b. 자신이 지지하여 앉기	생후 6개월
	c. 혼자 앉기	생후 8개월

도움 없이 스스로 몸통을 조절하여 앉을 수 있다. 몸통 조절의 발달로 앉기가 가능해지면 상대적으로 팔과 손이 자유로워져 물체 조작 능력이 발달하게 된다(표 1-21, 그림 1-29).

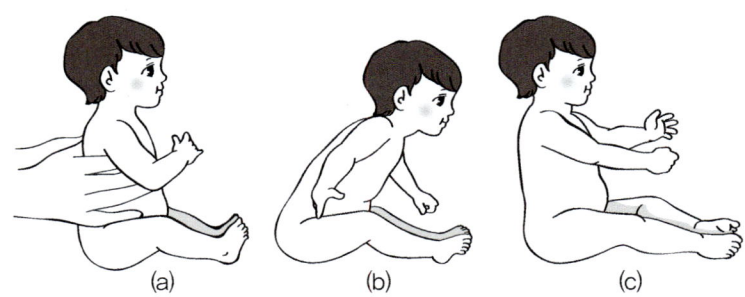

그림 1-29. 앉기의 발달. (a) 생후 3개월, (b) 생후 6개월, (c) 생후 8개월.

④ 서기

영아가 몸통을 조절하여 앉기 자세를 하게 되면서 영아는 중앙-말초의 원리에 따라 말단 방향으로 신체가 발달하는 경향을 보인다. 영아는 서기 자세가 나타나기 전에 전신이 중력이 작용하는 반대방향으로 몸을 일으켜 세울 수 있는 힘을 가지게 된다. 일반적으로 손을 잡아 지지해주는 경우 서는 능력은 생후 10개월 정도에 나타나며, 생후 12개월 정도가 되면 혼자 서는 것이 가능해진다(표 1-22, 그림 1-30).

표 1-22. 서기 능력의 발달

안정성 과제	선별된 관련 능력	대략적인 시작 연령
서기	a. 지지를 받아 서기	생후 6개월
	b. 손을 잡아 지지해주기	생후 10개월
	c. 물체를 잡아당기는 지지를 통해 서기	생후 11개월
	d. 혼자 서기	생후 12개월

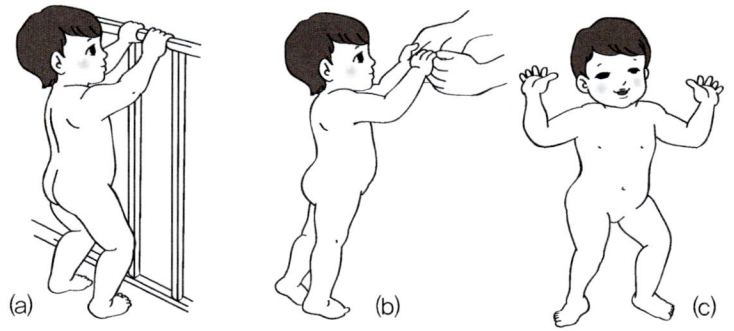

그림 1-30. 서기의 발달. (a) 생후 6개월, (b) 생후 10개월, (c) 생후 12개월.

3) 이동성 운동기술

이동은 한 장소에서 다른 장소로 신체를 움직이는 것으로 기기, 걷기, 달리기, 점핑 등이 이에 해당한다. 이동운동의 단계는 발달하는 순서는 일정하지만 개인마다 사회적·문화적·환경적인 배경 및 유전적인 특성이 다르므로 이동기술의 발현 시기와 그 정도에 차이가 있다.

① 기기

영아의 기기 움직임은 머리와 몸통을 팔로 지지하고 제어하는 근육이 발달했을 때 나타난다. 기기는 먼저 배 대고 기기에서 무릎 대고 기기로 발전해가게 되는데, 무릎 대고 기기는 조금 더 팔과 몸통 그리고 다리의 힘이 강화되면서 가능해진다. 기기의 발달과정은 다음 〈그림 1-31〉와 같다.

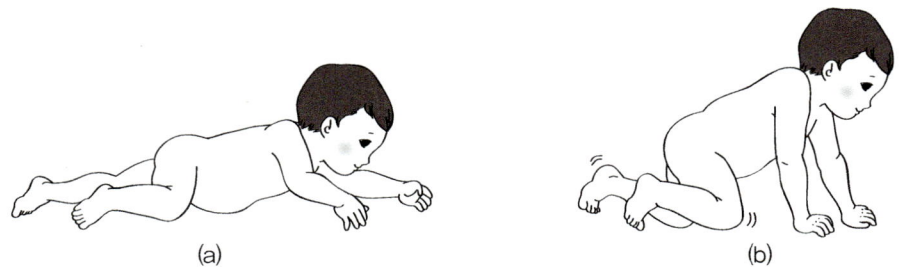

그림 1-31. 기기의 발달과정. (a) 포복하기, (b) 기기.

다음 〈표 1-23〉은 수평 움직임과 직립보행 능력의 발달을 제시한 것이다.

표 1-23. 수평 움직임과 직립보행 능력의 발달

이동성 과제	선별된 관련 능력	대략적인 시작 연령
수평 움직임	엎드려 돌진하기	생후 3개월
	포복하기	생후 6개월
	기기	생후 9개월
	네 발로 걷기	생후 11개월
직립보행	지지를 받고 걷기	생후 6개월
	손을 잡아주고 걷기	생후 10개월
	앞으로 이끌어주며 걷기	생후 11개월
	혼자서 걷기(양손 들고)	생후 12개월
	혼자서 걷기(양손 내리고)	생후 13개월

② 걷기

걷기 발달에 있어 중추신경계의 성숙도 중요하지만, 근육의 탄력성이나 뼈와 관절의 해부학적 속성 그리고 움직이는 사지에 전달되는 에너지 같은 개인적 요인들도 중요한 상호작용 체계로서 기능한다(Thelen, 1992). Shirley(1931)가 제시한 유아가 도움 없이 걷는 법을 배울 때 거치는 4단계는 아래 〈표 1-24〉와 같다.

표 1-24. 걷기 능력의 발달

직립보행 4단계 Shirley (1931)	약간 앞으로 이동이 가능한 걷기의 초기단계	생후 3~6개월
	도움을 받아 서는 단계	생후 6~10개월
	이끌어주면 걷는 단계	생후 9~12개월
	혼자서 걷는 단계	생후 12~15개월

Bayley(1935)는 걷기 발달과정에서의 특성을 다음과 같이 정리하고 있다(표 1-25).

표 1-25. 걷기 발달과정 특성

첫째, 걷기 속도가 빨라지고 보폭이 커진다.
둘째, 걸음의 가로 폭은 혼자서 걷기가 잘 이루어질 때까지 넓어졌다가 그다음에는 약간 줄어든다.
셋째, 양발이 정면을 향하게 될 때까지 발의 외전이 점차 감소한다.
넷째, 직립 걷기가 점차 매끄럽게 이루어지면서 보폭이 일정해지며, 동시에 신체 움직임들이 이루어진다. 12개월 이후에는 옆으로 걷기, 뒤로 걷기, 발끝으로 걷기 등을 시도해본다.

4) 조작성 운동기술

영아는 뻗기, 쥐기, 놓기 같은 기본적인 손 조작 기술을 익힘으로써 손을 통제하는 기술을 익히게 된다. 본격적으로 물체를 조작하는 기술이 발달하는 시기는 스스로 두 발로 서서 이동운동을 할 때부터이며, 새로운 환경을 탐색하고 물체를 향하여 뻗고, 만지고, 잡고, 조작하는 등의 기술이 점차 발달한다.

① 손 뻗기

뻗기는 일생에 걸쳐 지속적으로 활용하는 아주 중요한 기술로, 일상생활에서 수시로 일어나는 운동기술이다. 목표를 가지고 움직이는 수의적인 뻗기의 발달에서 시각은 아주 중요한 역할을 하며, 시각은 잘못된 뻗기 동작에 대한 오류를 탐지하고 수정할 수 있는 정보를 제공해준다(Bruner,

1982). 손 뻗기와 관련된 능력과 대략적인 시작 연령은 다음 〈표 1-26〉과 같다. 이후의 발달과정은 다음 〈표 1-27〉과 같다.

표 1-26. 손 뻗기 능력 발달 시기

조작적 과제	선별된 관련 능력	대략적인 시작 연령
손 뻗기	둥근 원을 그리는 비효과적 뻗기	생후 1~3개월
	명확하게 덫 모양으로 뻗기	생후 4개월
	제어된 뻗기	생후 6개월

뻗기 동작의 숙련은 다음과 같은 단계를 거치면서 세련되어진다(표 1-27).

표 1-27. 손뻗기 운동능력 발달

생후 4개월	대상과의 촉각적 접촉에 있어 실제적으로 수의적 노력을 하지 않는다.
	→ 대상을 시각으로 인지하며 손 뻗기 시도
생후 5개월	손을 뻗어 대상과 접촉한다.
	→ 간단한 눈-손의 협응에서 피아노, 타이핑과 같이 점차적인 독립으로 전환
생후 7개월	손바닥과 손가락이 협응하지만 손가락을 효과적으로 사용하지 못한다.
	→ 초기 신체 근육군을 최대 사용한 것에서 최소용으로(효과적 근육 사용)

② 잡기

잡기는 '쥐기'라고도 표현하는데, 뻗기와 마찬가지로 물체 조작기술의 기초 동작이다.

보통은 물체를 잡기 위해 손을 뻗고 난 뒤 잡게 된다. 이처럼 뻗기와 잡기는 거의 동시에 이루어진다. 잡기 능력이 발달하는 단계는 다음 〈표 1-28〉과 같다.

표 1-28. 잡기 운동능력 발달

조작적 과제	선별된 관련 능력	대략적인 시작 연령
잡기	반사적 잡기	출생 시
	수의적 잡기	생후 3개월
	양 손바닥으로 잡기	생후 3개월
	한 손바닥으로 잡기	생후 5개월
	양 측면 잡기	생후 9개월
	제어된 잡기	생후 14개월
	도움 없이 먹기	생후 18개월

잡기 동작의 숙련은 다음과 같은 단계를 거치면서 세련되어진다(표 1-29).

표 1-29. 잡기 운동능력 발달

생후 9개월	집게손가락을 사용하기 시작한다.
	→ 팔과 어깨 쪽(대근 활동)에서 손가락(소근 활동)으로 전환
생후 12개월	엄지, 집게손가락을 효율적으로 사용한다.
	→ 손가락을 마주보게 하여 정확한 측면 움직임 출현
생후 14개월	파악능력이 성인과 비슷해진다.
	→ 최종적으로 한 손만으로 움직임 수행 가능

③ 놓기

놓기 또한 물체 조작기술의 하나로, 정확히 본인이 원하는 장소에 원하는 힘으로 조절해서 물건을 놓기까지는 상당한 시간이 필요하다. 스스로 힘을 조절하고 정확한 위치에 물체를 놓기까지 세련되기 위해서는 생후 18개월 정도가 지나서야 가능하게 된다(표 1-30).

표 1-30. 놓기 운동능력 발달

조작적 과제	선별된 관련 능력	대략적인 시작 연령
놓기	기본적인 놓기	생후 12~14개월
	제어된 놓기	생후 18개월

놓기를 연습하기 위해서는 다음과 같은 단계를 거치도록 한다(그림 1-32).

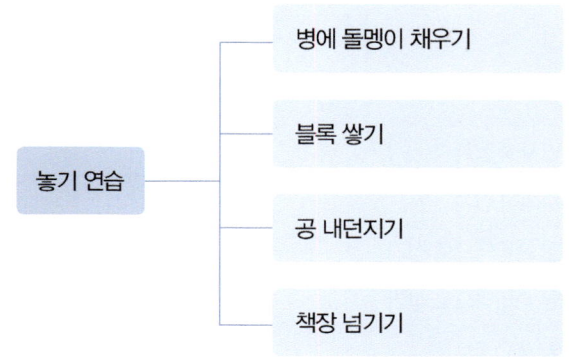

그림 1-32. 놓기 연습 단계의 예

④ 초보적 조작 능력

〈그림 1-33〉와 같이 아기는 초보적 조작 능력(a, b, c)이 숙달됨에 따라 단순한 움직임에서 상황에 필요한 움직임을 하게 되며, 지각 행위를 통해 의미 있는 목표 달성을 직접적으로 지향하게 된다.

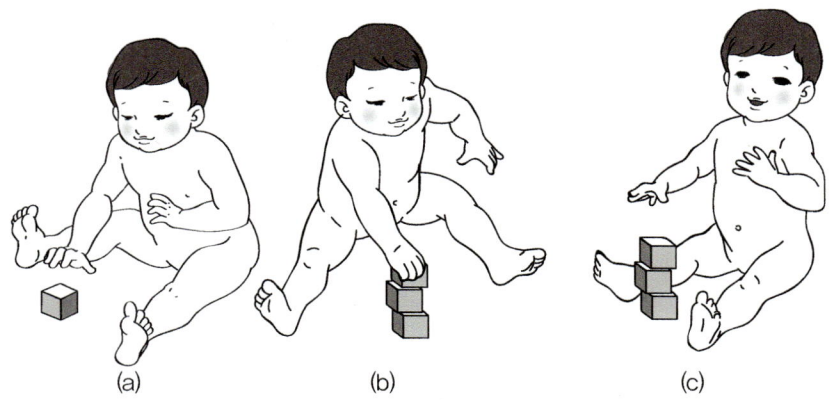

그림 1-33. 초보적 조작 능력 (a) 손 뻗기, (b) 잡기, (c) 놓기.

5) 기초 운동능력의 유형과 발달

영아가 자기 스스로 기고, 앉고, 일어서서 걷고, 물체에 손을 뻗어 잡고, 놓기까지의 과정은 영아의 신체 조절의 가장 기본적인 운동기술이다. 앞서 언급한 안정성, 이동성, 조작성 운동기술들의 선별된 운동능력의 출현 순서는 다음과 같이 정리해볼 수 있다.

① 안정성 운동능력의 발달

움직임 학습에서 가장 기본인 것은 안정성 운동이다. 아동들이 탐색하는 기점을 획득하고 유지하는 것은 바로 안정성을 통해 중력과의 관계를 유지하는 능력을 뜻한다. 신체 부위들이 변화하는 중력 중심과 평상적인 관계를 유지하게 하는 것이 안정성 운동기술이며, 유아의 안정성 능력들을 향상시키기 위한 목적을 가진 움직임 경험들은 유아들이 중력 중심, 중력선, 지지면과 관련해서 보통의 방식과는 다른 방식으로 움직일 때 요구되는 자세 적응에서의 유연성을 발달시키는 데 도움을 준다.

안정성 운동능력은 동적 평형성, 정적 평형성, 축성 평형성 운동으로 나누어볼 수 있는데, 동작 평형성은 무게중심이 이동할 때, 즉 움직이는 동안에 평형을 잡을 수 있는 능력을 말한다. 기저면이 작은 곳에서 움직이면 균형을 잡을 수 있는 능력들을 어느 정도 할 수 있느냐가 그 기준이 된다. 정적 평형성은 한자리에 서거나 앉은 자리에서 균형을 잡는 능력이다. 축성 평형성은 몸의 중심을 축으로 하여 다양한 동작을 할 때 몸을 유지하는 능력을 말한다. 축성 움직임은 정지 자세에서의 몸통 혹은 사지의 정향성 움직임을 말한다.

이러한 안정성 운동은 비교적 가장 먼저 발달하는 능력으로, 각 움직임들의 선별된 관련 능력을 정리하면 〈표 1-31〉과 같다.

표 1-31. 선별된 안정성 운동능력의 출현 순서

움직임 패턴	선별된 관련 능력	대략적인 시작 연령
〈동적 평형성〉 무게중심이 이동할 때 평형을 유지하는 능력	1인치(2.5cm) 넓이의 직선 위에서 걷기 1인치(2.5cm) 넓이의 원형선 위에서 걷기 낮은 평균대 위에 서 있기 4인치(10cm) 넓이의 평균대 위에서 짧은 거리 걷기 4인치(10cm) 넓이의 평균대 위에서 발 번갈아 가며 걷기 2인치 혹은 3인치(5.1cm 혹은 7.6cm) 넓이의 평균대 위에서 걷기 기초적인 앞구르기 하기 성숙된 형태의 앞구르기 하기	3세 4세 2세 3세 3~4세 4세 3~4세 6~7세
〈정적 평형성〉 무게중심이 고정되어 있을 때 평형을 유지하는 능력	서는 자세로 당겨주기 손잡아주지 않고 서기 혼자 힘으로 서기 한 발로 3~5초 균형 유지하기 신체의 세 분위를 대고 기초적인 물구나무서기	생후 10개월 생후 11개월 생후 12개월 5세 6세
〈측성 평형성〉 굽히기, 펴기, 비틀기, 몸 돌리기 등과 같은 정적 자세	축성 움직임 능력들은 유아 초기에 발달하기 시작하며 던지기, 받기, 차기, 치기, 트래핑 등과 같은 고착적 패턴들이 나타나기까지 점차적으로 정교해진다.	생후 2개월 ~6세

축성 움직임은 더욱 정교한 움직임 기술을 만들기 위해 다른 움직임과 결합하게 된다. 축성 움직임에는 굽히기, 펴기, 비틀기, 돌리기, 빙그르 돌기, 전후좌우로 흔들기, 뻗기, 들어 올리기, 밀기, 당기기 등의 다양한 움직임들이 포함된다. 축성 움직임은 이동성 움직임들과 결합하여 좀 더 복잡한 협응 동작들로 발전하게 되며, 다이빙, 체조, 피겨스케이팅, 현대무용 등 고도의 기술을 필요로 하는 스포츠 기술들을 하기 위한 기본 운동기술이 된다.

다음은 축성 움직임들의 발달 순서를 요약한 것이다.

축성 움직임

모든 움직임 기술은 시작단계, 초보단계, 성숙단계로 나누어 그 발달 단계를 살펴볼 수 있다.

A. 시작단계의 특징
- 지지면이 지나치게 넓음
- 순간적으로 균형 상실
- 결합된 움직임들이 조화롭지 못하고 따로 노는 듯함
- 한 수준에서 다른 수준으로의 전환이 원활치 않음
- 한 번에 한 가지 혹은 두 가지 동작만 가능

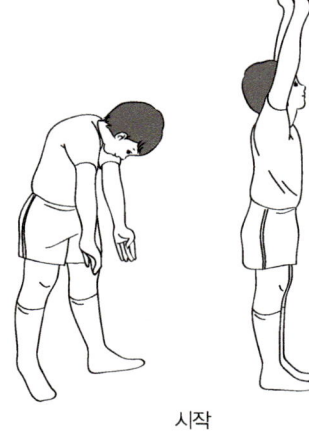

시작

초보

B. 초보단계의 특징
- 균형을 잘 유지함
- 지지면이 적절
- 시각적 모델 필요
- 유사한 움직임들의 협응성이 좋음
- 다른 성격의 움직임으로 전환하는 데 어려움
- 두 가지 혹은 3가지 동작을 무리 없이 연결할 수 있음

C. 성숙단계의 특징
- 유연하고 리드미컬한 흐름의 동작 가능
- 연속적으로 몇 가지 움직임을 쉽게 함
- 시각이 별로 중요치 않음
- 전체적으로 제어된 형태
- 4가지 혹은 그 이상의 움직임을 무리 없이 연결할 수 있음

성숙

구르기

구르기는 위치의 이동이라는 점에서는 이동성이지만, 균형을 잡는 상당한 기술 능력이 필요하다는 점에서 기본적인 안정성 운동으로 분류한다. 구르기에는 앞구르기, 뒤구르기, 옆구르기 등이 있다. 전방이나 후방 공중돌기는 기본적인 앞구르기와 뒤구르기 패턴이 정교해진 것이며, 허리재기와 핸드스프링 같은 기술은 구르기 패턴이 물구나무서기와 결합된 형태이다.

A. 시작단계의 특징
- 머리를 바닥에 댐
- 몸을 늘어진 C자 모양으로 웅크림
- 양손을 협응하는 능력이 없음
- 뒤 혹은 옆으로 구르지 못함
- 앞으로 구른 후 몸을 L자로 곧게 폄

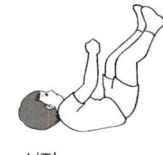

시작

B. 초보단계의 특징
- 앞으로 구른 후 동작들이 끊어짐
- 머리가 동작을 억제하는 것이 아니라 동작을 리드함
- 머리 위가 여전히 지면에 닿아 있음
- 구르기 시작 시 몸을 압축된 C자 모양으로 웅크림
- 구른 후 L자 모양으로 곧게 폄
- 양손과 팔의 약간 밀어내는 동작으로 구르기 동작에 어느 정도 도움이 됨
- 한 시기에 한 번의 구르기만 할 수 있음

초보

C. 성숙단계의 특징
- 머리가 동작을 리드함
- 뒤통수가 바닥에 살짝 닿음
- 몸은 내내 압축된 C자 모양 유지
- 양팔은 힘을 생성하는 데 도움이 됨
- 운동량으로 인해 아동은 원래의 시작 자세로 돌아옴

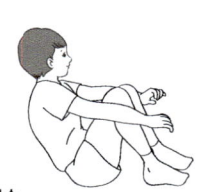

성숙

피하기

피하기는 기본적인 안정성 움직임 패턴으로, 미끄러지기의 이동성 움직임이 빠른 방향 전환과 결합한 것이다.

A. 시작단계의 특징
- 움직임이 끊어짐
- 몸이 뻣뻣함
- 무릎을 최소한으로만 굽힘
- 체중이 한 발에만 실림
- 양발이 항상 엇갈림
- 속임수를 하지 못함

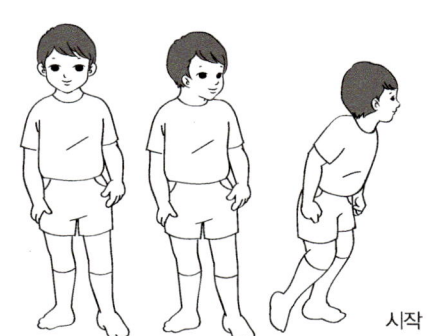

시작

B. 초보단계의 특징
- 협응된 움직임들이 이루어지지만 속임수 동작은 거의 없음
- 특정한 한쪽 측면에서만 수행을 잘함
- 지나치게 수직 방향으로 들어 올림
- 양발이 때때로 엇갈림
- 움직임에서 뛰어오르는 동작이 아주 미미함
- 종종 자신이 속으면서 당황해함

초보

C. 성숙단계의 특징
- 무릎을 굽히고 몸통을 약간 앞으로 기울이기(준비자세)
- 유연한 방향전환이 가능함
- 모든 방향에서 동일하게 잘함
- 머리와 어깨를 사용한 속임수 동작이 나타남
- 능숙한 측면 움직임

성숙

한 발로 균형 잡기

한 발로 균형 잡기는 정적 평형성 능력을 측정하는 가장 일반적인 방법이다.

A. 시작단계의 특징
- 지지하지 않는 발을 몇 인치 들어 올려 허벅지와 접촉면이 거의 평행이 됨
- 균형을 잡거나 잃음(중간 상태는 없음)
- 과잉보상행동(풍차 돌리기 형태의 팔 동작)이 나타남
- 선호하는 다리에 일관성 없음
- 외부의 보조를 받아 균형 잡기
- 보조 없이는 일시적으로만 균형을 유지함
- 시선은 양발을 향함

시작

B. 초보단계의 특징
- 지지하지 않는 발을 지지하는 발과 같은 높이로 들어 올림
- 눈을 감고 균형 잡기를 할 수 없음
- 균형 잡기를 하기 위해 팔을 사용하나 한 팔은 몸의 한 측면에 붙임
- 선호하는 다리로 균형을 더 잘 잡음

초보

C. 성숙단계의 특징
- 눈을 감고도 균형 잡기를 함
- 균형을 유지하는 데 필요한 만큼만 팔과 몸통 사용
- 지지하지 않는 다리를 들어 올림
- 균형 잡기를 하는 동안 외부 대상에 주의를 기울일 수 있음
- 균형을 잃지 않고 선호하지 않는 다리로 바꿀 수 있음

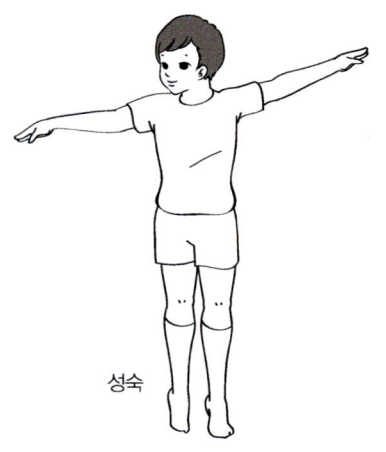

성숙

물구나무서기

물구나무서기는 몇 초 동안 몸을 거꾸로 하는 자세이다.

A. 시작단계의 특징
- 삼각지지 형태의 낮은 균형 자세를 유지할 수 있음
- 삼각지지 물구나무서기 자세를 3초 이상 할 수 있음
- 보이지 않는 신체 부위에 대한 운동감각은 낮은 수준
- 움직임에 대한 협응된 제어능력은 아주 낮은 수준

시작

B. 초보단계의 특징
- 제어된 감각지지 물구나무서기와 두 지점을 지지하면서 낮은 자세의 물구나무서기 유지 가능
- 3초 이상 균형을 유지할 수 있거나 또 다른 균형점을 자주 그리고 잠깐 부가적으로 주면 더 오래 유지 가능
- 보이지 않는 신체 부위를 살피는 능력이 점차 향상

초보

C. 성숙단계의 특징
- 바닥과 접촉하는 자세가 좋음
- 머리와 목의 제어가 잘됨
- 신체 부위의 위치에 대한 운동감각이 좋음
- 신체 제어 능력이 좋음
- 두 지점 혹은 세 지점 지지를 하면서 낮거나 높은 균형 자세를 3초 이상 유지할 수 있음
- 정적 자세를 제어할 수 있음
- 두 지점 혹은 세 지점 지지를 하면서 낮거나 높은 균형 자세를 3초 이상 유지할 수 있음
- 정적 자세를 제어할 수 있음

성숙

평균대 걷기

평균대 걷기는 기본적인 동적 평형성 능력을 측정할 때 가장 많이 사용된다.

A. 시작단계의 특징
- 보조를 받아 균형 잡기
- 보조자를 붙잡고 앞으로 걸을 수 있음
- 선호하는 발로 리드하면서 뒷발이 따라 오는 방식을 이용
- 시선은 양발을 향함
- 보상 움직임이 없음

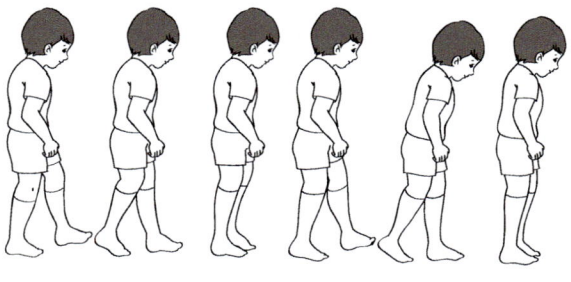

시작

B. 초보단계의 특징
- 2인치(5cm) 넓이의 평균대 위에서는 걸을 수 있으나 1인치(2.5cm)에서는 걷지 못함
- 선호하는 발로 리드하면서 뒷발이 따라오는 방식 이용
- 시선은 평균대를 향함
- 한 팔은 몸통에 바짝 붙이고 다른 팔로 균형을 유지함
- 쉽게 균형을 상실함
- 보상 움직임을 제한적으로 함
- 앞으로, 뒤로, 옆으로 움직일 수 있으나 엄청난 집중력과 노력이 필요함

초보

C. 성숙단계의 특징
- 1인치(2.5cm) 넓이의 평균대 위를 걸을 수 있음
- 발을 번갈아 가면서 걸을 수 있음
- 시선은 평균대 뒤쪽을 향함
- 균형을 잡는 데 도움을 주고자 양손을 사용함
- 자신감을 가지고 쉽게 앞으로, 뒤로, 옆으로 움직일 수 있음
- 움직임이 긴장하지 않고 유연하게 이루어지며 제어됨
- 가끔 균형을 잃음

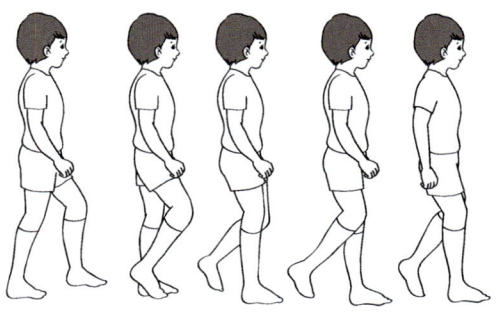

성숙

② 이동성 운동능력의 발달

기본적인 이동성 움직임은 환경에서 더욱 효과적이며 효율적으로 움직이기 위해 학습되어야 할 기본적인 요소이다. 신체를 한 정해진 지점에서 다른 지점으로 위치를 바꾸는 것(예: 걷기, 달리기, 점프하기, 호핑, 슬라이딩, 스키핑 같은 활동) 등을 말한다. 이동성 운동의 가장 기본은 걷기이다. 걷기는 직립 자세에서 균형을 잃거나 얻기를 반복하면서 앞으로 나아가는 과정을 말하며, 걷기 패턴은 유아, 아동, 성인을 대상으로 광범위하게 연구되어왔다. 유아의 걷기 행동의 시작은 성

표 1-32. 선별된 이동성 운동능력의 출현 순서

움직임 패턴	선별된 관련 능력	대략적인 시작 연령
걷기 (지지면과 접촉을 유지하면서 한 발은 바닥에 대고 다른 한 발은 앞으로 옮기는 걷기)	서서 도움 없이 초보적인 걷기 옆으로 걷기 뒤로 걷기 도움을 받아 계단 오르기 혼자 힘으로 계단 오르기-한 발씩 혼자 힘으로 계단 내려오기-한 발씩	생후 18개월 생후 16개월 생후 17개월 생후 20개월 생후 24개월 생후 25개월
달리기 (지지면을 짧은 순간 접촉하지 않으면서 달리기)	빠른 걸음(지지면 접촉 유지) 처음으로 달리기(도움 없이 하는 단계) 효율적이며 세련된 달리기 달리기 속도 증가, 성숙된 형태의 달리기	생후 18개월 2~3세 4~5세 5세
점프하기 1) 멀리뛰기 2) 높이뛰기 3) 뛰어내리기 한 발 혹은 두 발로 점프해서 발로 착지	낮은 물체 위에서 내려오기 물체로부터 한 발로 뛰어내리기 양발로 착지하기 멀리 점프하기(약 3피트/90cm) 위로 점프하기(약 1피트/30cm) 성숙된 형태의 점프 패턴	생후 18개월 2세 생후 28개월 5세 5세 6세
호핑 한 발로 점프하고 점프한 발로 착지	자신이 선호하는 발로 3회 호핑 동일한 발로 4~6회 호핑 동일한 발로 8~10회 호핑 약 11초 동안에 50피트(15m)를 호핑으로 가기 리드미컬하게 번갈아 가면서 숙련된 호핑, 성숙된 형태	3세 4세 5세 5세 6세
갤로핑 내내 동일한 발로 리드하면서 걷기와 껑충 뛰기 결합	기초적인 그러나 비효율적인 갤로핑 숙련된 갤로핑, 성숙된 형태	4세 6세
스키핑 걷기와 뛰기를 리드미컬하게 번갈아 함	한발로 스키핑 숙련된 스키핑(약 20%) 대부분의 경우 숙련된 스키핑	4세 5세 6세

숙에 의해 좌우되지만, 붙잡을 수 있는 물체가 있는 것과 같은 환경 요인들에 의해 영향을 받는다. Burnett과 Johnson(1971)은 유아가 혼자 힘으로 걸을 수 있는 연령은 생후 7~17개월 사이, 평균 연령 12.5개월에 혼자 걷기가 가능해지면 초보단계 성숙이 빠르게 진행된다고 하였다. 이동성 운동능력이 좋다는 것은 목표에 도달하기 위해 많은 움직임 형태들 중에 어떤 한 가지 움직임을 사용할 수 있어야 하며, 환경의 요구에 따라 한 움직임 형태에서 다른 움직임 형태로 변화할 수 있는 능력을 가져야 하고, 환경 변화에 따라 각 움직임을 변화시킬 수 있어야 한다. 걷기, 달리기, 점프하기, 호핑, 갤로핑, 스키핑 등은 대표적인 이동운동 기술이며, 이들의 이동성 운동 능력의 발현 순서는 다음과 같다.

걷기

걷기는 직립 자세에서 균형을 잃거나 얻기를 반복하면서 앞으로 나아가는 과정으로 정의되는 것이 일반적이다.

A. 시작단계의 특징
- 직립 자세 유지의 어려움
- 균형을 쉽게 잃음
- 다리 동작이 뻣뻣하고 불안정함
- 보폭 짧음
- 발바닥 전체로 바닥과 접촉
- 지지면 넓음
- 바닥 접촉 시 무릎을 굽히고 곧이어 다리를 빨리 폄
- 패턴이 불규칙함

시작

B. 초보단계의 특징
- 패턴이 점차 매끄러워짐
- 보폭이 커짐
- 뒤꿈치에서 앞꿈치로의 발바닥 접촉
- 양팔을 측면으로 내려 약간만 흔듦
- 지지면이 몸통의 측면 내에 있음
- 발끝이 바깥쪽으로 향하는 현상이 감소 또는 사라짐
- 골반이 더 기울어짐
- 뚜렷한 수직 들어 올리기

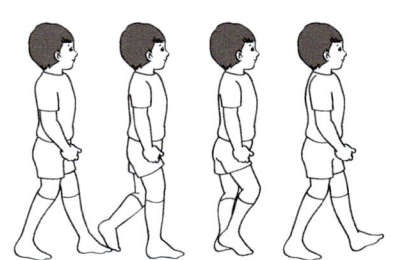

초보

C. 성숙단계의 특징
- 팔 흔들기가 반사적으로 이루어짐
- 지지면 좁음
- 보폭이 커지고 안정됨
- 수직으로 들어 올리기가 최소화됨
- 뚜렷한 뒤꿈치에서 앞꿈치로의 접촉

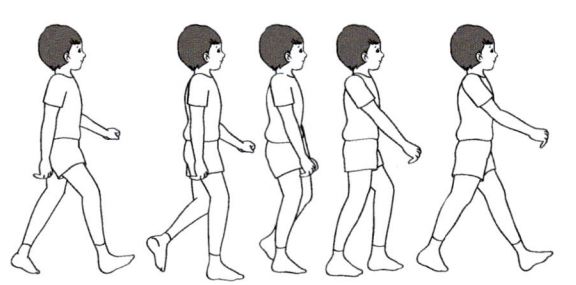

성숙

달리기

달리기는 걷기의 확장된 형태이다. 신체가 지면과 접촉하지 않는 짧은 비행단계가 각 스텝마다 있다는 점이 걷기와 다르다.

A. 시작단계의 특징
- 다리를 짧게 제한적으로 흔듦
- 발 내딛는 것이 뻣뻣하고 일정치 않음
- 비행단계가 나타나지 않음
- 지지 다리를 펴는 동작이 완전치 않음
- 팔꿈치를 굽히는 정도가 불규칙하며, 팔 흔들기가 뻣뻣하고 짧음
- 바깥쪽 방향으로 수평으로 양팔 흔들기
- 스윙하는 발이 엉덩이로부터 바깥쪽으로 회전
- 지지면이 넓음

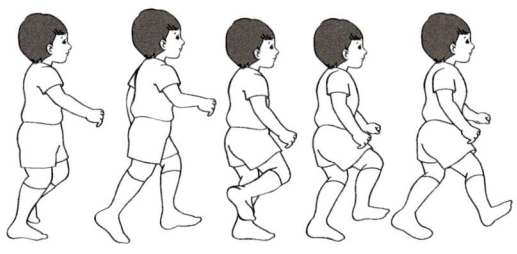

시작

B. 초보단계의 특징
- 보폭, 팔 흔들기, 속도가 향상됨
- 제한적이나마 비행단계가 나타남
- 도약 시 지지 다리가 완전히 펴짐
- 팔 흔들기가 향상됨
- 백스윙에서 수평으로 팔 흔들기가 줄어듦
- 스윙하는 발이 뒤에 오는 발 높이의 중심선에서 교차

초보

C. 성숙단계의 특징
- 보폭의 길이 극대화: 발 내딛는 속도가 빠름
- 뚜렷한 비행단계가 나타남
- 지지 다리가 완전히 펴짐
- 내리는 발의 허벅지가 지면과 평형을 이룸
- 다리와 반대쪽 팔을 수직으로 흔들기
- 팔을 적당한 각도로 굽힘
- 뒤쪽 다리와 발의 회전운동이 최소화됨

성숙

뛰어내리기

A. 시작단계의 특징
- 한 발로 도약하기
- 비행단계 없음
- 두 번째 발을 위쪽 바닥에서 떼기 전에 리드한 발이 먼저 아래쪽 바닥에 닿음
- 균형 잡기 위해 팔을 과도하게 사용

시작

B. 초보단계의 특징
- 두 발로 도약하지만 한 발로 리드
- 비행단계가 나타나지만 제어가 안 됨
- 균형을 잡기 위한 팔의 사용이 비효과적
- 리드한 발이 먼저 착지하고 곧이어 다른 발이 바닥에 닿음
- 착지할 때 무릎과 엉덩이가 억제되거나 과도하게 굽혀짐

초보

C. 성숙단계의 특징
- 두 발로 도약
- 제어된 비행단계가 나타남
- 필요한 균형을 잡기 위해 양팔을 양 측면 바깥쪽으로 벌리면서 효과적으로 사용
- 발끝이 먼저 낮은 쪽 바닥에 닿는 것과 거의 동시에 발이 닿음
- 착지한 두 발 사이는 어깨 넓이 정도
- 뛰어내린 높이만큼 무릎과 엉덩이를 굽힘

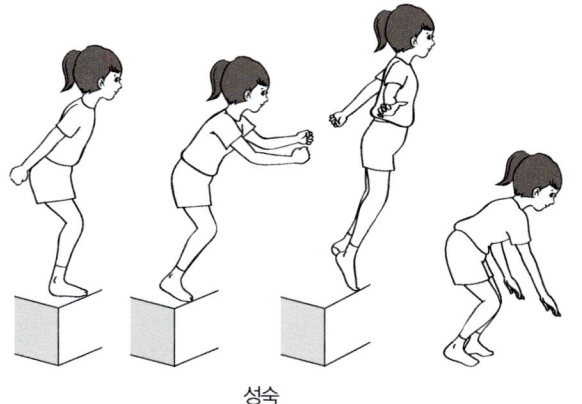

성숙

뛰어오르기

A. 시작단계의 특징
- 준비자세 때 몸을 웅크리는 정도가 일정치 않음
- 두 발로 도약하기 어려움
- 도약 시 몸을 잘 뻗지 못함
- 고개를 아주 조금만 들거나 아예 들지 않음
- 발이 몸통 및 다리 동작과 협응이 안 됨
- 뛰는 높이가 아주 낮음

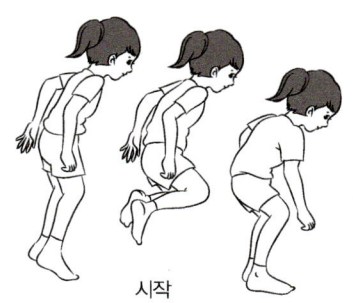

시작

B. 초보단계의 특징
- 준비자세 때 무릎을 90도 이상 구부림
- 준비자세 때 지나치게 앞으로 기울임
- 두 발로 도약
- 비행단계 동안 몸 전체를 완전하게 뻗지 못함
- 팔로 비행단계를 보조하고 균형을 잡고자 함(종종 일관성 없음)
- 착지할 때 눈에 띄게 수평자세를 보임

초보

C. 성숙단계의 특징
- 무릎을 60~90도 구부린 자세를 취함
- 엉덩이, 무릎, 발목을 힘차게 뻗음
- 동시에 팔을 위로 올리는 협응 동작을 함
- 머리를 위로 들고 목표에 집중함
- 몸 전체를 뻗음
- 뻗은 팔은 견갑부 부근에서 기울여 위로 들어 올리고 뻗지 않은 팔은 최고점에 올라갔을 때 아래쪽으로 밀어냄
- 도약한 지점에서 매우 가까운 지점에 착지함

성숙

수평 점프하기

A. 시작단계의 특징
- 스윙이 제한적임
- 비행 동안 양팔은 균형 유지를 위해 옆-아래쪽 혹은 뒤-위쪽으로 움직임
- 몸통은 수직 방향으로 움직임: 점프 높이는 강조되지 않음
- 다리를 구부려 웅크린 자세에 일관성이 없음
- 양발 사용의 어려움
- 도약 시 발목, 무릎, 엉덩이의 펴짐이 제한적임
- 착지 시 체중이 뒤로 쏠림

시작

B. 초보단계의 특징
- 점프하기가 양팔로부터 시작함
- 웅크린 자세 시 양팔이 측면으로 이동
- 준비자세 시 더 웅크리고 더욱 일관성 있게 이루어짐
- 도약 시 무릎과 엉덩이가 더욱 완벽하게 펴짐
- 비행 동안 엉덩이가 굽혀짐: 허벅지는 굽혀진 자세 유지

초보

C. 성숙단계의 특징
- 웅크린 준비자세 동안 양팔은 높이 올려 뒤쪽으로 이동
- 도약 시 양팔을 힘차게 앞으로 스윙하여 올림
- 점프 동작 내내 양팔은 높게 유지
- 약 45도 각도로 몸통을 내밂
- 수평거리 강조
- 준비자세 시 더 웅크리고, 더욱 일관성 있게 이루어짐
- 도약 시 발목, 무릎, 엉덩이가 완벽하게 펴짐
- 비행 동안 허벅지는 지면과 평행을 유지함: 무릎 아랫부분은 지면과 수직을 이룸
- 착지 시 체중이 앞으로 쏠림

성숙

호핑

A. 시작단계의 특징
- 지지하는 다리를 90도 이하로 구부림
- 지지하지 않는 쪽 허벅지는 접촉면과 거의 평행을 이룸
- 직립 자세
- 팔꿈치를 구부리고 팔을 약간 측면으로 보냄
- 한 번 뛰었을 때 약간의 높이와 거리가 생김
- 쉽게 균형을 잃음
- 1~2회의 호핑만 가능

시작

B. 초보단계의 특징
- 지지하지 않는 다리 구부림
- 지지하지 않는 쪽 허벅지를 접촉면과 45도 각도로 기울임
- 지지하지 않는 쪽 허벅지를 굽혔다 펴서 더 큰 힘을 냄
- 착지 시 엉덩이를 굽히고 무릎을 지지해서 힘을 흡수
- 팔을 양쪽으로 활발하게 위아래로 움직임
- 균형조정이 서투름
- 연속적으로 잘하지 못함

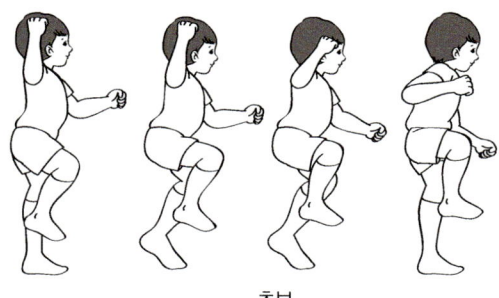

초보

C. 성숙단계의 특징
- 지지하지 않는 다리를 90도 이하로 구부림
- 지지하지 않는 쪽 허벅지를 들어 올려서 지지하는 발과 수직이 되게 밀침
- 몸을 더 많이 기울임
- 지지하지 않는 다리를 리드미컬하게 움직임 (시계추 동작으로 더 큰 힘을 냄)
- 지지하는 발을 떼면서 팔을 리드미컬하게 들어 올림
- 균형이 아니라 더 큰 힘을 내기 위해 팔을 사용함

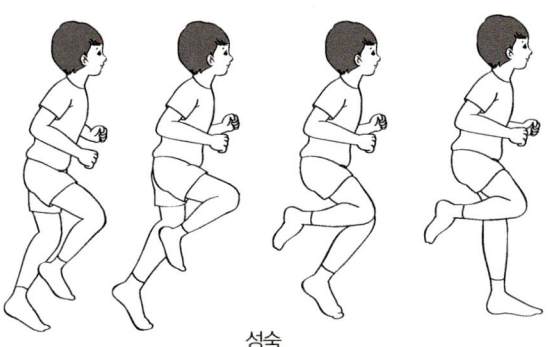

성숙

갤로핑과 슬라이딩

A. 시작단계의 특징
- 빠른 속도일 때는 리드미컬하지 못함
- 리드하지 않는 쪽 발이 뒤에 있지 않고 리드하는 발 앞에 닿음
- 비행단계 동안 뒷발을 45도로 굽힘
- 뒤꿈치에서 앞꿈치로 결합된 방식으로 바닥에 접촉함
- 균형을 잡거나 힘을 내는 데 있어 팔을 많이 사용하지 않음

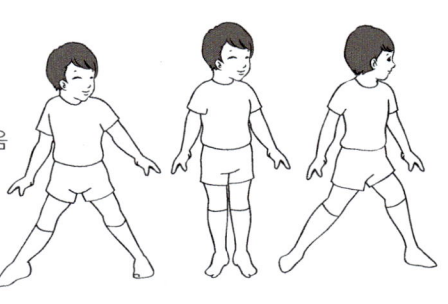

시작

B. 초보단계의 특징
- 중간 정도의 속도로 이루어짐
- 동작이 불규칙하고 뻣뻣함
- 비행 동안에는 뒷발이 리드하지만 착지 시에는 리드하는 발에 가깝거나 뒤에 착지함
- 과도한 직립자세가 나타남
- 발은 뒤꿈치–앞꿈치 자세나 발끝–발끝 자세가 결합한 방식으로 바닥에 착지함
- 팔을 약간 몸 옆에 두고 균형을 유지함

초보

C. 성숙단계의 특징
- 중간 정도의 속도로 이루어짐
- 동작이 매끄럽고 리드미컬함
- 뒷발이 리드하는 발에 가깝거나 뒤에 착지함
- 비행단계 동안 두 다리를 45도 굽힘
- 낮은 비행 패턴을 보임
- 뒤꿈치–앞꿈치가 결합된 착지
- 팔은 균형을 유지하기 위해서가 아니라 표현을 한다든지 하는 다른 목적을 위해 사용됨

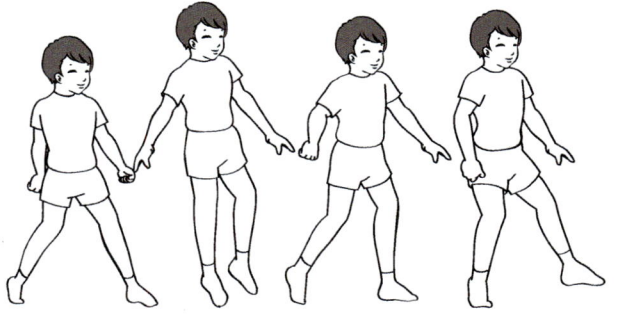

성숙

껑충 뛰기

A. 시작단계의 특징
- 껑충 뛰기를 하면서 혼란스러워함
- 앞으로 나아가지도 위로 올라가지도 못함
- 매번 시도가 또 다른 형태의 달리기 스텝으로 보임
- 도약하는 발이 일정치 않음
- 팔을 효과적으로 사용하지 못함

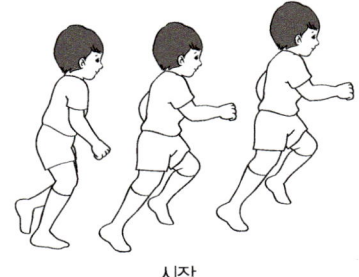

시작

B. 초보단계의 특징
- 동작하는 동안 생각하는 것처럼 보임
- 큰 보폭으로 달리는 것처럼 보임
- 바닥에서 약간 뛰어오름
- 몸통을 약간 앞으로 기울임
- 몸통이 뻣뻣하게 보임
- 비행 동안 다리를 완전히 뻗지 못함
- 힘을 내기 위해서가 아니라 균형 유지를 위해 팔을 사용함

초보

C. 성숙단계의 특징
- 유연하고도 리드미컬한 동작이 이루어짐
- 도약하는 다리를 힘차게 뻗음
- 수평 힘과 수직 힘을 적절하게 결합함
- 몸통을 뚜렷하게 앞으로 기울임
- 팔을 분명하게 반대로 함
- 비행 동안 다리를 완전히 뻗음

성숙

스키핑

A. 시작단계의 특징
- 한 발로 스키핑하기
- 의도적인 스텝-호핑 동작
- 2회 연속 호핑 또는 스텝이 가끔 이루어짐
- 과도한 스텝 동작이 나타남
- 팔을 거의 사용하지 않음
- 동작이 연속되지 않음

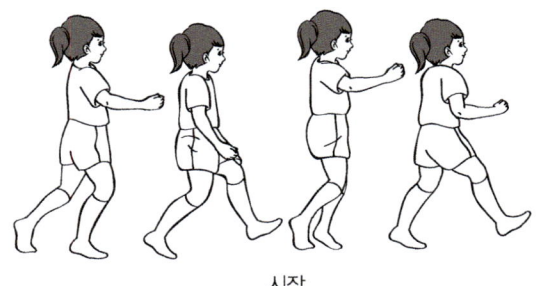

시작

B. 초보단계의 특징
- 스텝과 호핑이 효과적으로 협응됨
- 운동량을 얻기 위해 팔을 리드미컬하게 사용함
- 호핑 시 수직으로 과도하게 올라감
- 발바닥 전체로 착지함

초보

C. 성숙단계의 특징
- 체중의 리드미컬한 이동이 지속적으로 이루어짐
- 팔을 리드미컬하게 사용함(체중을 이동할 때는 감소)
- 호핑 시 수직으로 올라가는 것이 낮아짐
- 발끝으로 먼저 착지함

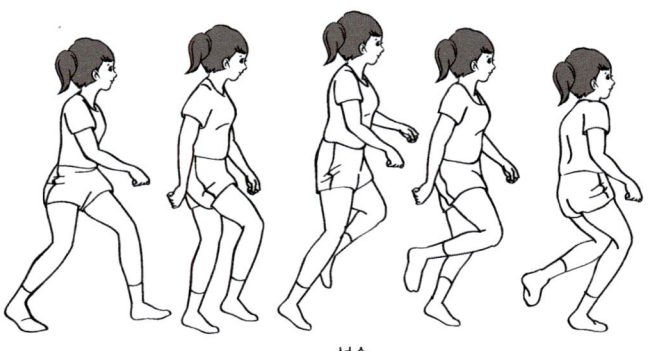

성숙

③ 조작적 운동능력의 발달

대근운동 조작성은 물체에 대한 개인의 관계를 의미하는 것으로, 물체에 힘을 받는 특징을 가지고 있다. 조작성 움직임은 추진운동과 흡수운동으로 나눌 수 있으며, 추진 움직임(propulsive movement)[예: 던지기, 차기, 치기, 공 굴리기 등]은 물체가 신체로부터 멀어지는 움직임이며, 흡

표 1-33. 선별된 조작성 운동능력의 출현 순서

움직임 패턴	선별된 관련 능력	대략적인 시작 연령
〈손 뻗기, 잡기, 놓기〉 물체를 성공적으로 접촉하고 손에 쥐고, 의지에 따라 놓기	• 물체를 향해 손 뻗기 행동 • 손으로 물체를 가두는 듯한 움직임 • 손바닥으로 잡기 • 물체의 양 측면 잡기 • 제어된 잡기 • 제어된 놓기	생후 2~4개월 생후 2~4개월 생후 3~5개월 생후 8~10개월 생후 12~14개월 생후 14~18개월
〈던지기〉 의도한 방향으로 물체에 힘을 가하기	• 몸을 목표 방향으로 하고, 양발은 고정시키고, 발뚝을 펴는 동작으로만 공 던지기 • 위와 동일하나 신체 회전이 추가됨 • 던지기는 팔과 같은 쪽의 다리가 앞으로 나아감 • 남아가 여아에 비해 더욱 성숙한 패턴을 보임 • 성숙된 던지기 형태	2~3세 3.5~5세 4~5세 5세 이상 6세
〈받기〉 큰 공으로부터 점차 작은 공에 이르기까지 움직이는 공 같은 물체로부터의 힘을 양손으로 받기	• 시각적으로 공 주기: 공중에 있는 공에는 반응하지 않음 • 타이밍 늦은 팔 움직임과 함께 공중에 있는 공에 반응 • 팔자세를 어떻게 해야 할지에 대해 설명 필요 • 농구공 받기 형태의 몸을 사용한 받기 • 두려움 반응(머리를 돌림) • 작은 공의 경우 양손으로 받기 • 성숙된 받기 형태	2세 2~3세 ~3세 3세 3~4세 5세 6세
〈차기〉 발로 물체에 힘을 가하기	• 공을 발로 밀기: 실제 공을 차는 동작이 아님 • 다리를 편 상태에서 신체 움직임 거의 없이 차기(공의 겉면 차기) • 무릎 아래쪽 다리를 뒤쪽으로 들어 올리기 • 명확한 반대쪽 팔 동작과 함께 다리를 더 뒤로 보내고 앞쪽을 스윙하기 • 성숙된 형태(공을 통과하듯이 차기)	생후 18개월 2~3세 3~4세 4~5세 5~6세
〈치기〉 오버암, 사이드암, 언더핸드 형태로 물체에 갑작스러운 힘을 가하기	• 물체를 마주보고 수직 방향으로 스윙하기 • 물체가 오는 방향의 측면에 서서 수평 방향으로 스윙하기 • 몸통과 엉덩이 회전하기와 체중 앞으로 보내기 • 고정된 공에 성숙된 형태의 수평 방향 스윙	2~3세 4~5세 5세 6~7세

수운동(absorptive movement)[예: 받기, 트래핑]은 물체를 정지시켜 빗나가게 할 목적으로 신체나 신체의 한 부위를 움직이는 것을 말한다.

조작적 움직임의 특징은 두 가지 이상의 움직임들이 결합되며, 다른 형태의 움직임들과 함께 사용된다는 점이다. 유아들은 물체의 조작을 통해 공간에서 움직이는 물체와 자신의 관계를 탐색할 수 있다. 다음은 선별된 조작성 운동능력의 출현 순서를 표로 제시한 것이다.

공 굴리기

A. 시작단계의 특징
- 다리를 벌리고 걸터앉는 자세를 함
- 손바닥을 마주하면서 공을 양손으로 잡음
- 양팔을 뒤쪽으로 움직이면서 허리를 심하게 굽힘
- 눈으로 공을 살핌
- 팔을 양쪽으로 스윙하면서 공을 놓고 몸통을 들어 올림

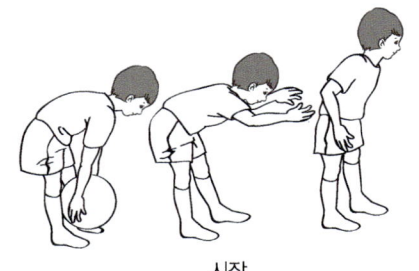

시작

B. 초보단계의 특징
- 다리를 벌리고 선 자세를 함
- 한 손으로는 공의 아랫부분을 잡고 다른 한 손으로는 공의 윗부분 잡기
- 체중을 뒤로 옮기지 않고 팔을 뒤쪽으로 스윙하기
- 제한적으로만 무릎 굽히기
- 제한적인 폴로스루와 함께 앞쪽으로 스윙하기
- 무릎과 허리 사이에서 공 놓기
- 눈은 목표와 공을 번갈아 살핌

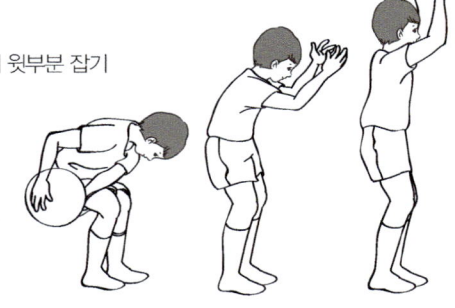

초보

C. 성숙단계의 특징
- 다리를 벌리고 선 자세를 함
- 뒷발과 같은 쪽 손으로 공 잡기
- 엉덩이를 약간 회전시키면서 몸통을 앞으로 기울이기
- 명확한 무릎 굽히기
- 체중을 뒷발에서 앞발로 옮기면서 앞쪽으로 스윙하기
- 무릎 근처 혹은 그 아래에서 공 놓기
- 눈은 계속 목표를 응시함

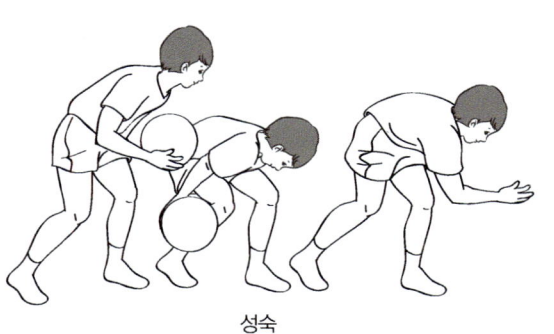

성숙

오버핸드 던지기

A. 시작단계의 특징
- 팔꿈치 위주의 동작
- 던지는 팔의 팔꿈치가 몸 앞에 있음: 밀기와 유사한 동작
- 공을 놓을 때 손가락들이 펼쳐짐
- 앞쪽 아래 방향으로 폴로스루가 됨
- 몸통은 목표와 수직이 됨
- 던지기를 하는 동안 회전 동작이 거의 이루어지지 않음
- 균형 유지를 위해 체중이 약간 뒤쪽으로 이동함
- 양발은 고정된 상태를 유지함
- 던지기를 준비하는 동안 양발을 이동하는 경우가 자주 있으나 특별한 목적은 없음

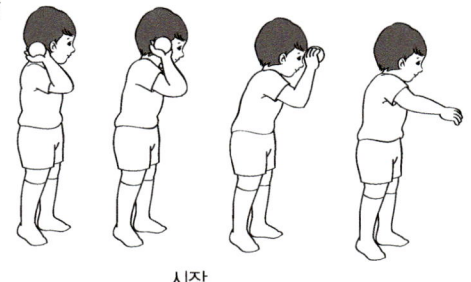

시작

B. 초보단계의 특징
- 준비단계에서 팔꿈치를 구부린 자세에서 팔을 위쪽, 옆쪽, 뒤쪽으로 스윙하기
- 머리 뒤에서 공 잡기
- 팔을 어깨 위에서 앞으로 스윙하기
- 준비 동작 시 몸통은 던지는 쪽으로 회전됨
- 어깨는 던지는 쪽으로 회전됨
- 팔이 앞으로 가면서 몸통을 앞으로 굽힘
- 체중은 명확하게 앞쪽으로 이동됨
- 던지는 팔과 같은 쪽의 다리를 앞으로 내림

초보

C. 성숙단계의 특징
- 준비단계에서 팔을 뒤로 스윙하기
- 던지는 팔의 준비 동작 때 반대쪽 팔꿈치를 들어 올려 균형 잡기
- 던지는 팔꿈치를 앞으로 이동시키면서 수평이 되게 뻗음
- 팔뚝을 회전시키고 엄지손가락은 아래를 향함
- 준비 동작 동안 던지는 쪽으로 몸통을 분명하게 회전시킴
- 던지는 쪽 어깨를 약간 아래로 떨어뜨림
- 던지는 동안 엉덩이, 다리, 척추, 어깨의 회전이 분명하게 나타남
- 준비 움직임 동안 체중을 뒷발에 실음
- 체중이 이동하면서 반대 발이 앞으로 나아감

성숙

받기

A. 시작단계의 특징
- 얼굴을 돌리거나 양손으로 얼굴을 보호하는 피하기 반응이 종종 나타남(피하기 반응은 학습을 통해 소거할 수 있음)
- 양손을 뻗어 몸 앞에 위치시킴
- 신체 움직임은 물체를 접촉하기 전까지 제한적임
- 물체를 떠내는 동작과 유사한 받기를 함
- 공을 막듯이 몸을 사용함
- 손바닥을 위로 향하게 함
- 손가락을 뻣뻣하게 펼침
- 받기 시 손을 사용하지 않음

시작

B. 초보단계의 특징
- 피하기 반응은 공 접촉 시 눈을 감는 것으로 한정됨
- 양 팔꿈치는 대략 90도 정도 굽혀 양 측면에 위치토록 함
- 아동이 처음 손으로 공을 접촉할 때는 성공하지 못하는 경우가 많고, 양팔로 공을 막는 듯한 받기 동작을 함
- 양손을 벌리고 엄지손가락은 위를 향함
- 공을 껴안듯이 받으려 하며, 타이밍을 잘 맞추지 못하고 동작도 매끄럽지 못함

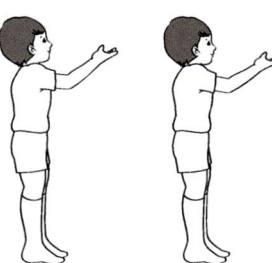

초보

C. 성숙단계의 특징
- 피하기 반응 없음
- 눈은 손으로 들어오는 공을 따라감
- 두 팔을 양옆에 편하게 두고, 팔뚝은 몸 앞쪽에 둠
- 팔로 공의 힘을 흡수하면서 접촉함
- 팔을 공의 비행 궤도에 맞춤
- 엄지손가락을 반대에 위치토록 함
- 정확한 타이밍에 양손으로 동시에 공을 잡음
- 공을 잡을 때 손가락을 더욱 효과적으로 사용

성숙

차기

A. 시작단계의 특징
- 차기를 하는 동안 움직임들이 제한됨
- 몸통이 똑바른 자세로 유지됨
- 양팔이 균형 유지를 위해 사용됨
- 차는 다리의 움직임은 백스윙 시 제한됨
- 앞으로의 스윙은 짧고 폴로스루가 거의 없음
- 공을 정면으로 차면서 폴로스루를 하기보다는 공의 표면을 차는 형태임
- 차기 동작보다는 밀기 동작이 더 뚜렷함

시작

B. 초보단계의 특징
- 차기 준비를 위한 백스윙은 무릎을 중심으로 일어남
- 차는 다리는 차기가 이루어지는 동안 계속 굽혀진 상태임
- 폴로스루는 무릎의 전방 움직임에 제한됨
- 공 앞으로 의도적인 한두 걸음 스텝 밟기

초보

C. 성숙단계의 특징
- 차기 동작이 이루어지는 동안 양팔 흔들기
- 폴로스루가 이루어지는 동안 몸통이 허리까지 굽혀짐
- 차는 다리의 움직임은 엉덩이에서 시작됨
- 공 접촉 시 지지 다리는 약간 굽혀짐
- 다리 스윙 길이가 길어짐
- 폴로스루가 높아짐: 지지하는 발은 발끝으로 서거나 지면에서 완전히 떨어짐
- 달리거나 껑충 뛰어서 공에 다가감

성숙

트래핑

A. 시작단계의 특징
- 몸통이 뻣뻣함
- 공 접촉 시 아무 반응을 하지 못함
- 공의 힘을 흡수하지 못함
- 공을 물체와 같은 선상에 있도록 하는 데 어려움을 보임

시작

B. 초보단계의 특징
- 시각적으로 공을 좇는 것이 서투름
- 공에 반응하지만, 움직임은 타이밍과 순서가 잘 안 맞음
- 구르는 공은 비교적 쉽게 트래핑 할 수 있으나 날아오는 공은 트래핑 하지 못함
- 어떤 신체 부위를 사용해야 할지 확실치 않음
- 움직임이 매끄럽지 못함

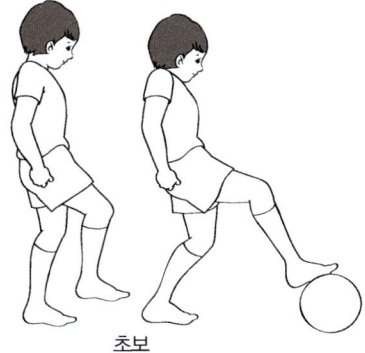
초보

C. 성숙단계의 특징
- 시각적으로 계속 공을 좇음
- 공 접촉 시 신체적으로 반응함
- 구르는 공과 날아오는 공 모두를 트래핑 할 수 있음
- 중간 정도의 속도로 다가오는 공을 트래핑 할 수 있음
- 몸을 움직여 쉽게 공을 중간에서 트래핑 함

성숙

치기

A. 시작단계의 특징
- 동작이 뒤쪽에서 앞쪽으로 이루어짐
- 양발은 고정되어 있음
- 몸통은 날아오는 공 방향을 향함
- 팔꿈치를 완전히 굽힘
- 몸통 회전이 없음
- 구부린 관절을 아래 방향으로 펴면서 힘이 생성됨

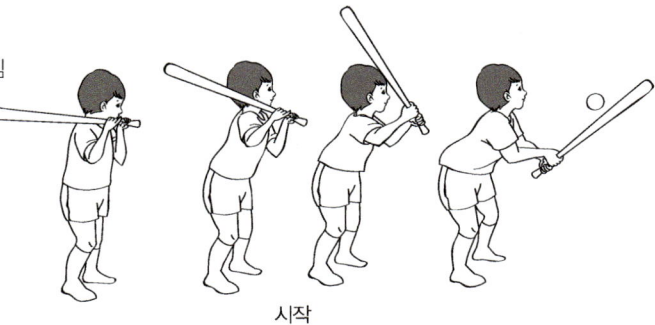

시작

B. 초보단계의 특징
- 날아오는 공의 예상되는 쪽으로 몸통을 돌림
- 공을 접촉하기 전에 체중을 앞으로 이동시키지만 서투름
- 몸통과 엉덩이를 함께 회전시킴
- 팔꿈치를 조금 덜 굽힘
- 구부린 관절을 펴면서 힘이 생성됨
- 몸통을 회전시키고 앞으로 움직일 때 자세가 약간 기울어짐

초보

C. 성숙단계의 특징
- 날아오는 공의 예상되는 쪽으로 몸통을 돌림
- 체중을 뒷발로 옮김
- 엉덩이를 회전시킴
- 대측성 패턴으로 체중을 이동함
- 물체가 뒤로 움직이고 있을 때 체중을 앞발로 옮김
- 수평 패턴에서 길고 완전한 원형의 치기 동작이 일어남
- 물체 접촉 시 체중을 안쪽으로 이동함

성숙

드리블 하기

A. 시작단계의 특징
- 양손으로 공 잡기
- 양손을 공의 측면에 위치하도록 하고 손바닥을 마주보게 함
- 양팔로 공을 아래쪽으로 밀어냄
- 공을 발에 닿을 정도로 몸 가까운 지면에 접촉하도록 함
- 공의 튀는 높이가 일정하지 않음

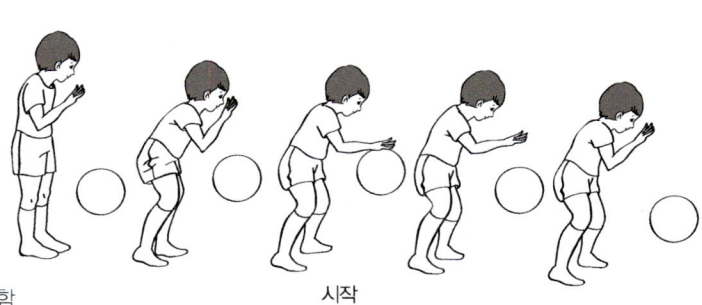

시작

B. 초보단계의 특징
- 한 손은 공의 윗부분을, 다른 손은 공 밑의 가까운 부분을 잡음
- 앞으로 약간 기울이고 공을 가슴 높이까지 올려 동작을 시작함
- 공 위쪽의 손과 팔로 공을 아래쪽으로 밀어냄
- 공을 아래쪽으로 밀어내는 힘이 일정하지 않음
- 다음 번 공 튀기기를 위해 공을 손바닥으로 때림
- 공을 튀길 때마다 손목을 구부렸다가 펴고, 손바닥으로 공을 접촉함
- 시각적으로 공을 살핌
- 드리블을 하는 동안에 공에 대한 제어는 서투름

초보

C. 성숙단계의 특징
- 두 발을 좁게 벌리고, 내민 발의 반대편 손을 앞으로 내밀어 드리블 하기
- 몸통을 약간 앞으로 기울임
- 공을 허리 높이로 올림
- 팔과 손목 그리고 손가락이 폴로스루 되면서 공을 바닥 쪽으로 밀어냄
- 아래로 내려치는 힘이 제어됨
- 반복적인 접촉과 밀어내기 동작은 손가락 끝에서 시작됨
- 시각적으로 공을 살핌
- 드리블 방향을 제어함

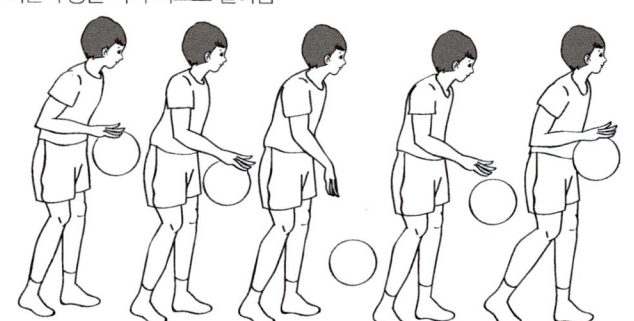

성숙

발리하기

A. 시작단계의 특징
- 공이나 풍선의 경로를 정확하게 판단하지 못함
- 공 아래로 들어가지 못함
- 동시에 양손으로 공을 접촉하지 못함
- 뒤쪽에서 공을 때림

시작

B. 초보단계의 특징
- 시각적으로 공을 따라가지 못함
- 공 밑으로 들어감
- 공을 때림
- 주로 손과 팔에서 동작이 이루어짐
- 다리를 들어 올리거나 폴로스루가 거의 이루어지지 않음
- 공의 방향에 대한 제어력이 없으며, 마음먹은 대로 공을 보낼 수 없음
- 손목에 힘이 들어가지 않아 종종 공이 뒤로 빠짐

초보

C. 성숙단계의 특징
- 공 밑으로 들어감
- 손가락 끝으로 공을 접촉하는 것이 잘 이루어짐
- 손목이 잘 지지해주고 팔의 폴로스루가 이루어짐
- 힘을 잘 결합시켜 사용하고, 팔과 다리를 사용할 수 있음
- 공의 방향에 대한 제어력이 있으며, 마음먹은 대로 공을 보낼 수 있음

성숙

지금까지 기본적인 움직임 기술에 대한 구분과 그에 속하는 기술들의 발달과정에 대하여 살펴보았다. 앞서 살펴본 바와 같이 운동기술은 다음 〈그림 1-34〉에서 보는 바와 같이 기본적인 움직임 요소들이 발달하게 됨으로써 전문화된 움직임 기술이 응용된 스포츠 기술로 발달되어갈 수 있다. 따라서 유아가 필요한 움직임 기술들은 그 기초 요소와 움직임들을 체계적으로 습득해야 보다 더 정교하고 세련된 운동기술을 쉽게 습득할 수 있다.

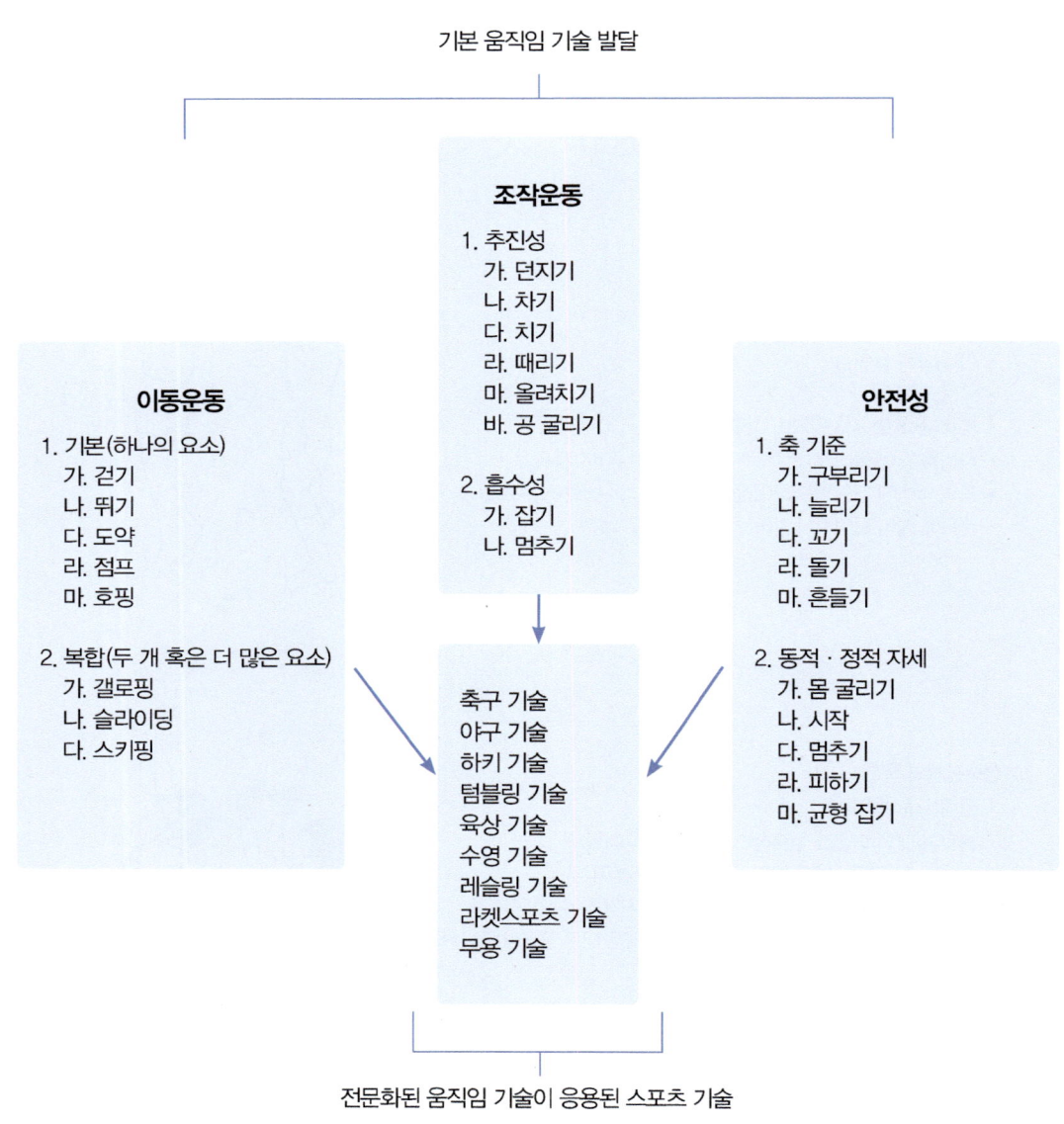

그림 1-34. 아동과 청소년의 움직임 기술의 변화

5장 유아기의 건강과 운동

 학습목표
- 유아기의 건강요인을 알아본다.
- 유아기의 운동범위와 능력을 알아본다.

1. 유아기의 건강

건강한 신체의 발달은 유아의 운동기능을 원만히 해주고, 자신감을 길러줄 뿐 아니라 사회적 관계를 이루는 데도 영향을 미친다.

건강관리란 건강을 보호하기 위하여 질병의 치료뿐만 아니라 질병의 예방, 환경 위생, 나아가서 신체적·정신적·사회적 안녕을 도모하는 생활의 질과 건강 향상에 필요한 모든 조치를 의미한다고 볼 수 있다. 결국 건강관리는 건강상의 문제 자체가 발생하는 것을 억제하고 예방하며, 발생된 건강 문제를 효과적으로 치료하여 완전히 정상적인 상태를 회복하도록 하는 것이다.

유아기는 태아기에 모체로부터 받은 면역체가 소실되는 시기이므로 질병에 쉽게 감염될 수 있다. 따라서 부모나 유치원 교사는 일상생활에서의 예방을 통하여 유아들의 건강을 유지할 수 있도록 해주어야 한다.

건강을 유지하게 하기 위해서는 충분한 영양섭취, 충분한 휴식과 수면, 청결한 환경과 위생습관, 정서적 안정, 전염병의 예방, 병력의 조사와 질병의 조기 진단 및 치료, 정기적 건강진단, 치아 건강관리, 간단한 응급처치 등을 해주어야 한다. 교사는 유아를 만날 때 반갑게 맞이하면서 유아가 즐거운 마음으로 건강하게 운동에 참여할 수 있을지 관찰·점검하는 시간을 가져야 한다.

교사가 유아들을 관찰할 때 주목해야 할 점으로 유아의 일반 상태, 안색, 발열, 복통, 구토, 설사, 식욕 등이 있다. 건강상으로 문제가 있을 경우에는 적절한 조치를 취하여야 한다.

2. 유아교사의 건강

유아교사들은 유아들의 건강관리에 못지않게 교사들의 건강관리에도 세심한 배려를 하여야 한다. 교사의 건강은 유아들에게 커다란 영향을 미치므로 교사들의 건강관리를 위해 신체검사의 실시 및 기타 보건 관리 조치를 법으로 규정 보호하여야 할 것이다(교사 채용 신체검사, 의료보험공단에서의 신체검사: 결핵, 간염 등).

3. 유아기 신체건강의 요인

가. 영양의 섭취

성장기 유아의 영양섭취는 신체건강과 밀접한 관계가 있다. 영아기에 비해 성장의 속도가 감소되는 이 시기의 유아는 식사량이 많지 않아 부모의 애를 태운다. 2세 내지 6세 유아의 위의 크기는 어른의 절반 정도도 안 되어서 한꺼번에 많이 먹을 수 없으므로 음식을 자주 섭취해야 한다.

남아의 기초대사량이 여아보다 높으므로 섭취한 음식이 에너지로 바뀌는 데 남아가 여아보다 훨씬 빠르다. 뿐만 아니라 같은 신체조직을 유지하는 데도 남아가 여아보다 많은 에너지가 필요하다.

나. 충분한 수면

1) 깊고 푸른 잠을 자자

키를 생각한다면 최소한 하루 6시간의 수면은 확보되어야 성장에 장애가 생기지 않는다. 잠을 자는 가장 큰 이유는 우리 몸에서 가장 활발하게 활동하고 있는 뇌를 쉬게 하여 피로를 회복하게 하는 것이다.

2) 늘어지게 자야 쑥쑥 큰다

잠자리 주변이 시끄럽거나 불편하여 숙면이 방해받으면 비록 잠자는 시간이 길다고 하여도 성장호로몬의 분비가 작아서 키가 크는 데 방해가 된다.

지금까지의 수면에 대한 연구결과에 의하면 잠은 수면의 깊이에 따라 4단계로 나누어지며, 이러한 단계가 주기적인 모습을 보이면서 반복된다고 한다. 잠이 시작되는 것은 서서히 일어나는 것

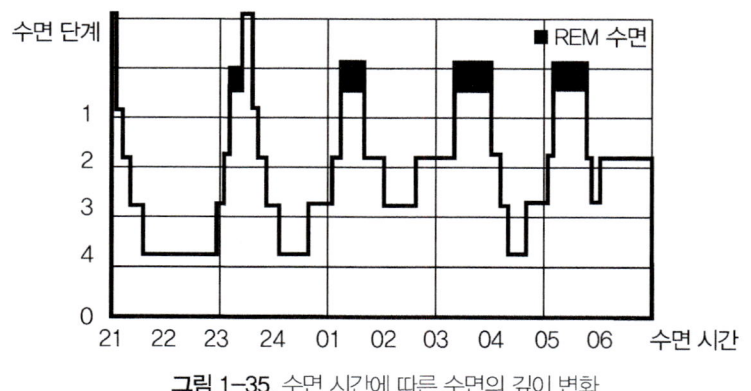

그림 1-35. 수면 시간에 따른 수면의 깊이 변화

이 아니라 불과 1초 정도 사이에 일어나는데, 이것이 수면의 1단계이다. 약 15분 후에는 2단계 수면으로 진행한다. 잠이 들고 약 30분 후에는 수면의 3단계에서 4단계로 넘어가는데, 이 단계에서는 깊은 수면이 이루어지며 약 30분간 지속된다. 이후 수면은 거꾸로 진행되어 다시 3단계에서 2단계로 진행되며 그 후에는 렘(REM)수면 단계에 이른다.

이렇게 수면의 1단계에서 렘(REM)수면까지가 하나의 주기를 이루며 잠에서 깨어날 때까지 계속되는데, 수면의 1주기는 평균적으로 약 90분이 걸린다. 따라서 평균 6시간을 자는 '나잘자'라는 아이가 있다면 이 아이는 잠자는 동안 네 번의 수면주기를 경험하게 된다.

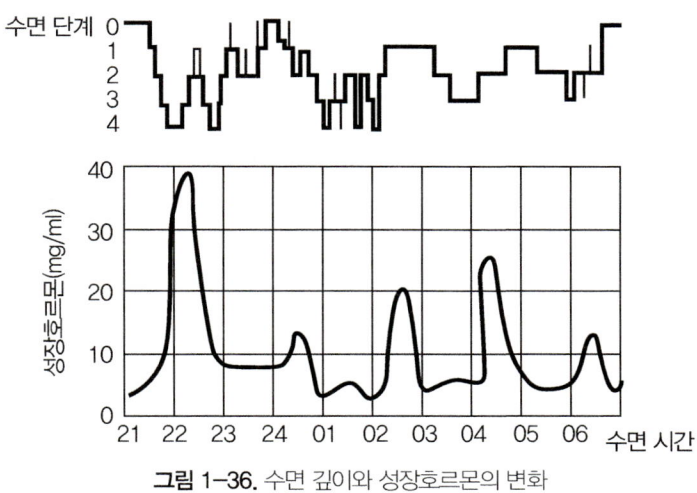

그림 1-36. 수면 깊이와 성장호르몬의 변화

위의 그래프에서 보면 잠을 잘 때 수면의 깊이에 따라 성장호르몬이 분비되는 양상이 다르게 나타나는 것을 볼 수 있다. 저녁 9시에 잠자리에 들어서 30분 후에 깊은 잠에 빠져들고 있는데, 이때 성장호르몬이 4~5배 많이 분비되는 것을 보여주고 있다. 그 이후 잠이 깊이 들지 못하는 가면상태에서는 성장호르몬의 분비가 현격하게 떨어지는 것을 알 수 있다.

유아기에는 밤에 잠을 푹 자고 일어났을 때 갑자기 키가 쑥 큰 것처럼 느껴지는 때가 있는데, 이것이 바로 깊은 수면 시 성장호르몬이 많이 분비되어 키가 잘 자라는 것이 아닌가 생각된다. 그러므로 잠이 올 때는 억지로 참는 것보다 과감하게 잠자리에 들어 먼저 잠을 푹 자고 일찍 일어나는 것이 학교 공부에도 도움이 될 것이다. 공부 외에도 밤늦도록 TV 시청이나 컴퓨터게임 등으로 잠자는 시간을 많이 빼앗기고 있는 오늘날 어린이들은 잠자는 시간을 12시 이전으로 일정하게 잘 지키는 것이 키가 크는 비결이 될 수 있다는 것도 알아야 한다.

3) '얼마나'보다는 '언제' 자느냐가 중요

학자들에 의하면 수면은 각종 호르몬 분비와 깊은 관련이 있어서 자연적인 생체리듬에 따른 수면이 우리 몸의 생리적 기능을 정상적으로 조절하는 데 중요한 역할을 하게 된다고 한다. 우리 몸의 기능을 정상적으로 조절하는 중요한 호르몬은 밤 9시에서 새벽 1시 사이에 가장 많이 분비되는 것으로 알려져 있다. 그래서 건강한 생활을 위해서는 자연적인 생체리듬에 따른 수면을 취하도록 하는 것이 대단히 중요하다.

유아들의 키가 크는 데 중요한 성장호르몬도 평균적으로 밤 10시에서 새벽 2시 사이에 가장 많이 분비되는 것으로 나타나고 있다. 이것은 성장호르몬에 크게 영향을 미치는 수면의 깊이와 함께 잠자리에 드는 시간도 매우 중요하다는 것을 알려준다. 잠을 얼마나 자느냐 하는 것도 중요하지만, 언제 잠자리에 들어 언제 일어나느냐 하는 잠자는 시간대가 오히려 더 중요할 수 있다. 그러므로 성장기에는 늦어도 12시 전에 잠자리에 드는 것이 좋다. 새벽 2시에 자서 아침 10시에 일어나는 '나푹자' 군보다는 밤 10시에 자서 아침 6시에 일어나는 '나잘자' 군이 훨씬 더 효과적인 잠을 잔다고 할 것이다.

따라서 밤늦게 잠자리에 드는 습관이 있는 어린이들은 하루 빨리 생활습관을 고쳐 늦어도 11시 전에는 반드시 잠자리에 드는 것을 생활화해야 할 것이다.

4. 유아기의 운동

유아기의 운동 경험 부족, 경험 내용의 불균형이 유아기에서의 운동 지체아의 출현이나 골절의 원인으로 작용할 수 있다. 유아의 골격은 유기질이 많고, 탄력성이 풍부하여 골절이 쉽지 않다. 또 유아는 체지방이 비교적 많고, 넘어졌을 경우에 이 체지방이 완충기능을 하게 된다. 동시에 상체가 길고 다리가 짧고 머리가 커서 중심점이 위로 올라가 있는 데 따르는 자세의 불안정함을 지니고 있다.

유아나 아동은 의외로 구르는 법에 서투른 것이 눈에 띄는데, 유아에게 구르는 법을 가르치기보다는 달리기, 뛰기, 던지기 등의 동작을 유희 속에서 충분히 경험해가는 과정으로 자연히 몸에 익히는 운동 패턴 중 하나이다.

즉, 운동 탐험(movement exploration)을 해나가는 과정으로 몸에 익히는 패턴이다. 특히, 신생아 시기부터 인간의 운동은 시작된다. 이들 운동은 성인의 운동과 같이 의도적인 것은 아니지만, 이 불수의적 운동은 뇌의 발달에 따라 차례로 수의운동으로 이어진다. 체력은 이러한 신체운동의 성취에 관여함과 동시에 운동신경을 통해 발달의 계기가 된다. 즉, 체력의 발달은 연속되어 있고, 이전의 체력은 경험에 관여하고, 경험은 체력의 발달에 관여하고, 이 체력은 다시 다음 경험에 관여하는 형태로 변화해가는 것이다.

유아들은 중심점이 높아 쉽게 넘어진다. 그러나 다리가 짧다는 것이 넘어지기 쉬운 것을 완화해

> **유아기 운동 특성**
>
> 유아기 어린이의 운동 양식은 대개 좌우대칭이다. 또한, 특별한 운동 연습에 의해서도 자극을 받는 신체 부분만 발달하는 것이 아니라 전체가 성장 발달해간다는 전체 기제가 체력 발달의 기본적 기제가 되고 있다. 섭취한 영양도 그것을 필요로 하는 부분에는 전부 보내지도록 기제가 되어 있다.
>
> 유아기의 체력 발달은 연속 과정에 있는데, 1세아와 3세아의 운동 성취 방법에 차이가 많으며, 3세아와 5세아를 비교해도 많은 차이가 있다. 그러므로 청년기의 주력이 차츰 향상된다는 것과 유아기의 주력 발달을 의미하는 것은 차이가 있다.
>
> 특히 3세 정도까지는 체력 면에서 유아기의 체력 발달과 밀접한 관련이 있다고 생각해도 좋지만, 4세 이상이 되면 옥외에서의 활동도 할 수 있고 사회성이나 지능도 충분히 인간관계를 전개할 수 있을 정도로 발달하므로 서서히 유아들에게 운동성취 검사를 통해 체력을 관찰할 수 있다.
>
> 유아기는 영아기와 같이 극적인 변화의 시기라고 할 수 있지만, 여러 가지 체력 요소의 발달 속도는 감소 경향을 나타내고 있다.
>
> 이 시기는 체격이나 운동 능력 및 운동에 대한 흥미 등에 관해 차이가 나타난다. 이러한 성별 차는 이후의 체력 발달의 성별 차에 밀접하게 관련된다. 그러나 이 시기의 체력 발달의 최대 특징은 지금까지 경험한 적이 없는 여러 가지 운동 패턴을 경험하고, 그것을 차츰 할 수 있게 되며, 이어서 안전하고 안정된 성취로 다가간다는 것이다. 발달을 "능력이나 기능의 발생과 확대"라고 정의하는 경우가 있지만, 유아기는 실로 모든 능력의 발생 시기이다. 물론 달린다고 하여 연습에 따라 빨리 달릴 수 있다는 것은 아니다. 좀 더 빨리, 좀 더 힘있게, 좀 더 멀리 등의 운동 성취 평가 척도가 적당한 수준에 이르는 것은 좀 더 나중의 일이다.
>
> 그러나 체력을 발휘하여 성취할 수 있는 운동 패턴은 급속히 증가되어간다. 대개 8~9세 무렵에 성인이 성취 가능한 기초적인 운동 패턴인 달리기, 뛰기, 던지기, 오르기, 차기, 뛰어넘기 등 거의 성인의 성취 방법과 마찬가지로 가능해진다. 따라서 운동 능력에 한하여 말하면 양적 발달의 시기라고 할 수 있으며, 이렇게 새로운 운동 패턴을 성취할 수 있게 되는 것은 운동 성취에 필요한 운동기, 감각기를 적절히 제어할 수 있도록 신경-근의 협동이 적절하게 행해지도록 발달해가는 것을 나타낸다고 볼 수 있다.

준다고도 생각할 수 있다. 더욱이 어린이의 뼈는 신장과 앉은키의 급속한 발육이 나타나는 것과 같이 급속히 길어지고, 굵어지게 된다. 뼈가 발육한다는 것은 뼈의 성분으로서 유기질이 많다는 것을 의미하며, 이것은 뼈 자체의 형태상의 발육뿐만 아니라 골수의 왕성한 조혈작용을 촉진시키기 위해서도 필요한 조건이지만, 풍부하게 유기질이 포함되어 있다는 면에서 탄력성이 풍부한 뼈가 된다.

따라서 체중이 적은 이유도 있겠지만 넘어져서 외부 힘이 이상한 방향으로 가해져도 쉽게 골절되지 않는다. 그러므로 골절을 두려워한 나머지 활발한 운동을 제한하는 것은 어린이 성장 발달 기능을 저해하게 될 위험이 있다.

5. 유아기 신체 기능

가. 신경 기능

형태적으로는 뇌 중량은 이미 5세 때 성인의 85%에 이르는 발육을 하였다고 할 수 있으나, 이는 절대로 그 기능도 85% 정도로 발달하고 있다는 것을 의미하는 것은 아니다.

이 시기는 성취 가능한 운동의 종류는 증대되고 있으나, 대뇌 기능의 발달이 현저하지는 않기 때문에 성취 가능한 운동은 걷고, 달리고, 뛰는 등의 기본적인 것이고 그 운동들이 보다 빠르게, 보다 힘차게, 보다 정확히, 보다 높이, 보다 멀리 등 운동의 질을 높여가는 것으로는 볼 수 없다.

이러한 운동의 질적인 측면의 발달을 볼 수 있는 것은 대뇌의 해부학적인 의미의 발육이 거의 완성되고 난 이후일 것으로 생각할 수 있다. 따라서 유아기에는 해부학적 의미의 대뇌 정비가 진보되어가는 중이며, 아동이나 청소년이 성취 가능한 활동, 즉 그 활동을 성취하는 데 갖출 신경조직의 활동을 요구하는 것은 오히려 대뇌 발달의 불균형을 생기게 할 우려가 있을 수 있다.

이 시기의 신경 기능의 발달은 충분한 영양, 수면, 일상의 자연적 활동에 의해 대뇌의 본격적인 기능 발달의 준비가 한쪽으로 치우침이 없이 성취되는 것이다.

실제로 어린이가 어떤 활동을 실시할 때에는 그 활동의 성취를 제어할 대뇌의 부분이 흥분되고 다른 부분을 반대로 억제되는 것이다(주변 억제).

그러나 활동이 정지되고 흥분이 저하되면 지금까지 억제되고 있던 부분이 흥분하여 활동하기 쉬워진다. 그러나 흥분을 계속하면 흥분을 흥분이라고 느끼지 못하게 된다(습관).

가령 대뇌에서 기능의 분화가 완성되지 않은 유아기에 어떤 일정한 자극만 계속 주고, 어떤 일정한 부위를 계속 흥분시키게 되면 확실히 그 자극의 통과성은 좋아지고 활동도 어느 정도 유효하게 성취할 수 있게 되는데, 그 이외의 자극을 받기 어렵게 되어 학습이 오히려 저하되고 말 우려가 있다. 그러므로 억제에서보다 흥분되기 쉬워진 상태일 때 그 부분을 흥분시켜서 활동하고 이어서 다른 부분을 흥분시켜서 다른 활동을 하게 하도록 활동의 종류를 교대시키는 것이야말로 활동을 성장 발달에 유효하게 도움이 되게 하기 위한 것이라고 생각할 수 있다.

나. 순환호흡 기능

심장 중량은 남녀 모두 직선적인 증대를 보이면서 20세 대비 1세의 중량은 20%로 대뇌의 발달에 비하여 상당히 늦음을 알 수 있다. 5세의 경우도 남자가 33%, 여자가 36%로 심장의 형태상 발육은 유아기 이후에 그 대부분이 발육된다.

맥박수는 100~120회 정도이며, 성인이 60~70회인 것을 감안하면 영유아기와 마찬가지로 혈액순환은 심장의 펌프 작용의 횟수에 의존함을 알 수 있다. 이것은 심장의 중량이 작고 심장 용량이 적어 1회 박출량이 적으며, 심근 수축력이 약하여 박출 압력이 낮은 문제를 박출 횟수를 증가시켜 보충하고 있다.

안정 시 맥박수가 높으므로 운동에 대한 적응능력은 성인보다 낮으며, 유아의 맥박수는 나이가 듦에 따라 낮아지지만 아직은 불안정하다. 즉, 대수롭지 않은 일에도 유아들은 맥박수가 200까지 올라가지만, 유아들은 나름대로 장시간 격렬하게 놀아도 그다지 맥박수가 증가하지 않는다. 또 유아와 함께 신체를 사용하여 놀면 먼저 피곤해지는 것은 성인인데, 이것은 유아의 체중이 작고 에너지 소비가 작다든지 유아의 운동 성취에 대한 근육 사용이 긴장근적인 것도 관련되어 있지만, 유아에게 있어서는 골격근의 수축에 의하여 평행하게 달리고 있는 혈관을 압박하여 근육의 이완에 의해 혈관에 대한 압력의 감소, 다시 근육 수축에 의한 압박, 근이완에 의한 압력의 감소 리듬이 혈액의 심장에 대한 환류를 촉진시켜주고 있기 때문이다.

골격근의 혈류 촉진 작용은 유아와 같이 근섬유가 가늘고, 혈관망이 잘 걸쳐져 있으므로 근수축에 따른 혈관 펌프 작용은 보다 유효하게 작용한다. 이러한 근수축에 따른 혈류 촉진 작용에 의하여 유아기의 심장의 미숙함은 보충된다.

기초대사를 살펴보면 남녀 모두 연령 증가에 따라 직선적으로 감소하고 있다. 유아기에 기초대사량이 높은 것은 급속한 발육을 위하여 여러 가지 조직을 구성하고 확대하기 위한 화학 변화가 진행되고 있는데 이것을 위한 에너지 소비가 있기 때문이다. 다음으로 산소 소비가 큰 뇌조직이 신체에 비해 크고 급속히 발육 중이기 때문이다. 세 번째로 몸의 크기에 비해 체표면적이 크기 때문이다. 이것 때문에 20세의 기초대사량에 비해 1세 남아는 약 2.4배, 여아는 2.6배, 5세아는 남녀 모두 2배의 대사량을 보이고 있다.

다. 호흡 기능

호흡기의 주요 기관인 폐 중량은 3세 무렵까지 급속하게 증가하고 이후에 약간의 증가 속도는 저하하지만, 증가 경향은 이후에도 계속된다. 20세 대비 폐 중량을 보면 1세 때에는 16~18% 정도이지만 5세 때에는 28~34%로 증대하고 있다. 그러나 대뇌 중량에 비해 그 증가량은 낮고 심장과 마찬가지로 유아기 이후에 보다 많은 발육이 성취된다. 또 유아기의 호흡수는 25~40회/분 정도이고, 이는 성인의 평균 호흡수 16~18회의 2배에 이른다. 성인은 운동에 대하여 호흡수가 증가하고, 호흡의 깊이가 증가하여 산소섭취량을 높여서 적응하고 있는데, 유아의 경우 호흡수를 증가시킬 여유는 적다고 할 수 있다. 호흡 증가의 한계는 보통 40~50회 정도로 보고 있다. 그러나 성인의 경우 30회를 넘으면 폐포에서 환기율이 오히려 저하된다고도 한다.

유아의 경우에도 최대 호흡수는 기껏해야 50~60회 정도로 생각된다. 따라서 유아기는 안정 시에도 최대 호흡 횟수의 40~60%를 사용하고 있다고 할 수 있다. 게다가 성인의 경우 산소섭취량이 운동할 때에는 안정 시의 10~20배까지 높아진다. 유아의 경우 산소섭취량은 정확히 측정할 수 없으므로 불명확하지만 유아의 운동 후 호흡수와 맥박수의 증가는 적고, 곧 되돌아오는 것을 보면 운동에 의한 산소 소비의 증가는 적다고도 볼 수 있다.

유아의 운동 성취 방법, 근육 관여 방법, 체중이 가벼운 것 등을 감안하면 성인과 같이 순환, 호흡 기능에서 적응 능력이 높을 필요는 없다고도 할 수 있다. 즉, 운동에 대한 적응 능력이 낮은 것이 유아의 자연적인 성숙에 따른 성장 발달과정이라고도 할 수 있다. 따라서 운동에 의한 생리적 기능 사용에 의하여 얻어지는 효과도 성인과 달리 볼 수 있다.

라. 근 기능

근 기능의 발달을 단적으로 고찰하는 데는 근력의 발달을 보는 것이 간단하지만, 1~3세 무렵은 4세 이후의 유아와 같이 근력을 측정할 수 없으므로 발달과정을 알아볼 수 없다. 그러나 그것은 근력의 발휘라고 하는 운동이 1~3세와 4세 이상 사이의 유아에게 있어서 상당히 달라지고 있다는 것을 암시한다. 물론 근력 측정에 있어서 측정법의 설명에 대한 유아의 이해력도 관여되어 있지만, 힘을 발휘하는 것이 노는 것과 연결된 수동적이고 부득이한 필요라면 가능하지만, 그렇다 해도 최대 근력을 발휘했는지 아닌지는 알 수 없다.

유아기 근 기능의 성질은 3세 정도까지 적용된다고 볼 수 있다. 실제로 1세아가 성취 가능한 운동의 종류는 2세아, 3세아와는 상당히 다르며 운동의 안전함, 안정도 상당히 다르다. 이 사실은 신경의 근 지배 발달을 나타냄과 동시에 발육된 체중을 유지하면서 자세의 평형을 꽤 유지할 수 있게 된 것을 암시한다. 이러한 운동 성취에 필요한 정도의 근력은 충분히 발달하고 있다고 생각해도 좋을 것이다. 그러나 운동 성취의 완만함, 어색함은 알 수 있고, 운동은 긴장근적 성질이 강한 형태로 성취되는 것이 일반적이다.

6. 유아기의 운동 성취 능력

유아기에 성취 가능해지는 운동 패턴은 우선 기본적 운동 패턴(걷기, 뛰기, 던지기, 달리기, 차기 등)이다. 유아기 동안 내내 이들 기본적 운동 패턴은 상당히 훌륭해지지만 여전히 불안정한 것도 많다. 새로운 운동 패턴의 경험이 시작되는 초기에는 시행착오로 실패를 반복하고 차츰 성공이 증대되는 과정을 거친다. 그리고 차츰 시각의 도움을 받아 자신의 운동에 주의하면서 시행을 반복하며, 걷기, 달리기 등에서는 주의하지 않고도 성취할 수 있게 된다.

운동 성취 능력은 운동의 경험이 완전히 주어지지 않을 경우 그러한 능력 개발은 없다고 생각되지만, 반대로 연습이라는 형태에서의 경험이 특별히 주어지면 능력 발달은 가속화한다고 생각된다. 그러나 연습의 효과에 대해서는 반드시 일치하는 학설이 존재하지 않는다. 미로를 더듬는 학습을 7주 동안 계속한 유아들(2~3세)과 학습하지 않은 동갑내기 유아 사이에는 7주간 훈련 후 미로 테스트 결과에서는 차이가 없는 것으로 나타났다고 Hucks와 Ralph는 언급하고 있다.

또 Hilguard는 2세아에게 '사다리 오르기', '단추 잠그기', '가위질' 연습을 12주 동안 실시하고 연습을 하지 않은 유아들과 운동 기능에 관하여 비교했다. 결과는 양쪽 집단의 기능에서 우열을 가릴 수 없었다. 또 Minereva는 뜀뛰기, 공 정확히 던지기, 공 굴리기의 정확성을 포함한 비교적 활발한 운동 성취 기능에 관하여 6개월간의 연습을 실시한 유아와 연습을 하지 않은 유아에게 5세 정도로 기능 테스트를 하였다. 연습 개시 전에 행한 테스트 결과와 비교하여 연습 효과에 관해 다음과 같이 결론을 내리고 있다.

던지기 기능 같은 비교적 복잡한 기능에는 연습을 실시한 쪽이 빨랐지만, 뜀뛰기 같은 기본적인 운동 패턴의 성취 능력에 관해서는 두 집단 간에 발달의 차는 보이지 않았다고 전하고 있다. 따라서 보다 복잡한 운동 기능의 발달에는 연습이 관련되어 있지만, 기본적인 운동 기능의 발달에는 그렇지 않다고 전하고 있다. 게다가 Denis는 호피인디언의 어린이들이 어머니 등에 업혀 운동의 자유가 제한된 상태에서 길러져도 보행 학습에는 어떠한 영향도 끼치지 않는다고 전하고 있다.

이상으로 기본적인 운동 패턴의 성취 능력은 학습과는 그다지 관계가 없고, 유아의 자연적 발달에 따라 발달해가지만 던지기, 잡기, 멀리뛰기 같이 뛰기와 높이뛰기를 합성한 것 같은 보다 복잡한 운동 성취의 능력은 연습 등의 의도적인 훈련이 관계한다고 할 수 있다.

또 유아기에는 손, 다리, 눈, 귀 등에서 한 가지 뛰어난 신체가 나타난다. 이러한 원인에 관해서는 여러 가지 보고가 있지만 유전, 습관, 양자 상호작용의 3가지가 각각 타당성을 가진 원인이라고 생각할 수 있다.

유아들은 형태적 발육의 특징, 신체 발육 특징과 함께 이들 특징에 의해 유아의 신체운동의 종류 및 성취 능력이 제한되면서 스스로 발달을 성취해간다. 이러한 사실은 어떠한 발육 단계의 인간에게도 꼭 들어맞는 것이지만, 형태적·신체 기능적 특징은 운동이나 활동을 성취하는 능력의 기초, 즉 자원적 능력으로서 운동의 성취와 관련되어 있다. 특히 유아기에는 자원적 성숙은 성숙이라는 각 개인에게 내재한 성장 발달의 자연적 경향에 크게 좌우되어 발육발달을 성취해가는 것이므로 자원적 능력을 발휘하여 활동할 수 있는 안전한 장소야말로 유아의 체력 발달에 있어서 대단히 중요한 조건이 된다.

유아 운동 성취의 특징은 '빠르고', '힘 있게'가 아니라 '얼마나 안전하게', '안정된' 상태로 '얼마나 많은' 운동 패턴을 성취할 수 있는가이다. 이러한 운동 성취에는 시각 등의 감각 및 신체 각부를 얼마나 적절하게 협조하여 운동을 성취하게 하는가 하는 조정력, 모든 협조 능력이라고 불리고 있지만 이 능력에는 각각 운동 패턴의 독특한 조정력이 존재한다고 생각되고 있다.

즉, 달리는 데는 달리기 특유의 조정력이 필요하고, 높이뛰기에는 높이뛰기 나름대로의 조정력이 요구되며, 이 양자의 조정력은 반드시 동일한 능력이라고는 할 수 없다는 식의 생각이 현재 널리 인식되고 있다. 따라서 유아기의 운동 능력의 발달은 조정력의 발달을 뒷받침한다고 할 수 있다.

1. 보행

걷기 시작할 무렵의 보행운동은 선 자세를 유지하면서 움직이는 데 익숙하지 않기 때문에 상당히 불안정하고, 발끝이 바깥쪽인 것과 보폭이 큰 것 등에 의해 평형을 유지하기 쉬운 듯한 걸음걸이에서 보행운동의 경험은 시작된다. 이 시기에는 '예예'를 상당히 잘하게 되므로 걷기보다 '예예'로 물체를 잡으러 가거나, 특히 빨리 문제 해결을 하고 싶을 때 등은 '예예'로 위치이동을 하는 일이 종종 있다. 일반적으로 살찐 어린이보다 마른 어린이가 걷기 시작하는 시기가 빠르고, 남아보다 여아가 더 빠르다.

차츰 유아의 활동도 '예예'보다는 '보행'에 의해 행해지는 일이 많고, 거기에 따라 보행의 리듬이 안정되며, 바깥쪽으로 향했던 발이 차츰 바로 앞쪽으로 옮겨져 보폭도 적당해지고 보행이 잘되어간다. 2세쯤 되면 리듬은 상당히 안정되어 1분간 170보의 리듬으로 걷게 된다고 전해진다. 또 자신의 보행에 주의를 기울일 수 있게 되어 장애물을 피해가며 걸을 수 있게 된다.

게다가 3세 무렵까지는 그다지 발놀림에 주의하는 일 없이 잘 걸을 수 있게 된다. 이어서 선 자세로 평형을 유지하는 능력 발달과 함께 팔 흔듦과 다리 놀림도 서로 엇갈리면서 운동시킬 수 있게 되고, 4세까지는 대부분의 유아가 자신의 리듬으로 성인의 보행에 가까운 형태로 걸을 수 있게 된다.

이상과 같이 서서 앞으로 걷기에 더하여 약 2.5세에는 좌우 옆쪽으로도 걸을 수 있게 되고 이어서 뒤쪽으로도 걸을 수 있게 된다. 보행이 차차 안정된 형태로 성취할 수 있게 되면 서서 여러 가지 운동 패턴을 성취할 수 있게 된다.

유아가 경험한 운동 패턴은 보행이 가능해지고 직립으로 선 자세로 유지가 가능해짐에 따라 달리기, 장애물 뛰어넘기 등 여러가지 기초적인 운동패턴으로 응용이 가능하게 된다.

2. 달리기

1.5세 정도가 되면 빠른 걸음으로 걸을 수 있게 되는데, 이 무렵은 땅에서 순간적으로 떨어뜨려서 한쪽 발을 땅에 딛고 앞으로 가는 달리기 운동이 가능할 만큼 다리의 근력이나 평형 능력이 충분히 발달해 있지 않은 경우가 많으므로 이른바 달리기 형식의 운동은 아니다.

그러다가 2~3세 정도가 되면 진짜 달리기 운동을 할 수 있게 되지만, 아직 외형으로 보아도 위험하고 불안정한 상태로 달리는 어린이가 대부분이다. 즉, 많은 유아는 아직 걸음걸이를 도와 양팔을 번갈아 앞뒤로 흔들지 못한다. 또한 빠른 스타트나 급격히 멈추는 것도 할 수 없다.

그러나 4.5부터 5세 정도까지 대부분의 유아는 잘 달릴 수 있게 되고, 걸음걸이에 도움이 되도록 양팔의 상호 진동을 한다. 그러나 아직 경쟁이라고 하는 사회적 인간관계의 요소를 달리기 운동에 가져오는 것은 곤란하고, 그런 의미에서 '주력'이라는 능력을 일정 거리의 소요시간으로 평가하기는 어렵다. 특히, 출발과 정지 등의 달리기 운동의 시작과 끝, 즉 다른 운동 패턴에 대한 이행이 유아에게는 어렵다.

3~5세의 어린이를 대상으로 35M 달리기 구간 중 25M의 소요시간으로 달리기 능력을 측정하였다. 남아와 여아 모두 급속히 소요시간이 감소해가는 것 즉 주력의 현저한 발달을 볼 수 있지만, 특히 발달 속도는 급속히 감소되는 아동기와 비교하면 유아기에 지극히 크다. 동시에 개인차를 변이계수로 계산해보면 25M 달리기 성적의 개인차는 차츰 연령의 증가와 함께 감소해간다.

유아기에는 확실히 달리기 운동은 대부분 성취 가능하지만, 달리는 법의 능숙함. 서투름에는 개인차가 많다고 할 수 있다. 그만큼 달리기 운동은 유아 전체가 안정된 형태로 성취할 수 있는 단계까지 발달하지는 않는다. 또 25M 달리기를 2회 실시하여 2회 측정치의 상관계수를 보면 유아의 경우 0.5~0.6 정도인 데 대해 10, 11세의 아동은 0.8~0.9로 큰 차를 보인다. 만일 운동 성취가 안정되어 있으면 상관계수는 높을 것이다. 따라서 유아의 25M 달리기의 운동 성취는 상당히 불안정하고 할 수 있다.

3. 도약

1.5세가 되면 낮은 장애물을 넘어 건널 수 있게 되지만 몸을 공중에 내던지는, 이른바 뛰어넘는 동작은 하지 못한다. 그러나 곧 낮은 대(臺)로부터 한쪽 발을 먼저 내밀고 착지 직전에 남은 발을 대에서 떨어뜨려 아주 잠시이지만 뛰어내리

는 경험을 하게 된다. 양쪽 발 모두 공중에 있는 자세의 경험에서 공중에 있을 때의 신체 평형 유지가 차츰 안정되고, 2세 무렵에는 양발을 모아 낮은 곳에서부터 뛰어내릴 수 있게 된다. 이때 양팔은 아동처럼 옆으로 흔들어 균형을 취하는 운동을 하지 않고, 반대로 뒤로 끌어당기는 경향이 있다.

그러므로 착지 때 균형을 유지하기 불안정하게 착지하는 경우가 많다. 이윽고 한쪽 다리로 힘차게 뛰어올라 낮은 대를 뛰어넘을 수 있게 되어간다. 그리고 3세 정도까지 약 42% 정도의 어린이들이 양쪽 다리를 모아 낮은 장애물을 뛰어넘어 양쪽 다리로 착지할 수 있게 되며, 4.5세까지는 약 72%의 어린이가 양쪽 다리를 내딛는 것에서 양쪽 다리로 착지하는, 이른바 제자리멀리뛰기 운동 패턴이 성취 가능하게 된다고 한다.

제자리멀리뛰기에서 측정된 뛰는 힘의 발달 과정을 살펴보면 남아와 여아 모두 유아기에는 급속한 발달을 나타내고 있다. 아동기를 포함시켜도 그 발달 속도는 3~4세 또는 4~5세의 1년 동안 가장 크다. 앞서 근 기능의 발달에서 살펴보았듯이 다리의 순발력, 근력의 발달이 유아기에 멀리뛰기가 발달하는 중요한 이유가 아니고 무릎의 굴신, 팔 흔들기의 협조 등 뛰는 운동 형식의 향상이야말로 이 시기에 뛰는 힘이 발달하는 중요한 이유라고 생각된다.

물론 무릎의 굴신, 발목의 굴신, 상체의 굴신 등을 이용하여 체중을 공중에 던지는 것이므로 순발력이나 근력도 발달해 있고, 도약에 있어서는 무시할 수 없는 관여 능력인 것이 확실하지만, 순발력과 근력을 보다 유효하게 도약에 통합하여 성취시키는 능력 역시 협조 능력이며, 운동 패턴 경험이 적은 것으로 유아의 도약력의 개인차를 설명할 주요 원인은 도약의 협조 능력 또는 조정력이라고 할 수 있다. 그러나 달리기와 마찬가지로 개인차는 연령이 적은 쪽이 크고, 2회의 시행 성적 간의 상관계수(신뢰도)는 연령이 작은 쪽이 작으며, 운동 성취의 불안정을 나타내고 있다.

4. 오르내리기

평평한 곳을 걷는 것과 달리 높은 곳에 오르는 것은 유아에게 상당한 용기를 요구하게 된다. 오르는 운동은 전진하고자 하는 유아의 특성상 익숙한 동작이기는 하지만, 서서 걷기가 아직 능숙치 않으므로 집에서 계단 등을 '기어 넘는' 운동부터 시작한다. 다음으로 걷기 시작한 이후 스텝에서 발을 모아 다음 스텝으로 올라가는 형식으로 오르기 운동 경험을 계속한다. 그런 다음 난간을 잡거나 어른의 손을 잡고 몸의 균형을 유지하면서 선 자세로 양발을 스텝으로 모아서 다음 스텝으로 올라가는 형식의 오르기로 발달해간다.

3.5세 무렵까지 한 다리씩 옮겨 올라가면서 혼자서 계단 등을 오를 수 있게 되어간다. 그러나 계단을 서서 내려오는 것은 아직도 어렵고 할 수 없다. 5세 초반 무렵이 되어야 계단 내려오기를 겨우 시도하기 시작할 정도이다. 이렇게 평평한 곳에 서서 걷는 것이 안정하여 가능해지면, 보조에 의지하면서 계단을 오르는 것이 성취 가능하게 되고, 이어서 같은 보조에 의지하면서 천천히 내려올 수 있게 되지만, 이 경우 신체의 균형을 유지하는 것은 내려올 때 모아서 다음 스텝으로 올라가는 형식의 오르기로 발달해간다.

또 공포심도 가지고 있다. 어린이의 손을 잡고 보조해주면, 내려올 때 힘을 들여 보조자의 손을 꽉 쥔다. 그리고 평평한 곳에서 한쪽 다리로 설 수 있게 되고, 그 한쪽 다리로 신체의 균형을 유지할 수 있는 경험에서 다리를 엇갈려 내밀고 계단을 오를 수 있게 된다. 게다가 평평한 곳에서 달리기, 뛰기, 한쪽 발로 뛰기, 스키핑, 가볍게 뛰기 등의 복잡한 운동 경험을 거친 후에 겨우 계단을 엇갈려 내려올 수 있게 된다는 보고가 있다.

5. 평형성

신체의 평형 유지 능력은 평형성이라고 전해진다. 근 기능의 유효한 통합과 시각, 평형감각기관으로부터의 정보에 대한 적절함 또는 유효한 근 기능의 협조가 가능하여 처음으로 여러 가지 동작 운동 중이라도 적절하게 평형을 유지할 수 있다.

일반적으로 정적 평형성은 유아기에는 여아가 뛰어나다고 할 수 있지만, 동적 평형성은 성별차가 보이지 않는다고 추측할 수 있고, 양쪽 평형성 모두 연령에 따라 천천히 발달해간다. 그러나 V자 밸런스와 같이 중심이 낮은 자세로 평형을 유지하는 능력은 4.5세경 상당히 발달해 있다고 할 수 있다. 일반적으로 2세 이전의 유아는 조용히 신체의 평형을 유지시키는 것이 어렵다는 보고도 있고, 실제로 3세 이상의 유아에게 할 수 있는 테스트를 실시하는 것은 불가능하다. 그러나 4세 무렵에는 시각에 의한 평형 유지 관련은 급속히 깊어지고, 상당히 교묘하게 여러 가지 운동에서 평형을 유지할 수 있게 된다.

1~2세와 3~4세 및 5세 이상의 유아에게는 운동 성취의 양상의 차이가 있는 원인 중 하나가 평형성의 차이라고 할 수 있다. 신체의 평형을 충분히 유지하지 않고는 운동 성취도 불안정하고 어색한 것이 될 뿐만 아니라, 불안정한 상황에서는 운동하기 어렵기 때문에 자기 능력을 충분히 발휘할 수 없는 것은 성인도 마찬가지이다.

6. 한쪽 다리로 뛰기

3세부터 3.5세까지 대부분의 어린이는 적은 걸음수이지만 편리한 발로 뛰기를 계속할 수 있게 된다. 뛰는 장소와 뛰는 리듬은 정해져 있지 않지만 1회 뛰기에서 다시 안정된 자세로 돌아와서 다음 뛰기를 실시하는 식으로 어색한 방법이지만 한쪽 다리 뛰기를 할 수 있게 된다.

4세 무렵에는 대부분의 어린이가 4~6보 정도 뛰기를 계속할 수 있게 되고, 차츰 안정된 방법으로 발달해가며, 완전히 안정되어 상당한 거리를 계속할 수 있게 되는 것은 8~10세 정도라고 한다.

크래티는 5세 무렵까지는 상당히 많은 유아가 50피트(약 15미터)를 10.5초에 뛸 수 있을 정도로 지구력, 평형성, 근력도 발달해간다고 보고하고 있다. 뛰기의 정확성은 4.5세 무렵에도 50% 정도는 정확히 직선상을 뛸 수 있다고 생각되며, 이후에 차츰 정확함이 증대하여 6.5세 무렵에는 남아와 여아 모두 80% 정도가 된다고 한다.

7. 리듬운동의 능력

유아가 새로운 운동 패턴의 실행을 시작할 때에는 양팔과 양다리 그리고 몸통 운동을 얼마나 성취하는가 하는 유아의 노력에 달려 있지만, 정확성이 매우 낮다. 그러다가 차츰 능숙하게 신체 각부를 움직일 수 있고, 적절하게 신체의 평형을 유지할 수 있게 되며, 운동을 리드미컬하게 계속할 수 있게 된다. 크래티는 5세아의 10% 미만이 2박자 뛰기를 좌우 발로 교대하면서 할 수 있을 정도라고 보고하고 있다.

그러나 운동은 근의 신장, 이완의 연속에 의해 성취되는 것이므로 거기에는 반드시 리듬이 존재한다. 그러나 그 리듬을 타율적 리듬으로, 운동을 성취할 수 있게 되기 위해서는 유아가 독자적인 리듬으로 운동 성취가 가능하게 되는 것이 기초적인 조건으로 필요하다고 할 수 있다.

간단한 운동 패턴을 간단한 리듬에 맞추는 능력을 통해 리듬운동의 발달을 살펴볼 때 일반적으로 여아가 남아보다 이런 종류의 능력은 뛰어나다고 볼 수 있다. 간단한 운동 패턴에서는 6세 이후가 되면 성별 차는 감소하고 없어지는 경우도 있다. 또 일반적으로 유아는 느린 템포의 리듬에 대해서보다 빠른 템포의 리듬 쪽이 적응하기 쉽다고 전해진다.

리듬운동은 유치원의 보육 교재로서 널리 사용되고 있는데, 인간에게 있어 리듬은 생명유지를 위해서나 성장 발달에 빼놓을 수 없는 원인이다. 그리고 여러 운동 패턴의 성취가 리드미컬한지 아닌지가 하나의 판단 기준이 된다고 할 수 있다. 또 역으로 신체의 자연적 리듬, 호흡의 리듬, 맥박의 리듬 등에 맞추어 운동을 성취하는 것이 보다 효과적인 운동 학습이라고도 할 수 있다. 이러한 의미에서 리드미컬한 신체운동을 통한 학습은 유아에게 있어서 효과적인 학습 방법이라고 할 수 있다.

8. 기타 영역의 운동 능력

체력의 모든 요소 중 유아기에 현저한 발달을 보이는 것이 조정력이라고 처음에 서술했는데, 조정력의 발달을 나타내는, 지금까지 서술해온 운동 패턴과는 다른 운동 성취에서 볼 수 있는 운동 능력의 발달에 관해 보게 된다.

① 달리기 운동을 포함한 민첩성

3m를 3회 왕복하는 달리기를 측정하여 연령에 따른 발달 과정을 살펴보면, 4.5~5세에는 성별 차가 보이지 않지만, 연령 증가에 따라 차츰 성별 차는 확대되어가고, 남녀 모두 단조로운 발달과정을 나타낸다.

② 사이드 점프

민첩성을 측정하는 사이드 점프에서 폭 2cm인 한 개의 직선을 사이드 점프해서 10초간 밟지 않고 넘은 횟수를 살펴보면 성별 차를 보이지 않고 단조롭게 발달해가는 경향을 볼 수 있다. 특히 이 테스트는 운동 성취 테스트에서 신속성과 정확성을 요구한다.

> ③ 앞으로 구르기
> 폭 50㎝ 코스 안에서 앞구르기를 10회 시행시켜 연령에 따른 결과를 살펴보면 4,5세에서 일관되게 남아와 여아 모두 8~9회의 성공 횟수를 나타내고 있고, 곧바로 앞구르기 운동은 상당히 능숙하게 몸의 균형을 유지할 수 있게 된다고 생각된다. 즉, V자 균형 잡기에서 살펴보았듯이 중심을 낮게 하여 운동할 경우의 평형성은 이미 유아기에서 상당히 발달한다고 추측할 수 있다.
>
> ④ 뛰어내리기 조정력
> 70㎝의 뜀틀에서 뛰어내리며 2회 박수를 치는 실험 결과를 살펴보면, 4,5세는 남아가 여아보다 좋은 성적을 나타내고 있는데, 5세 이후는 차이가 없다고 할 수 있다. 이러한 운동 성취에는 공포심도 영향을 끼치고, 나이가 적은 어린이들은 이런 심리적인 영향이 관여하기 때문에 성적이 낮지만, 6,5세가 되면 뜀틀 이용 경험도 늘어나고 점프의 안정성도 증대하여 뛰어내리기 경험이 쌓이므로 이 운동 과제는 남녀에 있어서 용이한 것이라고 생각할 수 있다.

7. 유아운동 권장 지침

가. 유아운동 권장 지침

유아들이 어느 정도 운동을 하는 것이 좋을까 하는 것은 유아를 기르는 부모나 지도자의 입장에서 대단히 궁금한 부분 중의 하나이다. 따라서 유아에게 필요한 권장 운동 지침을 제시하고자 할 때에는 정당한 과학적 근거가 필요할 것이다.

Danner 등(1992)은 만 2~5세 유아들을 대상으로 1시간 이상 신체활동을 관찰한 결과, 아이들이 조용히 앉기, 팔 흔들기 또는 정지해서 서 있기 상태에서 약 60%의 시간을 보낸다는 것을 알아냈다. 중강도 걷기 또는 빠르게 걷기는 불과 시간당 7분 이하라고 보고하고 있다. Pate 등(2004)도 좀 더 객관적인 모니터링을 한 결과 유치원 아이들은 고강도의 운동에 시간당 2분 정도를 할애하고 있음을 알아내었다. 즉, 유아들은 대부분의 시간을 좌식생활 또는 가벼운 활동에 50% 이상의 시간을 보내고 있다. Benham-Deal(2005)이 만 3~5세 유아들을 대상으로 한 연구에서도 하루에 분당 130회 이상의 심박수 강도로 활동하는 것은 일상생활 중 20% 정도이고, 격한 신체활동은 5~10분 정도가 가장 많았다. 이러한 연구들의 결과는 유아가 움직이는 정도를 관찰함으로써 제시한 것으로 유아가 어느 정도의 활동을 해야 하는가 하는 기준을 제시하는 결과는 되지 못하고 있다. 우리나라 유치원생들의 활동을 조사한 결과에서도 TV 시청, 컴퓨터 등 실내생활 위주의 생활패턴으로 인해 신체활동량이 매우 부족한 실정임이 지적되고 있기는 하지만 어느 정도가 좋을 것인지에 대한 신체활동 가이드라인은 마련되지 않고 있어 앞으로 이에 대한 연구가 시급히 필요하다고 할 수 있다.

이론적으로, 유아기에 적절한 운동을 규칙적으로 하게 되면 체지방의 감소, 골미네랄 농도, 심폐지구력, 운동기술의 발달 등으로 아동기 체력과 건강상태가 향상되었다고 보고되고 있다(Binkley and Specker 2004; DuRant 등., 1993; Saakslahti 등. 2004). 특히 최근에는 운동과 뇌와 관련된 연구들이 활발히 이루어지고 있는데, 신체활동을 포함하는 스포츠 활동이 뇌세포의 생성이나 시냅스의 가소성(synaptic plasticity)에 중요한 영향(Ratey & Hagerman, 2008)을 미치고, 시냅스의 가소성은 운동의 지속성과 정도에 따라 영향을 받는 것으로 보고되고 있다(Berchtold, Chinn, Chou, Kesslak & Cotman, 2005; Hillman, Erickson & Kramer, 2008;

표 1-34. 각국의 유아 신체활동 권고 기준

구분	명칭, 기관 및 연도		강도	빈도 (회/주)	시간(분)
WHO	신체활동 가이드라인(WHO, 2009)		고강도	3회 이상	60분 이상
미국	어린이 청소년 PA 가이드라인(보건성, 2011)		중·고강도	3회 이상	60분 이상
	국립보건원(NIH)		중강도	7회	30분
	미 보건성		중·고강도	7회	60분 이상
	소아청소년 PA 가이드라인(미국 CDC, 2005)		중·고강도 이상	3~5회	30~45분
	어린이 PA 가이드라인	만 0~5세(유아)	-	7회	60분 이상
	(미국 체육협회)	만 5~12세	중·고강도	7회	누적 60분 이상
영국	어린이 PA 가이드라인 (보건성, 2011) 어린이 PA 가이드라인 (보건성, 2011)	만 5세 이하	관계 무	7회	180분
		만 5~11세	중·고강도	PA 3회 이상 근력 3회 이상	60분 이상
	어린이 PA 가이드라인(건강교육협회)		중강도 5~8METs	2회 이상	60분
캐나다	PA 가이드라인		다양한 강도	-	60분 이상
	어린이 PA 가이드라인(Tremblay, 2011)		중강도 고강도	7회	중: 20~60분 고: 10~30분
호주	국가 PA 가이드라인(보건복지부, 2014)		중·고강도	7회	30분
아일랜드	어린이 청소년 PA 가이드라인		중·고강도	3회 이상	60분 이상

표 1-35. 유아들의 미국 스포츠/체육교육협회(NASPE)의 신체활동 지침

1. 유아들은 하루에 적어도 60분 정도의 구조화된 신체활동을 해야 한다.
2. 유아들은 적어도 하루에 60분에서 몇 시간까지 구조화되지 않은 신체활동에 참가하고, 수면시간을 제외하고 60분 이상 앉아 있지 말라.
3. 유아들은 블록을 쌓거나 좀 더 복잡한 운동 작업을 필요로 하는 운동기술을 발달시켜야 한다.
4. 유아들은 대근육활동을 하기 위해 권장 안전기준에 적합한 실내공간과 실외공간에 있어야 한다.
5. 유아들은 개개인이 신체활동에 대한 중요성을 인식하고 유아의 운동기술을 용이하게 하라.

Ratey & Hagerman, 2008). 시냅스의 가소성이 향상되지 않으면 정서 조절의 문제를 일으킬 수 있고, 이러한 통제의 어려움은 폭력으로 이어질 수 있다(조남기·김택천, 2012)고 지적되고 있다. 또한 유소년기의 체육활동은 신체의 발육·발달은 물론 지적·사회적·인지적 발달 등 전인적 교육에 효과가 크며(김양례, 2011), 유아의 비만 및 운동 부족과 고칼로리의 음식섭취로 발생하는 고혈압과 당뇨 등 생활습관병 예방에도 효과가 있고(Kim, 2007), 운동발달 프로그램을 통한 다양한 신체요소의 발달은 평생 일상생활 속에서 안전하고 효율적인 움직임을 할 수 있도록 하는 기본요소를 갖출 수 있도록 한다(전선혜, 2014)는 등의 연구들이 유아기 운동의 중요성을 강조하고 있다. 이처럼 유아의 신체활동이 중요하다는 것이 인식되면서 이미 많은 나라들에서는 유아체육을 교육과정 안에 포함시키거나 유아의 신체활동 가이드라인을 제시하고 있다.

각국의 유아 신체활동 권고 기준을 보면, 중·고강도 수준의 운동을 주당 7회, 60분 이상 할 것을 가장 많이 권고하였고, 그다음은 중강도 수준의 운동을 주 3회 이상 30분 이상 할 것을 권고하고 있다(표 1-34).

유아들에게 운동을 권장하는 가장 큰 이유 중 하나는 소아비만 때문이다. 적절한 근력과 체지방을 유지하기 위해서는 운동이 중요할 수밖에 없다. 미국의 경우에는 보건성, 국립보건원, NASPE(National Association for sport and Physical Education, 2002) 등에서 유아 및 아동들에 대한 신체활동 가이드라인을 제시하고 있는데 만 5세 이하의 유아들은 매일 1시간 이상의 신체활동을, 5~11세 어린이는 건강을 위해 중강도의 격렬한 운동을 매일 적어도 60분 이상 실시해야 할 것을 권장하고 있다.

또한 미국의 체육교육협회에서는 유아들에 대해 다음과 같은 신체활동 지침을 제시하고 있다.

다음 〈표 1-36〉은 캐나다의 운동 권고 지침으로 미국의 가이드라인과 거의 비슷한데, 신체활동을 더 자주, 좀 더 많이 실시할 것을 권고하고 있다.

표 1-36. 캐나다 운동 권고 지침

1. 하루에 30분 정도를 신체활동을 하면서 보내는 시간을 증가시켜라. 하루에 90분 이상 약 5개월 이상을 실행시켜라.

2. 신체활동은 하루 내내 적어도 5~10분 단위로 누적시켜라.

3. 90분의 신체활동은 중강도 60분(활발하게 걷기, 스케이팅, 자전거 타기)과 격렬한 활동 30분(달리기, 농구, 축구)을 포함한다.

4. 최고의 건강상태를 만들기 위해서는 근지구력, 유연성, 근력 운동을 포함시켜라.

5. TV와 비디오 보기, 컴퓨터게임 하기와 인터넷 서핑하기 같은 비활동적인 시간을 줄여라.

우리나라에서는 누리과정에서 하루에 1시간 이상 신체활동을 할 것을 권고하고 있고, 그런 교육과정을 기본으로 유아에게 권장할 수 있는 신체활동의 내용은 다음과 같다.

나. 신체운동 영역

유아의 신체운동 영역은 '감각과 신체 인식', '신체조절과 기본운동', '신체활동 참여'의 3가지 내용범주로 구성된다. '감각과 신체 인식'에서는 유아가 감각능력을 기르고 감각기관을 활용하며 자신의 신체를 긍정적으로 인식하도록 한다. '신체조절과 기본운동'에서는 유아가 협응력과 신체조절 능력을 기르고 신체균형감을 익히며 자신의 신체를 유연하고 활발하게 움직이는 의지와 능력을 키우도록 한다. '신체활동 참여'에서는 유아가 신체활동을 할 때 적극적으로 참여하고, 다양한 기구를 활용하여 안전하고 즐겁게 신체활동을 하는 경험을 통해 기초체력을 형성하고 생활하면서 규칙적으로 운동할 수 있도록 한다. 다음은 누리과정을 중심으로 신체활동 영역을 어떻게 구분하고 있으며, 그 내용으로는 어떤 것들이 포함되어 있는지를 살펴보도록 하겠다.

1) 유아의 신체운동 영역의 목표

자신의 신체를 긍정적으로 인식하고 즐겁게 신체활동에 참여함으로써 영유아기에 필요한 기본 운동능력을 기른다.

① 기본적 감각능력을 키우고, 자신의 신체를 긍정적으로 인식한다.
② 신체를 조절하고 기본운동 능력을 기른다.
③ 신체활동에 즐겁게 참여한다.

표 1-37. 연령별 내용과 목표

내용범주	만 2세 미만	만 2세	만 3~5세
감각과 신체 인식	- 감각적 자극에 반응하기 - 감각기관으로 탐색하기 - 신체 탐색하기	- 감각능력 기르기 - 감각기관 활용하기 - 신체를 인식하고 움직이기	- 감각능력 기르기 - 감각기관 활용하기 - 신체를 인식하고 움직이기
신체조절과 기본 운동	- 대근육 조절하기 - 소근육 조절하기 - 협응력 기르기 - 균형감 기르기 - 이동운동 시도하기 - 비이동운동 시도하기	- 신체조절력 기르기 - 신체균형감 기르기 - 이동운동하기 - 비이동운동하기 - 조작운동하기	- 신체 조절력과 균형감 기르기 - 이동운동하기 - 비이동운동하기 - 조작운동하기 - 움직임의 요소를 인식하고 움직이기
신체활동 참여	- 몸 움직임 즐기기 - 기구를 이용하여 신체활동 시도하기	- 신체활동에 참여하기 - 기구를 이용하여 신체활동 하기 - 안전하게 신체활동 하기	- 자발적으로 신체활동에 참여하기 - 여러 기구를 이용하여 신체활동 하기 - 안전하게 신체활동 하기

다. 감각과 신체 인식하기

신체를 효율적으로 움직이는 데 필요한 운동 능력으로, 주로 유아기에 형성된다. 기본 운동 능력의 특징은 미숙한 상태에서 능숙한 상태로 발달한다는 것이다.

기본운동 능력에는 이동운동, 비이동운동, 조작운동 등이 있다.

1) 이동운동

이동운동은 걷기, 달리기, 뛰기 등 장소를 이동하는 동작운동을 뜻하며, 성장에 따라 나타나는 특정 동작운동이 정해져 있으므로 각 유아의 정상적인 성장을 판단하는 데 중요한 측정 지표가 된다.

2) 비이동운동

비이동운동은 구르기, 비틀기, 균형 잡기, 회전하기 등 몸을 축으로 이동하지 않고 움직이는 동작운동을 말한다.

3) 조작운동

조작운동은 던지기, 차기, 때리기와 같이 힘을 가해 사물을 조작하는 추진 동작과 받기, 굴러오는 공 잡기와 같이 힘에 의해 움직이는 사물을 받아들이는 흡수 동작을 말한다.

기본운동 능력은 성장기에 있는 유아들에게 대단히 중요한 능력이다. 기본운동 능력이 유아기

표 1-38. 연령별 내용과 목표

내용 범주	내용	3~5세 신체운동·건강		
		3세	4세	5세
신체 인식하기	감각 능력 기르고 활용하기	감각적 차이를 경험한다.	감각적 차이를 구분한다.	감각으로 대상이나 사물의 특성과 차이를 구분한다.
		감각기관을 인식하고 활용해본다.	여러 감각기관을 협응하여 활용한다.	
	신체를 인식하고 움직이기	신체 각 부분의 명칭을 알고 움직임에 관심을 갖는다.	신체 각 부분의 특성을 이해하고 활용하여 움직인다.	
		자신의 신체를 긍정적으로 인식하고 움직인다.		
신체 조절과 기본운동하기	신체 조절하기	신체균형을 유지해본다.	다양한 자세와 움직임에서 신체균형을 유지한다.	
		공간, 힘, 시간 등의 움직임 요소를 경험한다.	공간, 힘, 시간 등의 움직임 요소를 활용하여 움직인다.	
		신체 각 부분의 움직임을 조절해본다.	신체 각 부분을 협응하여 움직임을 조절한다.	
		눈과 손을 협응하여 소근육을 조절해본다.		
				도구를 활용하여 여러 가지 조작운동을 한다.
	기본운동하기	걷기, 달리기 등 이동운동을 한다.	걷기, 달리기, 뛰기 등 다양한 이동운동을 한다.	
		제자리에서 몸을 움직여본다.	제자리에서 몸을 다양하게 움직인다.	
신체활동에 참여하기	자발적으로 신체활동에 참여하기	신체활동에 자발적으로 참여한다.	신체활동에 자발적이고 지속적으로 참여한다.	
		다른 사람과 함께하는 신체활동에 참여한다.		
			자신과 다른 사람의 운동능력의 차이에 관심을 갖는다.	자신과 다른 사람의 운동능력의 차이를 이해한다.
	바깥에서 신체활동 하기	규칙적으로 바깥에서 신체활동을 한다.		
	기구를 이용하여 신체활동 하기	여러 가지 기구를 이용하여 신체활동을 한다.		

에 형성되지 않으면 다른 신체활동을 할 수 없게 된다. 기본운동 능력을 습득한 아동들은 그렇지 못한 아동들에 비해 더 건강한 신체 발달을 기대할 수 있고, 성장하면서 접하는 신체운동에 대해 흥미와 즐거움을 느낄 수 있으며, 신뢰감을 주는 유능한 사람으로 성장한다. 기본운동 능력은 또래와 쉽게 상호작용할 수 있게 하며, 운동 능력을 성공적으로 수행해냄으로써 만족감과 성취감을 갖게 하고 긍정적인 자아감을 형성시킨다.

라. 신체조절과 기본운동하기

1) 신체 균형 잡기

교사는 머리를 가누는 시기나 걷기 위하여 습득해야 할 균형감 등 영아기의 신체조절력과 운동 발달 특성을 이해하고, 또한 개인차가 많은 시기임을 고려한다.

2) 대근육 조절하기

영아의 신체 발달 속도는 매우 빠르므로 시간에 따라 달라지는 영아의 움직임과 신체조절 능력을 잘 관찰한 후 적절하게 상호작용한다.

3) 소근육 조절하기

간단한 신체놀이를 반복함으로써 운동 능력과 협응 능력이 발달할 수 있도록 돕는다.

4) 기본운동하기

움직임이 불안정한 영유아들을 위하여 바닥 재료를 적절히 선별하고, 가구 모서리를 안전하게 처리하며, 영유아가 활동 중 물건에 걸려 넘어지지 않도록 하는 등 환경 준비를 철저히 한다.

마. 신체를 인식하고 움직이기

표 1-39. 신체 인식 목표

3세	4세	5세
신체 각 부분의 명칭을 알고, 움직임에 관심을 갖는다.	신체 각 부분의 특성을 이해하고 활용하여 움직인다.	
자신의 신체를 긍정적으로 인식하고 움직인다.		

※ 권장 지침 및 유의점
- 신체 각 부분을 움직여보고 신체의 구조와 기능을 스스로 느껴볼 기회를 제공한다.
- 자신의 신체를 긍정적으로 인식하도록 성공적인 경험을 제공하는 것이 중요하므로 발달 수준과 흥미에 적절한 활동을 제시한다.
- 신체 각 부분을 움직일 수 있는 구체적인 상황을 계획하여 제시한다.
    예) "우리 몸 중에 구부릴 수 있는 부분을 찾아보자."
- 신체를 움직일 수 있도록 체육실 및 실외 공간의 가장 넓은 공간에서 활동하도록 하며, 안전에 주의한다.

표 1-40. 신체인식 내용

내용	연령	세부내용	세부내용 설명	활동 예시
신체 각 부분의 명칭 및 움직임과 특성	3세	신체 각 부분의 명칭을 알고, 움직임에 관심을 갖는다.	신체 각 부분을 부르는 이름이 무엇인지 알고자 하고, 신체 각 부분이 어떻게 움직이는지 다양한 방법으로 관찰을 시도하면서 기쁨을 느껴볼 수 있게 한다.	신체 부분 중 "엉덩이는 어디 있니?" 하고 질문하며 앞, 뒤, 옆, 위, 아래 등 다양하게 움직여본다.
	4세	신체 각 부분의 특성을 이해하고 활용하여 움직인다.	자기 신체구조, 신체 각 부위의 기능과 역할에 대해 알아보고 자세나 동작을 바꾸거나 몸을 이동하는 신체의 움직임에 능숙해질 수 있는 경험을 갖도록 한다.	걷거나 춤을 추면서 엉덩이가 다리, 허리 부분들과 연결되어 있음을 경험한다.
	5세			모양 또는 숫자, 글자카드를 보고 엉덩이로 글자 표현해보기 활동을 통해 엉덩이는 허리와 연결된 부분임을 이해하고, 엉덩이를 움직이기 위한 신체 각 부분의 역할을 이해한다.
신체의 인식과 움직임	3세	자신의 신체를 긍정적으로 인식하고 움직인다.	신체활동을 즐겁고 성공적으로 경험하면서 자신의 신체능력을 긍정적으로 인식하게 된다. 개인적 특성, 운동기구의 크기, 신체활동의 난이도 등이 적합한 운동을 경험함에 따라 자신의 신체를 긍정적으로 인식하고 안정되고 자신감 있게 움직일 수 있게 된다.	높낮이, 크기가 다른 훌라후프 터널을 통과해본다.
	4세			여러 가지 크기의 훌라후프를 제시해주고, 자신이 잘 돌릴 수 있는 크기를 찾아본다.
	5세			훌라후프를 허리뿐 아니라 손목 등으로 돌려보기도 하고, 줄넘기 하듯 양손으로 잡고 돌려서 넘어보며 훌라후프를 가지고 할 수 있는 운동방법을 찾아본다.

바. 신체활동에 참여하기

유아기의 신체활동은 건강한 성장 발달에 필수적인 요소이다. 유아는 다양한 신체활동을 통해 몸을 건강하게 만들고 운동 능력을 키우며 신체운동을 통해 많은 즐거움을 느낀다. 그러므로 유아의 발달 정도와 능력에 적합한 운동 기회를 제공하여 유아가 즐겁게 신체활동에 참여함으로써 성취감과 긍정적 자아개념을 형성할 수 있도록 지원해주어야 한다. 유아가 일상생활 속에서 다양한 신체활동에 자발적이며 적극적으로 참여하도록 하는 것은 적극적인 생활 태도를 형성하는 데 도움이 된다. 신체활동에 참여하기는 건강한 신체뿐 아니라 건강한 정신, 긍정적 자아개념을 형성하도록 하고 유아의 사회화를 촉진시킨다. 따라서 유아가 자발적이며 지속적으로 신체활동을 경험할 수 있도록 실내뿐 아니라 실외 신체활동이나 기구를 이용한 신체활동 등에 즐겁게 참여하도록 하는 데 중점을 둔다.

1) 몸 움직임 즐기기

유아가 자유롭게 몸을 움직일 수 있도록 개방된 공간을 제공하고, 유아의 활동범주 안에 위험 요소를 제거해야 한다. 또한 계속적인 안전을 위하여 반드시 교사가 지켜보도록 한다.

2) 야외에서 신체 움직이기

안전이 확보된 공간에서 유아가 위험에 처할 수 있는 벽이나 난간의 높이를 확인하고, 지형의 높낮이를 살피고, 보행 및 달리기를 할 경우 돌발 상황에 대비하여야 한다.

기타 안전한 도구를 사용하여 밀기, 당기기, 넘기, 타기 등 단순하고 쉬운 도구부터 점차 난이도가 있는 도구의 사용을 돕는다.

사. 기구를 이용하여 신체활동 시도하기

유아에게 맞는 그네(등받이가 있고 앞, 뒤, 옆으로 바가 있는 유아용 그네), 기어오를 수 있는 언덕이나 계단이 있는 큰 스펀지 블록을 제공한다.

아. 자발적으로 신체활동에 참여하기

표 1-41. 자발적 신체활동 목표

3세	4세	5세
신체활동에 자발적으로 참여한다.	신체활동에 자발적이고 지속적으로 참여한다.	
	다른 사람과 함께하는 신체활동에 참여한다.	
	자신과 다른 사람의 운동 능력의 차이에 관심을 갖는다.	자신과 다른 사람의 운동 능력의 차이를 이해한다.

표 1-42. 자발적 신체활동 내용

내용	연령	세부내용	세부내용 설명	활동 예시
신체활동의 자발적 참여	3세	신체활동에 자발적으로 참여한다.	자유롭게 뛰어 놀고, 소리치며 즐길 수 있는 기회를 갖는다. 기초체력을 기르는 데 도움이 되고 긍정적인 생활태도를 형성하는 데 토대가 된다.	동물 흉내를 내며 자유롭게 뛰어보고, 동물의 울음소리도 흉내 내보며, 신체의 움직임과 창의적 표현에 즐거움을 느끼고 자발적으로 참여할 수 있도록 한다.
	4세	신체활동에 자발적이고 지속적으로 참여한다.	지속하여 숙달시킴으로써 성취감과 자신감을 키운다. 새로운 신체활동도 시도해볼 수 있도록 지원한다.	신체 놀이기구를 자유롭게 오르내리면서 신체를 조절하고 기초체력을 키울 수 있는 활동을 한다.
	5세			림보게임, 유니바 넘기 등 활동의 난이도를 조절하며 지속적으로 즐거움을 느끼며 참여하도록 하고, 이를 통해 성취감을 느껴볼 수 있도록 한다.
다른 사람과 함께하는 신체활동	3세	다른 사람과 함께하는 신체활동에 참여한다.	집단 활동의 규칙과 다른 사람과의 협력을 자연스럽게 익히고, 팀원 간에 협동하는 경험을 갖는다. 다른 사람과 함께 신체활동을 하는 과정에서 서로의 특징을 존중하는 태도를 기를 수 있도록 한다.	친구들과 함께 기차놀이, 대문놀이를 하며 다른 사람과 함께 신체활동에 참여하는 경험을 한다.
	4세			친구하고 마주보고 친구 모습을 거울처럼 흉내 내기 활동을 하며 함께 놀이하는 즐거움을 느껴본다.
	5세			'무궁화 꽃이 피었습니다', '꼬리잡기', '얼음땡' 등 게임을 통해 여러 사람이 함께하는 신체활동의 즐거움을 느껴본다.
운동 능력의 차이에 관한 관심과 이해	4세	자신과 다른 사람의 운동 능력의 차이에 관심을 갖는다.	다른 사람의 운동 능력이 다를 수 있다는 것을 경험해본다. 자신이 좋아하는 운동과 잘하는 신체 동작이 있다는 것을 알고 익숙하지 않거나 선호하지 않는 운동이 있다는 것을 알게 된다. 다른 사람의 운동 능력을 자신과 비교하면서 서로의 차이에 관심을 갖게 된다.	매트 위에서 제자리 뛰기, 앞으로 구르기, 멀리 뛰어보기 등 신체를 자유롭게 움직여보며 자신이 잘하는 운동을 찾아보고, 친구들 간에 잘할 수 있는 운동이 다를 수 있음을 경험해보며 서로 잘하는 운동에 대해 격려해준다.
	5세	자신과 다른 사람의 운동 능력의 차이를 이해한다.	신체운동 능력의 차이를 인정하고 이러한 차이를 존중해줄 수 있는 능력과 태도를 길러준다. 다른 친구와 협동놀이 하는 데 기초가 되며 다른 사람을 존중하는 바탕이 된다.	유아들이 팀을 이루어 구르기, 유니바 넘기, 뜀틀 뛰어넘기 등 간단한 릴레이 신체게임을 해본다.

※ 권장 지침 및 유의점
- 주변에서 흔히 볼 수 있는 것이나 관심 있는 사물의 움직임을 관찰하고, 관찰한 것을 몸을 이용하여 스스로 표현해볼 수 있도록 한다.
- 유아들이 자신의 특성에 맞는 신체운동에 참여함으로써 성공적인 경험을 할 수 있도록 하고 서로의 차이를 자연스럽게 인정할 수 있도록 한다.
- 소극적인 유아에게 완성 동작을 강요하지 않고 충분한 시간적 여유를 주어 스스로 관찰하여 다양한 도전을 시도할 수 있게 한다.
- 다른 유아와 비교하지 않으며, 유아가 자발적이고 적극적으로 활동에 참여한 점을 구체적으로 칭찬하고 격려한다.

자. 야외에서 신체활동하기

표 1-43. 야외 신체활동 목표

3세	4세	5세
규칙적으로 야외에서 신체활동을 한다.		

※ 권장 지침 및 유의점
- 매일 규칙적으로 야외에서 신체활동 하기를 계획하고 계절, 날씨, 유아의 건강상태 등을 고려하여 진행한다.
- 1일 60분 이상 신체활동(대근육 활동 포함) 시간을 확보하도록 한다.

표 1-44. 야외신체 활동 내용

내용	연령	세부내용	세부 내용 설명	활동 예시
야외에서의 신체활동	3세	규칙적으로 야외에서 신체활동을 한다.	신체를 자유롭게 움직임으로써 긴장을 완화시키고 대근육 발달을 돕는다. 특별한 경우를 제외하고 날씨나 기온 변화에 크게 구애받지 않고 매일 규칙적으로 야외 신체활동을 하도록 하여 신체운동기능의 원활한 발달을 이룰 수 있도록 한다.	교육기관 주변을 규칙적으로 산책하며 야외에서 신체활동을 경험한다.
	4세			안전하고 넓은 야외 공간에서 공놀이, 플라잉 디스크 날리기 등과 같이 다양하게 움직여볼 수 있는 자유놀이를 한다.
	5세			실외 놀이터에 있는 다양한 모양의 놀이기구를 관찰해보고, 이를 오르내리며 다양한 신체활동을 한다.

- 다양한 활동을 계획하고 동적인 활동과 정적인 활동, 집단 활동과 자유운동 등을 적절히 배치한다.
- 규칙적으로 야외에서 운동하기, 산책하기 등에 참여함으로써 자연스럽게 활발한 근육 활동을 하게 한다.
- 안전사고에 유의하고, 긴급한 상황에 대한 대비를 철저히 하도록 한다.

차. 기구를 이용하여 신체활동하기

표 1-45. 기구를 이용한 신체활동 목표

3세	4세	5세
여러 가지 기구를 이용하여 신체활동을 한다.		

※ 권장 지침 및 유의점
- 기구를 사용하기 전에 관찰하는 경험을 통하여 운동기구의 무게, 크기, 질감 등을 느껴보고 관찰해보도록 한다.
- 기구의 사용 방법을 알아보며, 기구를 활용한 여러 운동들에 대해 알아본다.
- 유아의 발달에 적합한 기구를 사용하고, 난이도를 조절하여 안전에 유의한다.

카. 신체운동지도 권장 지침

표 1-46. 기구를 이용한 신체활동 내용

내용	연령	세부내용	세부내용 설명	활동 예시
기구를 이용한 신체활동	3세	여러 가지 기구를 이용하여 신체활동을 한다.	공, 훌라후프, 줄넘기 등 여러 가지 기구를 활용하여 신체를 활용해봄으로써 대근육 발달과 신체 유연성, 근력, 근지구력 등 기초체력을 기른다.	낮은 뜀틀에서 뛰어내려본다.
	4세			뜀틀을 손으로 짚고 올라갔다가 뛰어내려본다.
	5세			정한 높이의 뜀틀을 손으로 짚고 넘어본다.

유아는 건강할수록 활동적이다. 유아는 하루의 대부분을 신체운동에 충당하고 있다. 따라서 여러 가지 운동에 흥미를 갖게 하고 스스로 신체활동을 즐기게 하는 것은 건강을 위한 지름길이란 것을 알려주며 다양한 운동지도를 통해 경험하고 인지하도록 한다.

① 여러 가지 방법으로 걷고, 달리고, 뛰는 대근육운동을 경험하게 한다.
② 여러 가지 방법으로 던지고, 밀고, 잡아당기고, 구르는 운동을 경험하게 한다.
③ 단체운동 등 그룹운동을 통해 협동을 경험하게 한다.
④ 몸을 쭉쭉 뻗거나 구부리며 율동적 리듬을 경험하게 한다.
⑤ 각종 운동기구의 사용법을 터득하여 안전한 기구 활용을 경험하게 한다.
⑥ 다양한 운동 중에는 배려가 있고 순서가 있다는 것을 경험하게 한다.
⑦ 운동은 준비가 있고 정리가 있다는 것을 경험하게 한다.

Ⅱ부
유아체육 프로그램의 구성

 이 단원은 유아체육 프로그램을 구성할 때 고려해야 할 요소들에 대한 이해를 돕기 위한 장이다. 유아기의 운동발달은 기본적인 체계를 따라 이루어져야 하며, 각 요소들에 포함되는 기본 활동들을 습득함에 따라 발달이 이루어지게 된다. 따라서 유아체육 프로그램을 구성할 때에는 이러한 유아기의 운동발달의 기본 체계와 요소들을 잘 알고 그에 따른 프로그램을 구성해야 한다.
 1장 유아체육 프로그램의 기본 원리에서는 시기적 발달 정도에 따라 어떤 프로그램이 제공되어야 하는지, 고려해야 할 점은 무엇인지 등에 대해 다루게 된다. 2장 유아체육 프로그램의 구성 요소에서는 유아체육 프로그램 구성 계획 시 고려해야 할 점들과 유아체육 프로그램 구성 요소로는 어떤 것들이 있는지, 그 개념은 무엇인지를 배우게 된다.
 이 단원은 유아체육 프로그램 을 구성해야 할 때 반드시 알아야 할 유아기 운동발달 프로그램의 구성 원리와 유아기 운동발달의 기본적인 구성 요소에 대해 그 개념을 이해하고 구성 요소로는 어떠한 것들이 있는지를 이해하는 데 역점을 두어 공부하기 바란다.

1장 유아체육 프로그램의 기본 원리

 학습목표

- 유아체육 프로그램의 기본 원리를 이해한다.
- 적합성의 원리, 방향성의 원리, 특이성의 원리, 안전성의 원리, 연계성의 원리의 의미와 내용에 대해 이해한다.

1. 적합성의 원리

　유아체육 프로그램은 유아들을 위한 발달적이고 적합한 활동들을 고려해야 한다. 유아기는 발달단계에 따라 가장 많은 영향을 받는 민감기가 존재한다. 인간이나 동물의 발달 과정에서 특정 능력이나 기술을 발달시킬 수 있는 준비가 가장 잘 이루어지는 시기를 '민감기'라고 한다. 이 시기를 놓치면 동일한 환경 자극이나 조건이 제공되더라도 최적의 발달 효과를 기대하기 어렵다.

　걷기는 만 1세에, 운동 협응과 자기조절능력은 만 2세 반에서 4세까지, 그리고 자기표현력이나 창의력은 만 3세에서 4세 때 민감한 영향을 받는다. 연령에 따라 이러한 민감기를 고려하여 적절한 운동이 적용되면 효과적이고 긍정적인 운동발달을 유도할 수 있는데, 이를 '적합성의 원리'라고 한다. 발달 단계별로 적합한 신체활동과 운동 학습이 필요한 이유가 여기에 있다.

　질적인 체육 프로그램은 연령별 유아 대상들에게 발달적으로나 수업적으로 적합한 것이어야 한다. 또한 움직임에 변화하는 유아들의 능력을 인지하고 지속적인 변화를 가져와야 한다.

　이러한 프로그램의 지향점은 심리적·신체적·지적·사회적인 발달을 강화시키는 운동기술 개발과 움직임 교육의 개념에 기초해야 한다.

　질적으로 만족스런 프로그램 수준에 도달하기 위해 유아의 움직임에 대한 변화 수준의 이해와 함께 수업에 적합한 활동이어야 한다.

　발달적으로 적합하기 위해 프로그램은 각각의 유아들의 발달상태, 움직임 활동에 대한 이전의 경험, 기술, 수준, 체력, 연령을 고려해야 한다. 지도자는 적절한 운동방법을 사용해야 하며, 운동발달 촉진을 위해 많은 준비와 노력을 기울여야 한다.

> **참고자료**
>
> 3~5세의 어린 유아들은 초등학교 아이들과 다르다. 이 나이의 유아들은 발로 차기, 달리기 같은 기초적인 움직임 패턴의 기술을 습득하는 단계에 있다. 이런 노력을 하는 유아들을 보조하기 위해서는 먼저 유아들을 기초적인 운동기술 발달을 유용하게 하는 폭넓은 경험이 필요하며, 교사들은 발달과정에 대한 지식이 있어야 한다. 그리고 이런 움직임 패턴에 대한 습득률은 "유아들을 가르치는 데 있지 활동하는 데 있는 것이 아니다."라는 원칙의 변화 가능성에 대한 이해가 필요하다.
>
> 유아들은 환경과의 상호작용을 통해 학습한다. 따라서 3~5세의 유아들의 활동은 수동적이어서는 안 되고 활동적이어야 한다.
>
> 유아들을 담당하는 교사는 안내자 혹은 촉진자이다. 교사들은 유아들의 행동을 주의 깊게 관찰하고, 유아 개개인의 요구를 수용할 수 있도록 조정한다. 유아들의 문제를 해결하는 데 있어 강조점은 '대안을 선택하는 것'과 행동을 학습할 수 있는 환경 안에서 충분히 연구할 수 있는 시간을 가지도록 하는 것이다.
>
> 유아들은 통합된 형식으로 배우고 발달한다. 따라서 이 나이의 유아들을 위한 움직임 교육은 지적·정의적 발달의 측면을 통합함과 동시에 신체적·운동 기능적 목표에 중점을 두어야 한다.
>
> 계획된 움직임 경험은 역할 경험을 강화시킨다.
>
> 실제로 유아들에게 충분한 시간을 가지고 자유롭게 경험할 수 있도록 움직임 수업을 계획한다면 유아들은 자연스럽게 운동기술 발달에 있어 큰 성과를 보일 것이다.
>
> 출처: 유아·초등교사를 위한 발달 중심의 통합교육과정(2001). 양서원.

2. 방향성의 원리

앞서 I부에서도 언급한 바와 같이 인간의 성장과 발달은 일련의 방향성을 가지고 발달하며, 이러한 순서적 발달과정은 두 가지 원리로 설명할 수 있다.

첫째, 두미의 법칙인데, 발달의 방향성이 머리-발가락 원리(cephalo-caudal principle)를 따라 발달하게 된다. 인간의 성장 발달에 따른 신체 비율을 살펴보면 생후 2개월 때는 머리 비율이 약 25%를 차지하나, 성장함에 따라 점차 비율이 줄어들고 몸통과 하체가 발달하게 된다.

둘째, 신체 중심에서 말초 부위로 발달하는 중심-말초 원리(proximo-distal principle)이다. 두미의 법칙에 따라 머리에서 발가락, 손가락 방향으로 성장이 이루어지며, 또한 몸통이 먼저 발달하고 손가락, 발가락 등의 말초로 성장이 이루어진다.

세 번째는 대근육에서 소근육으로의 발달로, 팔과 다리 등의 큰 근육의 발달이 먼저 이루어진 뒤 손가락, 발가락의 발달이 이루어진다.

3가지 원리에 따른 인간의 성장과정을 예로 살펴보면 몸통과 어깨가 팔과 다리보다 먼저 성장하고, 팔과 다리는 손가락과 발가락보다 먼저 성장한다. 또한 운동기술을 획득하는 과정에서 유아는 손목, 손 그리고 손가락 근육에 의한 운동 조절 능력에 앞서 몸통과 어깨 근육을 조절하는 능력을 먼저 가지게 된다. 따라서 유아 운동 프로그램을 구성함에 있어 이러한 발달 방향성을 고려하여 위에서 아래 방향으로 그리고 중심에서 말단 부분을 향하도록 활동의 순서를 구성하여야 한다.

3. 특이성의 원리

인간의 발달은 상반되는 두 가지 측면, 즉 모든 사람에게 공통적으로 나타나는 일반화와 개개인마다 다르게 나타나는 개인차를 가지고 있다(Ulrich, 2000). 따라서 운동발달 프로그램을 구성하는 데 있어 전형적이며 공통적인 일반화된 특성뿐만 아니라 개개인의 유전과 환경 요인을 고려한 개인차를 반드시 고려해야 한다. 또한 유아를 위한 운동 프로그램은 개인차뿐만 아니라 각 신체활동 프로그램이 유아의 어떤 면에 영향을 미치는지에 대한 구체성을 가지고 만들어지고 적용되어야 한다. 그 기본 구성은 유아체육 프로그램의 기본적인 구성원리의 요소들이 포함되어야 한다.

인간은 외형적으로나 정신적으로 서로 다르다. 특히 유아기는 개인적인 특성의 차이가 교육적으로 중요한 의미를 갖고 있다. 개인차를 형성하는 조건으로는 지능, 적성, 흥미와 동기부여, 연령별 차이, 그룹 간 수업 분위기 등 많은 조건이 있으나 유아기의 체육적인 면에서 특히 중요한 것은 유아 간 연령별 체력의 차이, 성별의 차이, 운동 소질 및 적성의 차이 등을 꼽을 수 있겠다. 어린이들의 운동 능력 또한 개인차가 현저하여 비록 연령은 같다 하더라도 운동을 수행하는 능력은 유아 개인에 따라 천차만별이다.

수업 계획을 실시하는 과정에서는 유아의 자발성이나 창의성을 존중하며 유아의 움직임이나 반응에 유의하여 임기응변적인 변경을 할 수 있도록 탄력성을 갖지 않으면 안 된다. 따라서 교사가 일방적으로 어린이들을 이끌고 가려는 태도는 바람직하지 못하다.

또 이와는 정반대로 지도자 자신이 활발한 신체운동에 흥미가 없거나 게을리하여 체육수업에 적극적이지 않으면 유아들은 이에 민감하게 반응하여 활동에 활기가 없어지고 만다. 이런 상태로는 아무리 운동 환경 교구 등의 물적 환경이 정비되어 있다 해도 인적 환경에 의해 저지당함으로써 그 성과는 도저히 달성되기 어렵다.

4. 안전성의 원리

안전성은 유아들의 일상생활 및 안전에 관한 사항들을 이해하고 예방하는 것을 말한다. 성인의 경우에도 물론 안전은 중요하지만, 특히 아직 신체의 조정능력이나 판단력이 완전히 발달하지 않은 유아에게 있어서 안전은 가장 먼저 고려해야 할 사항이다. 유아 및 아동기에는 호기심이 강하고 주의력과 조심성이 부족하기 때문에 위험한 환경에 대한 인식과 적응이 어렵다. 또한 유아 및 아동은 자신의 운동 능력을 과대평가하는 경향을 보인다. 가령 뜀틀 활동을 할 경우, 본인의 능력

> **조기 안전교육의 중요성**
>
> 어린이에게 일어나는 우발사고를 예방하기 위한 방법은 크게 두 가지로 나누어 생각할 수 있다. 하나는 사고가 일어날 수 있는 환경적 요인을 개선하는 것이고, 다른 하나는 사고를 유발할 수 있는 인간의 행동을 교육을 통해 변화시키는 것이다.
>
> 환경적 요인을 변화시킨다는 것은 각 사고별로 위험요인을 찾아내어 환경을 개선하도록 법적인 조치나 제도적 규제를 만드는 일이다. 인간의 행동을 변화시킨다는 것은 사고에 대한 예방교육을 실시함으로써 사고가 일어날 수 있는 상황을 판단하여 미연에 방지하는 것이다. 따라서 각종 사고를 예방하기 위해서는 안전시설과 설비를 완비하는 일뿐만 아니라 어린이의 우발적인 사고에 대한 부모나 교사의 올바른 인식이 중요하다. 그러나 무엇보다 중요한 것은 사고에 대한 어린이 자신의 올바른 인식과 이를 예방하기 위한 철저한 안전교육일 것이다. 교육을 통해 얻어진 지식이나 태도는 단순한 지시나 감독감시에 의한 것보다 연구적인 효과를 갖게 되므로 어린이에 대한 안전교육은 매우 중요하다. 특히 모든 생활습관의 기초가 형성되는 유아기에 안전교육을 통한 안전한 행동의 습관화는 더욱 중요하다.

을 자신이 넘을 수 있는 높이보다 높게 평가하는 경향이 있다(지정현·박승하, 2009). Klevberg 등(2002)은 취학 전 4~6세 아동이 9~11세 아동보다 운동 상황에서 자신의 능력을 과대평가하는 경향을 보이며, 이러한 지각 능력과 실제 수행 능력의 차이가 다양한 사고의 원인이 되고 있다고 보고하고 있다. 따라서 스스로의 지각 능력에 대해 과대평가하는 아동의 경향을 고려하여 안전한 운동 환경을 마련하고, 사고를 예방할 수 있는 지도가 이루어져야 한다.

안전교육은 안전의 실제를 전달하는 데 제한이 따르며, 안전의 실제와 안전한 행동 사이의 관련성이 약하다. 안전교육의 목적은 더 안전한 행동을 창조하는 데 있다. 안전에 대한 지식, 기술(skill) 및 긍정적인 태도를 증대시킴으로써 이 목표를 달성할 수 있다.

지도자는 안전에 관심을 기울여서 안전하고 충분한 공간에서 활동이 이루어지도록 유의해야 한다.

5. 연계성의 원리

연계성의 원리는 기초부터 향상까지 잘 조직된 프로그램을 제공해야 한다. 유아기의 연령 및 성별과 신체의 발달 프로그램 특성의 변화와 순서를 조직적으로 연계하여야 하며, 신체발달뿐만 아니라 정서적·사회적 발달을 위한 교육 프로그램에 연계성이 있어야 한다. 유아의 발달단계와 활동의 계통단계에 따라 지도할 필요가 있다. 유아라 해도 4세 이하 유아의 신체와 5세 이상 유아의 신체는 기능적으로 차이가 있으며 운동 능력의 발달도 차이가 있으므로 유아들의 신체 발달단계를 고려하여 지도할 필요가 있다. 또한 5세 이후가 되면 운동 능력뿐만 아니라 심리적으로도 남녀의 차가 확실히 나타나므로 즐겨하는 활동도 달라진다. 또한 같은 활동이라도 간단한 활동에서 복잡한 활동으로, 쉬운 활동에서 어려운 활동으로 단계를 따라 지도할 필요가 있다.

공차기놀이를 예로 들면, 공에 대한 개념과 차기에 대한 개념을 알게 한 뒤, 먼저 정지된 공을 차게 하고, 그다음 천천히 구르는 공을 차게 하며, 그런 다음 빨리 움직이는 공을 차게 하며, 고무공을 차던 유아에게는 가죽공을 차게 한 다음 발달의 단계를 고려하여 발전시켜나가는 것이다. 또는 큰 공 차기에서 점차 작은 공 차기로, 장애물이 없는 단계에서 장애물이 있는 단계로 등 그 난이도를 증가시켜가는 것이다.

유아체육 교육과정의 편성 시에도 유아의 발달단계에 따라 연간계획, 월간계획, 주간계획, 일일계획 등을 연계성 있게 계획하는 것은 대단히 중요하다. 그러나 그 대상인 유아의 생활은 유동적이고 예상외의 일이 일어나기 때문에 너무 세밀한 교육과정을 편성하는 것은 오히려 변화를 가져오지 못하게 되어 사실상 무의미한 것이 되기도 한다. 많은 아동심리학자들이 유아를 대상으로 한 교육 프로그램을 다양하게 제시하고 있다. 따라서 어린이의 실태를 파악하여 그것을 기초로 유아체육의 목표를 명확히 하고 변화에 대비할 수 있도록 탄력성 있게 지도할 필요가 있다.

또한 유아의 발달단계에 개인차가 있음을 고려하여 유아체육 수업의 난이도도 조절할 필요가 있는데, 일일계획의 목표를 도달하기 위한 수업의 수준은 70% 정도를 권장할만하다. 그 근거로서 운동 능력을 5단계로 평가할 때 상위로부터 1, 2, 3단계에 70%로 하고 남은 4, 5단계에 30%로 평가할 때 정상분포곡선이 이루어지기 때문이다. 따라서 어떤 신체활동을 시킬 때 그 집단의 70% 정도가 해낼 수 있고, 나머지 30% 정도는 하기 어려운 수준을 택하도록 한다.

운동발달 능력은 유아 및 아동에게 긍정적인 자아개념 형성에 도움을 주고, 사회성을 발달시키며, 인지발달에도 영향을 미친다. 이러한 인지 및 정서 능력 발달은 다시 운동발달에 영향을 미친

표 2-1. 인지, 정서 및 운동발달 단계 비교

연령	인지발달 단계 (Piaget)	정서발달 단계 (Harter)	운동발달 단계 (Gallahue)
2~4세	전조작기 자기만족적 행동 초기 사회행동 시작시기	인식 기본 정서 이해 자기중심적 감정이입	기본운동단계 (시작단계)
4~6세	추상적 능력 발달	동기화 복합 정서 이해 타인에 대한 감정이입	성숙단계 (초보단계)
6~10세	구체적 조작기 가역성, 연상능력 관계, 분류	통합 복합 정서 통합 타인의 일반적 곤경에 대한 감정이입	전문화된 운동단계 (성숙단계)

다(Williams & Radin, 1993). 이렇듯 운동, 인지, 정서 영역은 지속적인 상호작용을 통해 발달하며, 이 3가지 영역이 시너지 효과가 이루어질 수 있도록 운동 프로그램을 구성해야 한다. 또한 프로그램 운영 중 유아의 특정분야의 발달보다는 통합적 교육을 연계한 프로그램이 효과적이다. 즉, 신체발달과 정서발달, 인지발달 등의 연계적 프로그램이 필요하다. 참고로 유아의 신체, 정서, 인지발달 비교표는 위의 〈표 2-1〉과 같다.

6. 다양성의 원리

다양성은 기술적 능력에서의 개인별 차이에 대한 생각과 지도 방법을 말한다.

유아들은 지속적이고 계획적인 운동 프로그램의 종류를 경험하게 되므로 프로그램 각각의 목표와 발전 방향을 계획해야 한다. 또한 유아는 성인에 비하여 집중력이 떨어지고 쉽게 흥미를 잃기 때문에 유아의 프로그램은 재미있어야 하며, 여러 가지 발달적 측면을 고려한 다양한 경험이 가능하도록 프로그램을 구성할 필요가 있다. 간혹 반복적이고 복습적인 교육의 목표가 설정되고 진행 계획이 수립되더라도 유아가 교육에 참여하고자 하는 동기에 효과를 주기 위해서는 다양한 방법의 프로그램 형태를 고려해야 한다.

즉, 하나하나의 활동에 그 활동 고유의 내용을 갖고 있는 것이 있는가 하면, 하나의 활동에 복합적인 내용을 갖고 있는 것도 있다.

이들 활동을 어떻게 조화시켜 행하는 것이 좋은가에 대한 검토와 적절한 편성을 해야 할 필요가 있다. 예를 들어 30분 정도의 활동 시간에 다리만 사용하는 운동을 한다거나, 근육에 관한 것 또는 평형성에 관한 것만 한다면 너무 편중된 방법이라고 할 수 있다. 주로 팔에 관계되는 운동 등 세 부위에 관계되는 운동을 할 수 있다. 또한 민첩성 운동, 근력 운동, 복합적인 게임 위주의 운동 등 세 종류의 운동도 가능하다. 그러므로 조화가 이루어진 전면적 발달을 기대하기 위해서는 여러 가지 측면에서 복합적으로 고려하여 실시하여야 할 것이다.

신체적성, 단체놀이 및 표현운동, 기구운동의 각 교과에서는 여러 가지 방법으로 해결될 수 있는 문제나 과제가 주어진다. 교사는 유아로 하여금 주어진 과제에 대해 자기 나름대로의 해결방안을 생각하고 계획하여 이를 실제로 해보고 자기가 좋아하는 해답을 선택하여 익힐 수 있도록 격려해주어야 한다.

문제해결 학습방법을 도입한 신체활동에서 유아들이 행하는 동작의 뚜렷한 특징은 그 활동의 다양성에 있다. 이것은 주어진 과제에 대해 자기 나름대로의 해결 방안을 탐색하는 것이다. 여기에서는 어떤 구체적인 운동기술을 직접 가르치는 것이 아니며, 신체적 활동을 어떤 평균적 또는 공통적 모형에 강제로 일치시키려 하거나 제한하는 것이 아니다. 교사는 다만 어린이들이 자기의 잠재

능력을 최대한 활용할 수 있도록 이끌어준다. 즉, 교사의 임무는 아동 각자가 자기 자신의 최대 능력 수준에서 활동할 수 있고 나아가서는 그 활동이 개개인의 능력수준에 적합하게 발전할 수 있도록 도와주는 데 있다.

> **문제 해결법의 학습 지도에서 기대되는 학습 효과**
>
> 첫째, 능력에 구애됨 없이 모든 유아들이 신체활동에 참여할 수 있고 과제를 수행할 수 있게 된다.
> 둘째, 주어진 문제를 해결하기 위해 유아 스스로 탐구-경험-문제 해결의 학습과정을 거치게 되기 때문에 사고력의 배양에도 기여하게 된다.
> 셋째, 유아들이 주어진 과제를 자기 힘으로 해결하면 보다 큰 만족감과 즐거움을 얻게 되어 학습 의욕이 더욱 고조된다.
> 넷째, 허약한 어린이, 뚱뚱하거나 소심한 어린이라도 충분히 과제를 수행할 수 있음을 깨닫게 되어 성취도가 높아진다.
> 다섯째, 유아의 신체적 활동을 어떤 평균적 또는 공통적 모형에 강제로 일치시키려 하거나 제한하지 않기 때문에 신체적으로 높은 소양을 가진 유아는 그 소질을 계획대로 신장시킬 수 있다.

2장 유아체육 프로그램의 구성요소

 학습목표

- 유아체육 프로그램의 계획 시 고려해야 할 내용들을 알아본다.
- 유아체육 프로그램 요소들을 알아본다.
- 유아의 기본 운동발달 프로그램 요소 개념에 대해 이해한다.
- 유아의 지각운동발달 구성요소 개념에 대해 이해한다.
- 유아의 체력발달 구성요소 개념에 대해 이해한다.

1. 유아체육 프로그램의 계획

일반적으로 영유아를 위한 체육의 구성은 유아들의 발달단계가 연령에 따라 크게 다르기 때문에 연령에 적합한 체육 프로그램을 마련하여야 하며, 지도자는 반드시 유아들의 발달에 대한 기초적인 지식을 가지고 있어야 한다.

유아는 성인을 축소한 대상이 아니며 성장하는 과정에 있는 대상으로, 성인에 비하여 미완의 상태에 있으며, 계속 변화하고 있는 과정에 있는 존재라는 것을 이해할 필요가 있다. 유아의 발달 상태와 과정에 따라 다른 운동발달 프로그램을 제공해야 하며, 연령에 맞는 발달과업을 성취하도록 프로그램을 구성해야 한다. 유아체육은 유아의 운동발달 요소들을 충분히 반영한 운동발달 프로그램으로 구성될 필요가 있다.

따라서 유아체육 프로그램을 계획할 때에는 먼저 프로그램에 대한 가치를 확립할 필요가 있다. 프로그램 계획서는 먼저 유아체육 지도자들이 가장 먼저 준비해야 할 준비물이라고 할 수 있다. 무작정 지도하는 것이 아니라 치밀한 계획을 세워 유아들을 지도해야 한다.

즉, 지도자가 프로그램에서 시도하고자 하는 바는 무엇이고 프로그램을 통해 운동 참여자가 얻을 수 있는 것은 무엇일지, 그리고 프로그램을 통해 추구하고자 하는 바 등을 분명하고 간결한 문장으로 서술될 수 있도록 준비한다.

계획안에는 프로그램 목적이 구체화되어 있어야 한다.

프로그램의 목적은 두 가지로 구분해볼 수 있는데, 하나는 일반적 목적으로 학습자가 성취해야 하는 포괄적인 내용을 구성하는 것과 운동·인지·정서적 영역을 모두 포함되도록 구성하는 것이다. 두 번째로는 구체적 목적인데, 실제적인 측면에서 프로그램의 운영과 관련된 다양한 정보를 포함하여 구성하는 것이고 행동적인 목적 또는 프로그램의 결과 중심적인 목적을 구체적으로 제시하는 것이다. 프로그램에는 반드시 목적하는 바가 잘 반영되어야 한다.

또한 구성 전에 다음의 사항들에 대해서도 고려할 필요가 있다.

- 연령에 따른 발달의 차이와 개인차가 고려되었는가?
- 신체적·정서적·사회적·인지적 발달이 균형 있게 이루어질 수 있도록 내용이 구성되어 있는가?
- 시간 배분이 잘되었는가?
- 팀과 개인을 위한 놀이가 적절히 배합되었는가?
- 일부 소외된 아이들을 배려하였는가?
- 충분히 활동적이고 흥미로운 놀이로 구성되었는가?
- 창의력을 고려하였는가?
- 안전을 고려하였는가?
- 평가와 피드백을 하였는가?

가. 프로그램 구성에 대한 개념적 틀 확립

프로그램을 구성할 경우에는 유아에게 필요한 다음의 7가지 개념에서 프로그램 가치에 부합될 수 있도록 선택하여 프로그램 전체적인 틀을 확립하도록 하여야 한다.

① 움직임의 범주: 안정성 관련 움직임/이동운동 관련 움직임/물체조작운동 관련 움직임/복합 움직임
② 프로그램 내용: 게임 프로그램/무용 프로그램/체조 프로그램
③ 인지 개념: 움직임 개념 중심 프로그램/활동 개념 중심 프로그램/기술 개념 중심 프로그램
④ 발달단계: 기본 움직임 단계/전문화된 움직임(스포츠기술) 단계
⑤ 기술수준: 초급 수준/중급 수준/고급 수준
⑥ 체력요소: 건강 관련 체력/수행 관련 체력
⑦ 교수방법: 직접적 방법/간접적 방법/혼합 방법

개념적 틀을 확립하기 위해 고려해야 할 사항들에 대한 구체적인 내용은 다음과 같다.

1) 움직임 범주

움직임 범주는 유아에게 필요한 운동발달 요소로 다음 장의 움직임 프로그램 구성 요소에서 자

세하게 언급될 것이지만, 안정성 관련 움직임, 이동운동 관련 움직임, 물체조작운동 관련 움직임 등이 포함된다.

2) 프로그램 내용

프로그램 내용은 게임, 무용, 체조 등 형태에 따라 다른 프로그램을 구성하는 것이 바람직하다.
- 게임 프로그램: 단순게임/간이게임/정식 스포츠게임 등
- 무용 프로그램: 율동 움직임/창작무용/사교댄스 등
- 체조 프로그램: 체력활동/매트운동/간이운동/파트너운동/도구 활동 등

프로그램 내용에서 각 영역별로 고려해야 할 사항

정서적 영역
- 유아가 자신을 느끼는 방법을 강화한다.
- 긍정적인 자아개념과 자기존중을 개발한다.
- 자신 있게 독립적·활동적으로 배우도록 자기 동기화를 개발한다.
- 유아의 사회적 기술을 개발한다.
- 나누고 협력하고 바꿔보는 것을 학습한다.
- 안전하게 놀고 친절하게 말하는 것을 학습한다.

인지적 영역
- 의사소통하는 방법을 학습한다.
- 기본 규칙과 게임놀이를 학습한다.
- 지시에 따르는 것을 학습한다.
- 사물, 색, 모양을 인식하는 것을 학습한다.
- 몸에 대해 학습한다(몸의 부분을 안다).
- 운동(움직임)의 개념을 안다.
- 작용(시간, 강도, 속도, 공간)
- 모양(형태)
- 관계(몸 부분 간 관계, 사물과 아이들 간의 관계: 앞, 뒤, 옆, 위, 아래)

신체적 영역
- 아직 형성되지 않은 운동기술 학습
- 이동기술 학습(걷기, 달리기, 뛰기, 질주하기, 제자리에서 뛰기, 가볍게 뛰기, 뛰어넘기)
- 비이동기술의 학습(밸런스, 비틀기, 돌리기, 흔들기, 펴기, 높이기, 낮추기, 구부리기, 돌기)
- 사물을 조절하는 것을 학습한다(던지기, 잡기, 차기, 치기, 튀기기).
- 안정성을 학습한다(정적인 면과 동적인 면의 균형).
- 기본 운동기술 학습
- 건강 관련 신체요소의 점검과 개발
- 심폐지구력 개발
- 유연성의 개발
- 근력과 근지구력 개발
- 신체구성 점검

3) 인지 개념의 적용

인지적 개념의 적용은 유아가 신체활동을 통해 인지적 발달을 꾀하도록 하는 대단히 중요한 요소이다. 인지 개념은 움직임 개념, 기술 개념, 활동 개념을 적용하여 프로그램을 구성해야 한다. 그 구체적 내용은 다음과 같으며, 개념적 모형은 〈그림 2-1〉과 같다.

① 움직임 개념의 적용
- 신체가 어떻게 움직일 수 있는가에 대한 기본 구조에 대한 학습

② 기술 개념의 적용
- 신체가 어떻게 움직여야 하는가와 관련된 학습

③ 활동 개념의 적용
- 신체가 어디로 움직일 수 있으며 움직여야 하는가와 관련된 학습
- 일상생활과 레크리에이션 활동, 스포츠 활동에 효과적으로 참여하기 위해 필요한 움직임 패턴, 구조, 규칙, 전략 등에 대한 학습

인지 개념의 적용		
움직임 개념 (movement concept)	기술 개념 (skill concept)	활동 개념 (activity concept)
노력지각 공간지각 관계지각	기본 움직임 스포츠기술 움직임	규칙 / 패턴 / 전략

그림 2-1. 인지 개념의 프로그램 적용

4) 발달단계

발달단계는 연령의 발달단계를 고려하여 기본 움직임 단계와 전문화된 움직임 단계로 나누고 그 단계를 고려해서 프로그램이 계획되어야 한다.

기본 움직임 단계는 2~6세에 해당하는 시기로, 이 시기에는 다양한 기본적인 (비)이동운동과 물체조작운동을 습득하도록 한다. 제한적이지만 시·지각 능력의 발달과 더불어 시·공간 인식 능력도 생기면서 받기와 치기 등의 기술도 성숙되기 시작하는 시기이므로 이러한 요소들을 포함하여야 한다. 또한 이 시기는 다양한 협응 능력과 조정 능력이 발달하는 데 매우 중요한 시기이기 때문에 다양한 움직임의 경험을 갖게 해주는 것이 중요하다.

전문화된 움직임(스포츠기술) 단계는 7~8세 시기(이 시기를 전환단계라 함)로, 기본 움직임 단계에서 습득한 기본적인 운동기능을 바탕으로 스포츠 상황에 필요한 기술로 응용하기 시작하는 시

기이다. 많은 아이들이 매우 적극적으로 움직임 패턴을 발견하고 급격하게 기술이 향상되는 시기이기 때문에 지도자와 부모들은 이를 도와줄 수 있도록 노력해야 한다.

이 시기에는 개인적인 능력뿐만 아니라 팀플레이에 참여시킴으로써 자기중심적인 사고에서 탈피하고 팀 정신을 함양할 수 있도록 많은 기회를 제공해야 한다.

10세가 넘으면 인지 능력이 발달하기 때문에 과정뿐만 아니라 결과에 관심을 갖게 되고, 기술적으로는 폼에 많은 관심을 갖기도 하며 다른 친구들과 비교하면서 발전하게 된다. 이 시기가 되면 지도자는 칭찬과 꾸중을 적절하게 혼합하여 지도함으로써 아이들의 운동기능을 향상시킬 수 있다.

5) 기술수준

기술수준은 초보단계, 중급단계, 상급단계로 나누어볼 수 있으며, 초보단계에서는 과제에 대한 인식, 탐색, 발견의 과정이 포함되며, 중급단계에서는 결합하고 응용하는 능력을 얻게 되며, 상급단계에서는 운동 기능이 세련되고 개별화되는 내용들을 담도록 해야 한다.

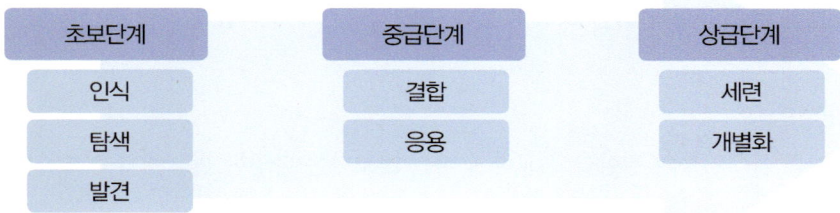

그림 2-2. 기술 수준에 따른 내용

〈초보단계〉

① 인식
- 자신의 신체에 대한 인지 및 자각
- 기초적인 신체운동(안정성, 이동성, 조작성)
- 지각-운동발달 요소 습득(신체, 시간, 방향, 관계, 공간, 움직임의 질 등)

② 탐색
- 신체의 지각과 공간에서의 신체 움직임에 대한 잠재력 향상 목적
- 수행의 정확성과 정밀성을 강조하지 않음
- 특정 움직임의 수행 모델이 형성되지 않도록 해야 함
- 움직임과 관련된 일련의 질문과 과제를 받고 이러한 문제를 해결하도록 함
- '합리적'이라고 생각되는 모든 방안들은 옳은 것으로 간주함

- 행동의 재생산보다는 새로운 움직임의 진행과정에 중점을 둠
- 간접적 교수법에 중점을 둠

③ 발견
- 지도-탐구방법(guided-discovery method)
- 문제들을 점차 구체화시킴으로써 특별히 하고자 하는 움직임을 어떻게 수행할 것인지를 스스로 발견하도록 자극함
- 최선책은 하나가 아니기 때문에 수행의 몇 가지 최선책이 고려될 수 있음
- 다른 사람들의 해결 방안들에 비추어 자신의 해결 방안을 평가하도록 함

〈중급단계〉
① 결합
- 움직임 기술 학습의 단계적 순서에서 전환적 성격을 가짐
- 간접 교수 유형과 직접 교수 유형의 사용(학습자에게 적합한 유형 선택)

② 응용
- 기본 움직임들의 결합을 정교하게 하는 것보다는 다양한 활동에서 선호하는 움직임 방식을 선택하고 응용하도록 함
- 직접적 교수 유형
- 설명, 시범, 연습, 일반적 교정, 반복적 연습
- 결합단계보다 발전된 활동 경험

〈상급단계〉
① 세련
- 이 단계의 학습자는 일상생활이나 스포츠 및 레크리에이션 활동 같은 다양한 분야에서 자신의 기술을 시험해볼 준비가 되어 있음
- 수행이 점차 정교해짐에 따라 하나의 최선 방식으로 이루어지는 수행의 정밀성과 정확성이 강조됨

② 개별화
- 개인적 특성에 맞게 환경적 요구에 적응하며 개인의 수행 잠재력을 극대화하기 위한 단계

6) 체력요소

체력요소는 건강 관련 체력과 운동수행 관련 체력으로 나누어볼 수 있으며, 그 구체적인 내용은 다음과 같다.

　① 건강 관련 체력: 근력, 근지구력, 심혈관계 유산소성 지구력, 관절의 유연성, 신체구성
　② 운동수행 관련 체력: 순발력, 민첩성, 평형성, 협응성, 스피드 등

7) 교수방법

교수방법으로는 직접적 방법과 간접적 방법이 있으며, 이 방법들은 학습자의 발달단계, 활동의 목적, 과제의 복잡성 등에 따라 적절하게 선택되어야 한다.

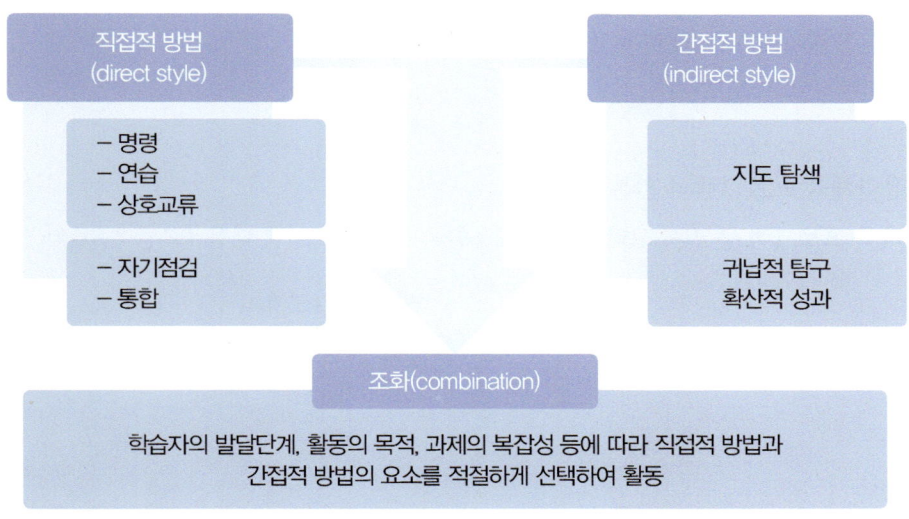

그림 2-3. 교수방법

나. 평가

유아체육 프로그램 계획에 있어 평가 항목은 프로그램의 질적 향상을 위해 반드시 필요하다. 평가는 크게 두 가지 관점에서 이루어질 필요가 있다. 하나는 운동발달 프로그램에 대한 평가이고, 또 다른 하나는 개인의 운동발달에 대한 평가이다.

1) 운동발달 프로그램에 대한 평가
　① 프로그램 가치에 대한 재확립
　② 프로그램 구성에 대한 개념적 틀 제고
　③ 프로그램 목적에 대한 재설정

④ 프로그램 내용의 적절성
⑤ 지도 방식에 대한 효율성 제고

2) 개인의 운동발달에 대한 평가
① 수행과정에 대한 평가
- 기본 움직임, 스포츠 기술 수행의 자세, 스타일에 대한 적절성 평가
- 효율적인 신체 움직임의 과정에 초점을 두어 평가
- 전문성을 갖춘 지도자의 주관적 평가/과정지향 평가 도구의 활용

② 수행 결과에 대한 평가
- 수행 결과에 대한 양적 평가
- 객관적인 기법(도구)과 지표 활용

다. 유아체육 프로그램의 기본 모형

유아체육 프로그램 구성 시 고려해야 할 내용들을 포함한 모형은 다음 〈그림 2-4〉와 같다.

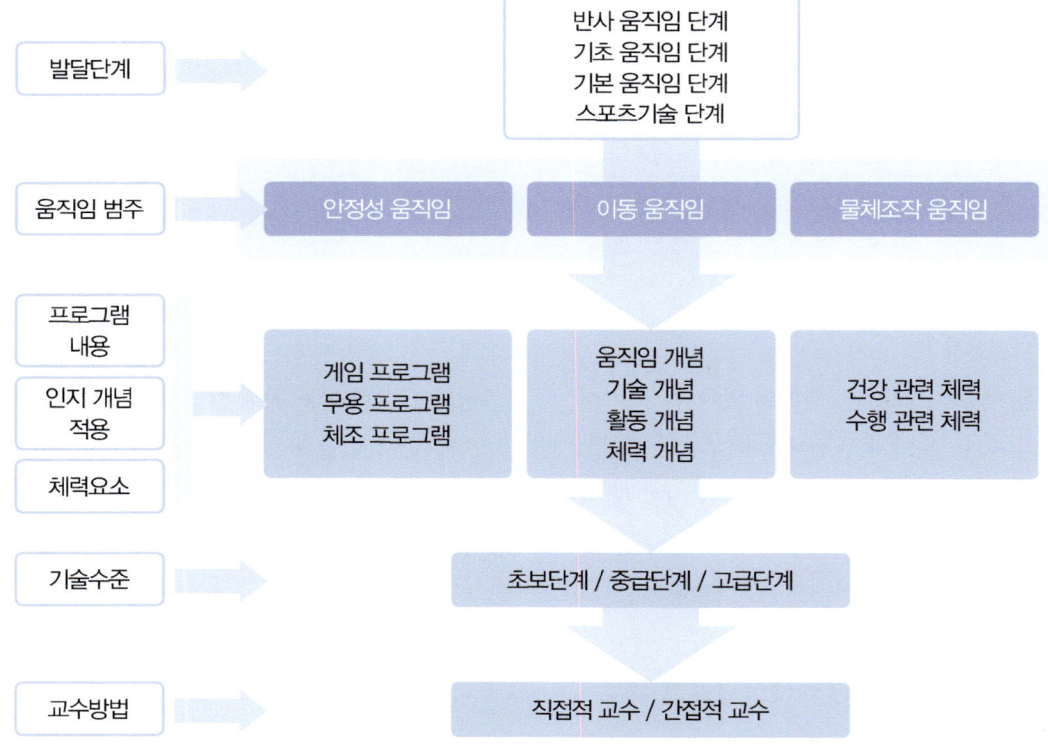

그림 2-4. 유아체육 프로그램의 기본 모형

1) 프로그램에 대한 시간적 배분

유아체육 프로그램 구성 시 대략적인 시간적 배분은 다음 〈그림 2-5〉와 같다.

그림 2-5. 프로그램의 시간배분의 예

다음은 발달단계별 운동발달 프로그램 구성의 예이다(그림 2-6, 그림 2-7).

① 기본 움직임 단계의 운동발달 프로그램 예

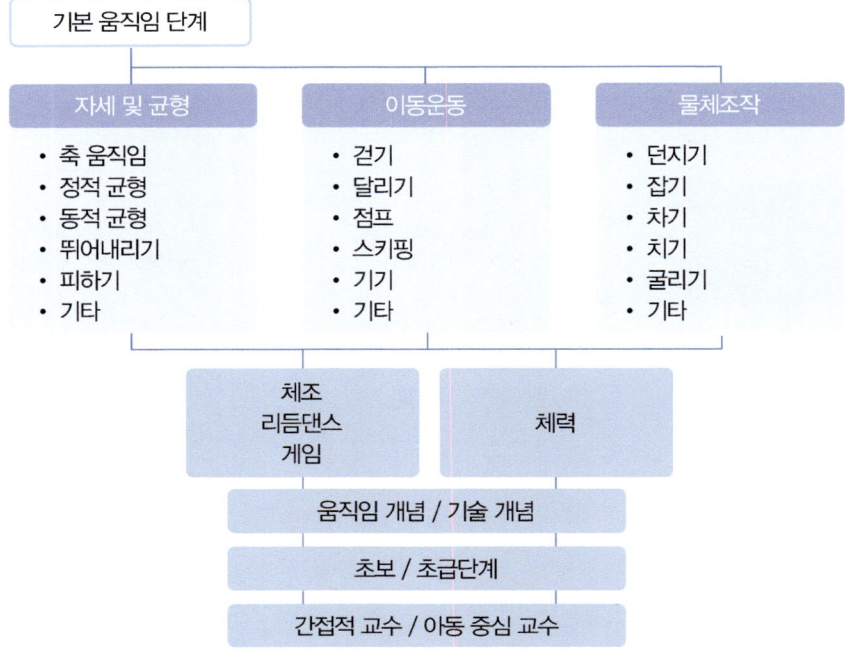

그림 2-6. 기본 움직임 단계의 운동발달 프로그램 예

② 전문화된 움직임(스포츠기술) 단계의 운동발달 프로그램 예

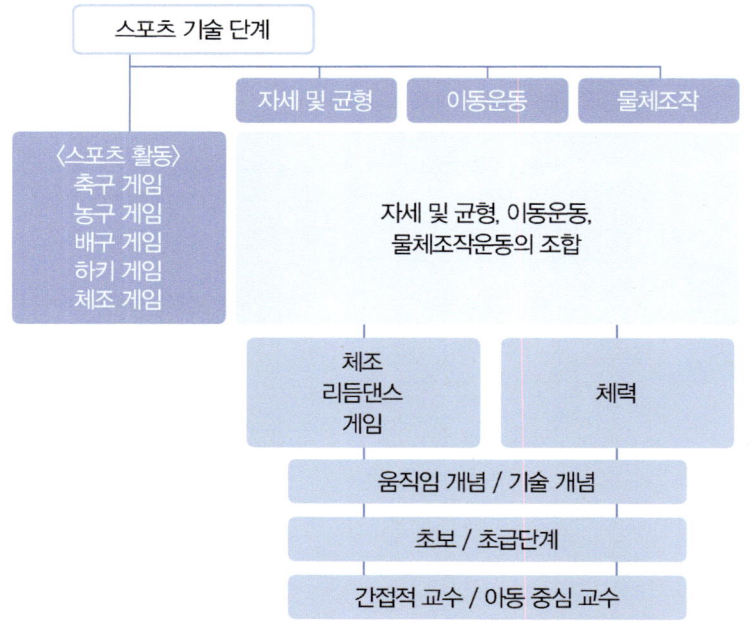

그림 2-7. 전문화된 움직임 단계의 운동발달 프로그램의 예

라. 유아 운동 프로그램 구성 시 고려사항

1) 유아기(초기아동기)

① 직·간접적인 상황에서 대근운동놀이를 할 수 있는 기회가 풍부하게 제공되어야 한다.
② 유아의 창의력과 탐구력을 극대화하기 위해 움직임 경험은 움직임 탐색과 문제 해결활동에 중점을 두어야 한다.
③ 움직임 교육 프로그램은 건강한 자기개념의 형성에 도움이 되고, 실패에 대한 두려움을 줄이기 위해 많은 긍정적 강화를 포함해야 한다.
④ 이동성, 조작성, 안정성과 관련한 다양한 기본적인 능력들을 발달시키고, 유아들이 준비되면 간단한 능력에서 복잡한 능력으로 진행시키는 데 중점을 두어야 한다.
⑤ 이 시기에는 남아와 여아의 관심과 능력이 비슷하기 때문에 분리 활동을 할 필요가 없다.
⑥ 지각-운동기능의 향상을 목적으로 특별히 설계된 활동이 많이 필요하다.
⑦ 드라마나 시각적 표상 등을 포함하여 구성된 활동들을 통해 아동들의 뛰어난 상상력을 활용해야 한다.
⑧ 종종 서투르고 비효율적인 유아들의 움직임 때문에 움직임 경험을 유아들의 성숙 수준에 맞게 조정해야 한다.
⑨ 물체의 조작과 눈, 손 협응성에 필요한 다양한 활동들을 제공해야 한다.
⑩ 호핑 스텝 같은 단측성(unilateral) 움직임들이 어느 정도 이루어진 후 갤로핑 스텝과 스키핑 스텝 같은 양측성(bilateral) 움직임과 사측성(cross-lateral) 움직임들의 통합을 시작하도록 한다.
⑪ 무엇을 할 수 있는지 다른 사람들에게 '보여주고' '말함'으로써 움직임 교육 프로그램에 유아들이 활발하게 참여하도록 격려하여 수줍어하거나 자의식이 강한 경향을 극복하도록 한다.
⑫ 팔, 어깨, 상체를 모두 움직이는 활동에 중점을 둔다.
⑬ 수행 기준을 반드시 충족시키지 않아도 된다면 역학적 원리에 중점을 두지 않고 다양한 기본적 움직임을 정확하게 실행하는 것이 주된 목표이다.
⑭ 협응성을 강조하면서 속도 및 민첩성과 연계시키지 않도록 한다.
⑮ 나쁜 과제 습관이 시작되면 긍정적인 대화를 통해 좋은 자세를 갖도록 강화한다.
⑯ 화장실을 편리하게 이용할 수 있도록 하고, 혼자 힘으로 할 수 있도록 격려한다.
⑰ 개인차에 대비하고, 유아가 자신의 속도에 맞추어 진행할 수 있도록 한다.
⑱ 유아들이 받아들이고 준수할 수 있는 행동 기준을 마련한다.
⑲ 발달을 위한 움직임 프로그램은 각 개인의 발달 수준을 토대로 구성되어야 한다.
⑳ 다중감각(multisensory) 접근 방식을 이용해야 한다.

2) 후기 아동기

① 아동들이 무리 없는 정도로 이동성·조작성·안정성 영역에서의 기본 움직임 능력들을 정교하게 발달시킬 수 있는 기회가 제공되어야 한다.
② 아동이 기본 움직임 단계에서 전문화된 움직임 단계로 전환하기 위해서는 도움이 필요하다.
③ 수용과 긍정은 아동이 자신의 학교와 집에서 안정감을 갖는 데 도움이 된다.
④ 긍정적인 자기개념을 지속적으로 발달시키기 위해서는 성인으로부터 격려와 긍정적인 강화를 받을 수 있는 기회가 많이 있어야 한다.
⑤ 주변 환경에서 자신의 신체와 대상을 통해 움직이면서 탐색하고 실험할 기회가 주어지고 이를 격려하면 지각-운동의 효율성이 향상된다.
⑥ 자립심의 촉진을 위해 아동은 점차적으로 많은 책임감이 부여되는 경험들과 접촉해야 한다.
⑦ 아동은 자신이 난폭해지지 않으면서 운동장과 이웃의 보다 거친 방식을 적응하는 법을 배운다.
⑧ 아동의 상상력이 아직 생생하기 때문에 상상력과 모방 활동을 아동기 초기의 프로그램에 포함시키는 것이 효과적이다.
⑨ 이 수준에서는 음악과 리듬을 포함한 활동들이 즐거움을 가져다주며, 기본 움직임 능력들, 창의력, 음악과 리듬의 구성요소에 대한 기초적인 이해를 높이는 데 유용하다.
⑩ 이 수준의 아동들은 활동적 참여를 통해 가장 효과적으로 학습한다. 학구적 개념과 움직임 활동의 통합은 비판적 사고의 기술들을 강화하는 효과적인 수단이 된다.
⑪ 옳고 그름에 대한 보다 나은 판단력을 기르기 위한 방법으로 교대하기, 페어플레이, 속이지 않기, 그 외의 보편적인 가치관 같은 주제가 포함된 놀이 상황에 대해 논의해야 한다.
⑫ 움직임 기술들의 수행에서 정확성, 형식, 기술을 강조하기 시작한다.
⑬ 소집단 활동에 이어 대집단 활동과 팀 스포츠 경험을 하도록 격려한다.
⑭ 협응성을 정교하게 발달시키기 위해 리듬 활동을 하는 것이 바람직하다.

2. 유아체육 프로그램을 위한 구성요소

유아체육 프로그램은 유아들의 발달을 고려하여 반드시 유아 발달기에 필요한 움직임 구성요소들을 포함하여 구성되어야 한다. 유아체육 프로그램의 구성요소는 크게 기본 운동발달(안정성운동, 이동운동, 조작운동), 지각운동발달, 체력증진 요소로 나누어볼 수 있다.

가. 기본 운동발달 구성요소 개념

인간의 기본 운동발달을 위한 요소는 안정성, 이동운동, 조작운동으로 나눌 수 있으며, 개념과 포함 요소는 다음 〈표 2-2〉와 같다.

표 2-2. 기본 운동발달 프로그램 구성을 위한 요소

안정성(stability) 프로그램		이동운동(locomotion) 프로그램		조작운동(manipulation) 발달 운동 프로그램	
축(axial) 이용 기술	정적(static)·동적(dynamic)	기초(basic)	복합(combination)	추진(propulsive)	흡수(absolsive)
- 굽히기 (bending) - 늘리기 (stretching) - 비틀기 (twisting) - 돌기 (turning) - 흔들기 (swinging)	- 직립 균형 (upright balance) - 거꾸로 균형 (inversed balance) - 구르기 (rolling) - 시작하기 (starting) - 멈추기 (stopping) - 재빨리 피하기 (dodging)	- 걷기 (walking) - 달리기 (running) - 리핑 (leaping) - 호핑 (hopping) - 점핑 (jumping)	- 기어오르기 (climbing) - 갤로핑 (galloping) - 슬라이딩 (sliding) - 스키핑 (skipping)	- 굴리기 (ball rolling) - 던지기 (throwing) - 때리기 (striking) - 차기 (kicking) - 튀기기 (bouncing) - 펀팅 (punting) - 되받아치기 (volleying)	- 잡기 (catching) - 볼 멈추기 (trapping)

1) 안정성 발달을 위한 운동 프로그램
① 축을 중심으로 하는 안정성 프로그램

> 다음과 같이 축을 중심으로 하는 기술이 포함된다.
> - 굽히기(bending)
> - 늘리기(stretching)
> - 비틀기(twisting)
> - 돌기(turning)
> - 흔들기(swinging) 등

안정성은 '균형'이라고도 하며, 크게 축을 중심으로 한 안전성운동과 정적·동적 안정성 동작으로 나누어볼 수 있다. 안정성운동은 자리를 이동하지 않고 서거나 앉거나 누운 자세에서 이루어지는 동작을 말한다. 안정성은 인간의 가장 기본적인 형태의 특성으로, 여기서 말하는 안정성 개념은

단순히 평형성 개념을 넘어 균형을 중시하는 다양한 움직임과 자세를 모두 포함하며, 구부리기, 스트레칭, 피벗, 평균대 위 균형 잡기 등을 포함한다.

축을 중심으로 하는 안정성이라 함은 몸의 가운데를 지나가는 가상의 선이 있다고 가정하고 그 선을 축으로 하여 좌우의 움직임을 말하거나 어깨나 고관절을 축으로 하여 움직이는 동작들을 의미한다.

굽히기는 몸의 각 관절을 접는 형태의 움직임을 말하며, 팔꿈치, 무릎, 상체, 하체, 앞뒤로 굽히기 등의 몸을 접는 형태를 말한다.

늘리기는 몸을 쭉쭉 신장시켜 늘리는 동작을 말한다.

비틀기는 몸의 한 부분을 축으로 하여 비트는 동작을 말한다.

돌기는 몸의 가운데 선을 축으로 하여 제자리에서 도는 것을 의미한다.

흔들기는 어깨관절을 중심으로 팔을 앞뒤 양옆으로 흔든다든지, 고관절을 중심으로 다리를 앞뒤 양옆으로 흔든다든지 하는 동작을 의미한다. 또는 배 중심으로 몸을 구부려 앞뒤로 흔든다든지 하는 동작들이 포함된다.

② 정적·동적 안정성 발달을 위한 운동 프로그램

다음과 같은 정적 안정성 요소가 포함된다.
- 직립 균형(upright balance)
- 거꾸로 균형(inversed balance)

다음과 같은 동적 안정성 요소가 포함된다.
- 구르기(rolling)
- 시작하기(starting)
- 멈추기(stopping)
- 재빨리 피하기(dodging)
- 돌기(turning)
- 흔들기(swinging) 등

정적·동적 안정성 동작은 움직이지 않고 균형을 잡느냐 아니면 움직이면서 균형을 잡느냐 하는 차이로 나눈다. 정적 안정성은 똑바로 머리가 위를 향한 상태로 균형을 잡는 동작인 직립 균형과 머리를 아래로 하여 거꾸로 균형을 잡는 동작으로 나누어볼 수 있다. 체조 동작에서 거꾸로 물구나무서기라든지 거꾸로 균형을 잡는 동작들이 여기에 속한다.

동적 안정성은 움직이는 상태에서 균형을 잡아야 잘할 수 있는 동작들을 말하며, 구르기, 시작하기, 멈추기, 재빨리 피하기 등의 움직임들이 여기에 속한다.

2) 이동운동발달을 위한 운동 프로그램
① 단일요소 이동운동발달을 위한 프로그램

> **이동운동(locomotion)**은 위치를 이동하는 능력으로, 단일요소 움직임 종류로는 다음과 같은 것이 있다.
> - 걷기
> - 달리기
> - 리핑(leaping)
> - 호핑(hopping)
> - 점핑(jumping)

이동이란 신체 위치의 변화를 뜻하며 수평이동과 수직이동운동을 모두 포함하는 것으로 구르기나 걷기에서부터 달리기, 점프하기, 미끄러지기 등 다양한 움직임을 포함한다. 이동운동은 위치를 이동하면서 리듬을 달리한 스텝의 종류로 움직이는 동작을 말한다. 이동운동은 단순히 한 가지 요소가 작용하는 종류와 여러 가지 복합적 요소가 함께 작용하는 움직임으로 나누어볼 수 있다. 단일요소 이동운동으로는 걷기, 달리기, 리핑, 호핑, 점핑 등이 있다.

② 복합요소 이동운동발달을 위한 프로그램

> **복합요소 움직임 종류로는 다음과 같은 것이 있다.**
> - 기어오르기(climbing)
> - 갤로핑(galloping)
> - 슬라이딩(sliding)
> - 스키핑(skipping) 등

복합요소 이동운동으로는 기어오르기, 갤로핑, 슬라이딩, 스키핑 등 걷기나 뛰기 등의 요소가 복합적으로 이루어진 동작들이 포함된다.

3) 조작운동발달을 위한 운동 프로그램

조작운동은 손이나 발을 사용하여 물체에 힘을 가하고 물체로부터 힘을 받아 움직이는 것과 관련이 있는 움직임으로 쓰기, 그리기, 자르기 등의 소근운동에서부터 던지기, 차기, 치기 등의 대근운동을 모두 포함한다.

대근을 주로 움직이는 조작운동은 기구를 다루는 능력을 말하며, 기구를 몸에서 밖으로 내보내는 동작인 추진(propulsive) 조작운동과 외부에서 몸을 향해 들어오는 기구를 받는 방법인 흡수(absortive) 조작운동으로 나누어볼 수 있다.

① 추진(propulsive) 조작운동

> 조작운동(manipulate)은 물체를 다루는 능력으로, 추진(propulsive) 조작운동과 흡수(absortive) 조작운동으로 나누어볼 수 있으며, 추진 조작운동에는 다음과 같은 것이 있다.
> - 굴리기
> - 던지기
> - 치기
> - 차기
> - 튀기기
> - 펀팅(punting)
> - 맞추기(striking)
> - 되받아치기(volleying) 등

② 흡수(absortive) 조작운동

> 흡수 조작운동
> - 잡기(catching)
> - 볼 멈추기(trapping)

나. 지각운동발달 구성요소 개념

지각-운동능력의 발달은 정신과 신체의 조절을 강화하고 결합시키므로 인지발달과 밀접한 관계인 기본 동작능력과 함께 아동의 운동 능력을 나타내는 중요한 요소이다.

지각운동발달 프로그램 구성을 위한 요소는 신체지각, 공간지각, 방향지각, 시간지각, 관계지각, 움직임의 질 등으로 나누어볼 수 있으며, 각각의 개념과 포함 요소는 〈표 2-3〉과 같다.

표 2-3. 지각운동발달 프로그램 구성을 위한 요소

시간지각	관계지각	움직임의 질
- 과거(past)/현재(present)/미래(future) - 오전(morning)/오후(afternoon) - 아침(morning)/점심(lunch)/저녁(evening) - 속도(speed): 빨리(quickly)/느리게(slow), 갑작스럽게(sudden)/천천히(slow) - 리듬에 맞춘 동작, 동시성 등(음악에 맞추어서, 소리에 맞추어서)	- 신체 부분: 둥글게(round)/구부려서(curved) - 사물이나 다른 사람과의 관계: 위(top)/아래(under), 켜고(on)/끄고(off), 가까이(near)/멀리(far), 앞에서(front)/뒤에서(back), 따라서(along)/지나서(pass), 가까워지고(drawnear)/멀어지고(recede), 둘러싸기(surround)/주변에(periphery)/나란히(abreast)	- 균형(balance): 움직임에서 균형의 역할과 정적·동적 균형의 본질에 대한 이해 - 시간(time): 속도에 대한 식별과 움직임의 속도 증가 및 감소에 대한 이해 - 힘(power): 과제에서 요구하는 개인의 힘을 만들어내거나 수정하는 능력 - 흐름(flow): 제한된 시간 또는 공간(space, 속박/자유) 속에서 움직임을 수행하거나 부드럽게 움직임을 연결하는 능력

표 2-3. 지각운동발달 프로그램 구성을 위한 요소

신체지각	공간지각	방향지각
- 신체 각 부분의 위치와 정의에 대해 이해하기 - 신체 모양과 위치 이해하기 - 신체 움직임에 대한 지각 - 느낌 표현의 전달자로서의 신체 이해하기 - 근 긴장과 이완의 자각	- 자기공간(self-space)과 다른 사람의 공간을 존중하는 인식 - 보통의 공간에서 안전하게 움직이기 - 움직임의 서로 다른 높이 이해하기: 낮게(low)/중간(middle)/높게(high) - 과제와 상황에 따라 움직임의 범위 조절하는 법 익히기: 멀리(far)/가까이(near), 크게(big)/작게(small)	- 서로 다른 방향을 인지하고 어떻게 방향을 전환하는지 익히기: 위(top)/아래(under), 앞(front)/뒤(back), 오른쪽(right)/왼쪽(left)

1) 지각운동발달을 위한 프로그램

지각(perception)은 사물에 대한 존재를 발견(detection)하는 단계부터 그것이 무엇인지를 명확하게 알게 되는(recognition) 단계까지를 의미하며, 향후 두뇌 및 인지발달과 밀접한 관련성이 있다. 또한 유아의 신체상, 자세와 균형, 시·지각 능력의 발달과 밀접한 관련성을 가진다.

인지, 정서적 발달에 영향을 미치며, 지각-운동발달이 미흡할 경우 집중력, 종합능력, 자기평가, 자기통제, 자신감, 학업성취도, 추상 추리력 등의 발달에 부정적 영향을 미치게 되는 것으로 알려져 있다.

특히 지각과 운동은 상호 의존적이며, 다양한 움직임을 경험하는 가운데 공간지각, 신체지각, 시간지각, 방향지각 등을 학습하게 되며, 6~7세까지 기본운동 능력의 60% 정도가 완성되므로 특히 유아기의 지각운동발달은 대단히 중요한 의미를 가진다.

① 신체지각

신체지각(body awareness)은 몸으로 무엇을 할 수 있는가 하는 문제를 말하는 것으로 신체 명칭, 신체 모양, 신체 표현, 신체 범위에 대한 지각으로 대략 1세 전후로 발달하며, 가장 먼저 발달하는 지각능력이라고 할 수 있다. 자기 자신과 다른 사람의 신체, 신체 각 부분의 기능을 알아서 궁극적으로 신체 각 부분을 효율적으로 움직이는 방법을 아는 것이다.

> **신체지각**
> - 신체 각 부분의 위치와 정의에 대해 익히기
> - 신체 모양과 위치
> - 신체 움직임에 대한 자각
> - 느낌 표현의 전달자로서의 신체
> - 근 긴장과 이완의 자각

② 공간지각

공간지각(space awareness)은 몸을 어디로 움직이는가 하는 문제로 대상의 위치, 방향, 거리 등을 정확하게 이해하는 것을 말한다.

유아의 일상생활에서 안전에 대한 의식이나 안전하게 자신을 움직일 수 있는 능력을 갖추도록 하는 대단히 중요한 지각능력이라고 할 수 있다. 공간의 위치지각은 '물체와의 관계지각'이라고도 정의할 수 있다. 아동은 자기중심적이어서 자기 신체와 관련시켜 물체의 위치와 방향을 지각한다.

공간의 위치지각이 충분히 발달되지 않으면 아동이 관계지각에 심한 어려움을 갖게 된다(안과 밖, 위와 아래, 오른쪽과 왼쪽, 깊이, 크기, 거리 등의 언어의 의미를 잘못 이해하고 움직임이 둔하고 느린 편).

> **공간지각**
> - 자기 공간과 다른 사람의 공간을 존중하는 인식
> - 보통의 공간에서 안전하게 움직이는 방법 익히기
> - 움직임의 서로 다른 높이 이해하기(낮게/중간/높게)
> - 과제와 상황에 따라 움직임의 범위를 조절하는 법 익히기(멀리/가까이, 크게/작게)
> - 공간위치, 범위, 관계 등

③ 방향지각

방향지각은 양측성과 방향성으로 구분해볼 수 있다.

양측성은 앞/뒤, 오른쪽/왼쪽, 위/아래 항목에 대한 지각(눈을 감고 앞으로/뒤로, 오른쪽/왼쪽으로 가보기, 오른손은 위로 올리고 왼손은 아래로 내려보기)을 말한다.

방향성은 양측성의 외부적인 투사로 공간 속에 있는 물체에 차원을 부여해주며, 양측성의 발달에 따라 방향성의 발달이 이루어지면 좌/우, 아래/위, 꼭대기/바닥, 안/밖, 앞/뒤 개념의 발달과 관련되어 있다.

방향성은 자신의 신체 좌우 변별, 자신의 신체를 중심으로 한 전후 변별, 좌우 변별, 두 물체 상호간의 좌우 변별, 세 물체의 앞/가운데/뒤, 위/가운데/아래의 위치관계를 이해하는 활동을 통해 향상된다.

> **방향지각**
> - 서로 다른 방향을 인지하고 어떻게 방향을 전환하는지 익히기(위/아래, 앞/뒤, 오른쪽/왼쪽)
> - 서로 다른 대상을 지나가는 방법과 서로 다른 방법으로 이동하기(똑바로, 커브, 지그재그)

④ 시간지각

아동의 지각-운동 능력의 시간적인 차원의 발달과정을 의미한다. 속도, 리듬과 관련된 지각으로 유아의 리듬동작이 발달하게 된다. 리듬은 안정적인 시간 세계를 발달시키는 데 기본적이면서도 중요한 측면을 내포하고 있다. 리듬 동작은 시간 내에 동시에 연속되는 행위들로 협응된 동작을 포함한다. 청각적인 다양한 리듬 정보를 통해 시간지각이 발달한다.

> **시간지각**
> - 과거/현재/미래
> - 오전/오후, 아침/점심/저녁, 속도(리듬에 맞추어 빨리/느리게, 갑작스럽게/천천히 등)
> - 리듬에 맞춘 동작, 동시성 등을 발달시킬 수 있음(음악에 맞추어서, 소리에 맞추어서)

⑤ 관계지각

관계(relationships)는 어떤 움직임을 누구와 함께하느냐 하는 문제이다.

먼저 자기 자신의 신체 부분 관계에 대해서는 각 신체 부분을 어떻게 다르게, 또는 같게 움직일 수 있는가 하는 내용을 포함한다.

또한 사물이나 다른 사람과의 관계에서는 사물과 다른 사람과의 위치, 처할 수 있는 형태 등을 포함한다.

사람들 간의 관계에서는 혼자 혹은 여럿이서 어떤 관계를 가질 수 있는가에 대한 이해를 돕는다.

> **관계지각**
>
> **신체 부분**
> 둥글게(round)/구부려서(curved), 좁게/넓게, 비틀기, 대칭/비대칭 등
>
> **사물과 다른 사람과의 관계**
> 위/아래, 켜고/끄고, 가까이/멀리, 앞에서/뒤에서, 따라서/지나서, 가까워지고/멀어지고, 둘러싸기/주변에/나란히
>
> **사람들 간의 관계**
> 이끌고/따라가고, 거울과 같이/어울리게, 일치/대비, 대중 속에 홀로/혼자/짝과 함께/단체로/그룹들 사이 등

⑥ 움직임의 질

움직임의 질은 움직임에 포함되어 있는 각 요소의 질적인 측면을 이해하는 것을 포함한다.

움직임의 질 요소는 균형, 시간, 힘, 흐름 등이다.

특히 과제에 따라 움직임을 어떻게 조절하느냐 하는 문제를 해결하는 능력과 보다 부드럽게, 효율적으로 움직임을 제어할 수 있는 능력을 말한다.

> **움직임의 질**
>
> **균형(balance)**
> 움직임에서 균형의 역할과 정적 · 동적 균형의 본질에 대한 이해
>
> **시간(time)**
> 속도에 대한 식별과 움직임의 속도 증가 및 감소에 대한 이해
>
> **힘(power)**
> 과제에서 요구하는 개인의 힘을 만들어내거나 수정할 수 있는 능력
>
> **흐름(flow)**
> 제한된 시간 또는 공간(space, 속박/자유) 속에서 움직임을 수행하거나 부드럽게 움직임을 연결하는 능력

다. 체력발달 구성요소 개념

체력발달 프로그램 구성은 건강 관련 체력요소와 수행 관련 체력요소로 나누어볼 수 있다. 각각의 개념과 포함 요소는 〈표 2-4〉와 같다.

표 2-4. 체력발달 프로그램 구성을 위한 요소

건강 관련 체력요소 (health related fitness)					수행 관련 체력요소 (performance related fitness)				
유연성	근력	근지구력	심폐지구력	체구성	속도	순발력	협응성	민첩성	평형성
근육과 관절의 가동범위 증가	신체 각 부위의 근력 증가	오래 달리거나 근육을 오래 움직일 수 있는 능력 증가	전신활동을 오래 지속할 수 있는 능력	체지방 성분비	빠르게/느리게 등 속도를 조절할 수 있는 능력	순간적으로 낼 수 있는 힘의 능력	신체의 각기 다른 부분, 방향, 속도, 리듬 등을 동시에 할 수 있는 능력	빠르게 방향을 바꾸거나 멈추거나 하는 등의 능력	몸의 균형을 생활에 맞게 움직일 수 있는 능력

1) 건강 관련 체력요소

건강 관련 체력은 건강하기 위한 기본적인 체력요소를 말하는 것으로 유연성, 근력, 근지구력, 심폐지구력 등으로 구성된다.

유연성은 딱딱하지 않은 부드러운 성질을 말하며, 우리 몸의 관절의 가동범위와 근육의 탄성을 말한다. 유연성은 안전하고 효과적으로 자신의 신체를 움직이기 위해 반드시 필요하며, 유연성을 증가시키기 위해서는 스트레칭 운동이 필요하다.

근력은 근육 수축에 의하여 생기는 근육의 힘을 말한다.

근지구력은 작업이나 운동에 의한 근육 부하에 대하여 어느 정도 근육이 지속적으로 대응할 수 있는가를 나타내는 능력을 의미한다.

심폐지구력은 '전신지구력'이라고도 하며, 일정한 전신운동을 강도(무게나 스피드)를 바꾸지 않고 얼마만큼의 시간(또는 횟수) 동안 지속할 수 있는가 하는 능력을 말한다.

> 건강 관련 체력(health-related fitness)요소로는 다음과 같은 것이 있다.
> - 유연성
> - 근력
> - 근지구력
> - 심폐지구력
> - 체구성

2) 수행 관련 체력요소

수행 관련 체력요소는 우리의 몸을 효율적으로 움직이기 위한 수행과 관련된 요소를 의미한다.

속도는 속력과 함께 움직이는 물체의 빠르기의 정도를 나타내는 양이다.

민첩성은 자극에 대하여 재빠르게 반응하거나, 신체의 위치를 재빨리 바꾸거나, 방향전환을 민첩하게 하는 능력을 말한다.

순발력은 순간적으로 강한 힘을 발휘하여 달리고, 뛰고, 던지는 능력이다.

협응성은 근육·신경기관·운동기관 등의 움직임의 상호조정 능력을 의미한다.

평형성은 공간에서의 머리의 위치나 전진 및 회전운동의 속도 등을 지각시키는 평형감각기관에 의하여 운동 중의 안정성을 유지하는 기능을 말한다.

> 수행 관련 체력(health-related fitness)요소로는 다음과 같다.
> - 속도
> - 민첩성
> - 순발력
> - 협응성
> - 평형성 등

Ⅲ부
유아체육 프로그램 교수·학습법

    이 단원은 유아기 운동발달 프로그램을 지도할 때 알아야 할 교수-학습법에 관한 내용에 대한 이해를 돕기 위한 장이다.

    유아체육 프로그램을 기본 구성 요인에 맞추어 만들었다면 적절한 교수방법과 유아가 쉽고 재미있게 학습할 수 있도록 다양한 교수-학습법을 개발하여야 한다.

    본 단원에서는 1장 유아체육 지도방법, 2장 유아체육 프로그램 계획, 3장 유아체육 프로그램 지도, 4장 안전한 유아체육 프로그램 지도를 위한 환경에 대해 다루게 된다.

    이 단원은 유아를 어떻게 지도해야 할지에 대해 현장에서 유용하게 쓰일 내용들이 담겨 있으므로 현장에서 유아를 지도할 때를 염두에 두고 공부하기 바란다.

1장. 유아체육 지도방법

 학습목표

- 유아체육 교수방법으로는 어떤 것들이 있는지 알아본다.
- 유아체육의 지도 원리에 대해 알아본다.
- 유아체육의 효과적 지도방법을 이해하고 배운다.
- 유아체육 지도자의 자질과 자세에 대해 배운다.
- 유아체육 지도자의 역할을 이해한다.

1. 유아체육 교수방법

유아체육활동에 있어서 교수방법인 '어떻게'는 '왜'라는 교육목표와 '무엇을'이라는 교육내용만큼이나 중요하다. 유아체육교육의 교수-학습방법은 일반적으로 직접-교사 주도적 교수법, 간접-유아 주도적 교수법으로 나눌 수 있다(Gallahue, 1993; Fraham, Holt-Hale & Parker, 1993).

가. 직접-교사 주도적 교수방법

직접-교사 주도적 교수방법은 유아교육기관에서 체육활동을 지도할 때 사용하던 전통적인 교수방법이다. 이 방법은 유아가 무엇을, 언제, 어떻게 할 것인지를 교사가 모두 결정하여 가르치는 교수법으로서 전체 학습자가 동시에 학습해야 할 기술에 대한 이해나 연습에 효과적이다. 직접교수법은 다시 지시적 방법과 과제제시 방법으로 나눌 수 있다.

지시적 방법은 시범 보이기, 연습해보기, 유아들의 활동에 대하여 일반적인 언급해주기, 필요하면 보충설명과 시범을 다시 보이기 순서로 진행된다. 지시적 방법에서는 모든 결정권을 지도사가 갖게 되므로 체육활동의 주체자는 지도사라고 할 수 있다.

이에 비해 과제제시 방법은 지시적 방법과 마찬가지로 유아가 할 행동이나 활동하는 방법을 지도사가 정하지만, 유아에게 어느 정도의 의사결정을 하도록 허용하는 점이 지시적 방법과 다르다. 좀 더 많은 자유와 융통성이 유아체육의 학습 환경에 도입되므로 유아는 자신의 학습에 좀 더 많은 책임을 부여받게 된다. 과제제시 방법의 실행 순서는 활동에 여러 가지 다른 수준이 있음을 설명하고 시범 보이기, 유아 자신의 수준에 따라 선택한 과제 연습하기, 과제를 마친 유아가 보다 높은 수준의 다른 체육활동에 참여하도록 하기이다. 이 방법은 유아들의 수준에 맞추어 개별적으로 체육활동을 선택할 수 있는 기회를 갖는 것이 특징이다.

나. 간접-유아 주도적 교수방법

간접-유아 주도적 교수방법은 유아에게 주도권을 주는 것에 초점을 두는 방법으로서 학습과정의 중심은 유아가 된다. 유아가 주도하는 체육활동은 기계적으로 지도사가 제시하는 '올바른' 동작을 반복하거나 모방하는 것 이상의 활동이 요구된다. 따라서 간접-유아 주도적 교수방법에서는 실험, 문제해결, 자기발견을 통하여 배우는 방법을 강조하는데, 이 교수법의 특징은 체육활동이나 운동을 선택하는 기회를 유아에게 제공하며, 체육실에 있는 어떤 운동기구나 소도구도 자유롭게 이용하게 한다는 점이다. 간접-유아 주도적 교수법의 장점은 유아 개개인의 능력이나 흥미의 개인차를 인정하고, 유아의 취향에 따라 운동을 선택하게 하며, 유아 스스로 독창성을 발휘하여 자기발견 학습을 하게 한다는 것이다. 간접-유아 주도적 방법은 다시 탐구적 방법과 안내-발견적 방법으로 나눌 수 있다.

탐구적 방법이란 지도사가 특별한 활동과제에 대한 해결책을 요구하지 않고 다양한 동작과제나 질문을 유아에게 제시하고 유아들이 제안한 해결방법은 무엇이나 인정하고 받아들이는 방법이다. 지도사는 체육활동의 시범이나 상세한 언어적 설명도 제시하지 않으며, 유아 자신이 적합하다고 생각하는 활동과제를 수행하게 된다. 탐구적 방법은 학습의 결과가 아니라 학습과정 그 자체에 우선적인 초점을 두기 때문에 형식과 정확성을 요구하지 않으며, 각각의 유아가 같은 방법으로 운동과제를 수행하도록 요구하지 않는다. 그러나 지도사는 의미 있는 운동과제를 제공하여 유아 자신이 신체동작의 가능성을 탐색하고 동작기술을 발전시켜 창의적인 방법으로 표현하도록 격려한다. 안내-발견적 방법은 학습자에게 충분한 표현, 창의성 그리고 실험의 기회를 제공해주지만, 제시된 활동과제에 학습자가 반응하는 방법은 다소 제한적이다. 이 방법에서는 모델을 따라하는 것을 배제하고 모든 방법을 올바르게 받아들이는 대신 관찰 단계를 활동에 포함시킨다. 유아는 또래나 교사의 동작을 관찰함으로써 특별한 과제를 수행하는 방법을 이해하게 된다.

탐구적 안내-발견적 방법이 보다 구체적인 동작경험을 할 수 있도록 지도사나 또래의 활동을 관찰할 수 있는 기회를 제공하는 것이다. 각 교수-학습방법은 학습자의 운동능력 발달단계와 동작 수준, 요구된 과제를 이해하고 적응하는 능력에 따라 선택하여 사용하여야 한다. 또한 각 교수-학습 방법은 수업활동의 내용, 운동기구와 도구의 준비, 지도사의 전문성 여부에 따라 융통성 있게 활용되어야 한다. 즉, 직접-교사 주도적 교수법과 간접-유아 주도적 교수법을 창출한 교수법은 체육활동을 유아가 선택하게 하되, 체육활동에 대해 경우에 따라 지도사로부터 제한을 받게 된다. 이러한 절충한 교수법의 장점은 교사에 의한 어떠한 방향은 정하지만 유아가 자유롭고 창의적인 표현을 하도록 하고, 유아 각자의 운동능력이나 흥미에 따라 개인차가 허용되며, 동작의 분석이나 교정이 간편하게 이루어진다는 것이다.

다. 유아-교사 상호 주도적 · 통합적 교수방법

Haubenstricker와 Seefeldt(1986)는 유아들에게 적절한 과제를 주고, 충분히 안내를 받아 연습을 하게 하고, 계획적인 교수방법을 제공할 때 유아들의 운동기능이 효과적으로 증진될 수 있다고 하였다. 유아를 위한 체육 프로그램을 구성하는 교육자들은 유아들이 해야 할 경험에 대해 잘 알고 적합한 연습의 기회를 주는 것이 매우 중요함을 인지하여야 한다(Sanders, 1994).

Katz와 Chard(1989)는 교사 주도의 체계적 · 학문적 교수법과 전적으로 유아의 흥미에 의존

유아-교사 상호 주도적 · 통합적 교수방법

유아들을 위한 수업의 수준을 향상시키기 위해서는 다양한 교수법을 제공해야 하는데, 다양한 교수법으로 유아들이 변화하고 얻을 수 있는 이익이 있다. 그 이유들을 살펴보면 다음과 같다.

① **유아들이 신체활동 세팅에서 성공 경험을 즐기기 위해(편안함을 느끼기 위해) 필요한 다양한 기초 움직임과 조작 기술들을 발달시키는 데 도움을 제공해야 하는 이유**
움직임 활동들에서 기능이 숙달되고 성공을 즐기는 유아들은 다음과 같은 특성을 보다 더 나타낼 것이다.
a) 운동과 즐거움을 추구하기 위해 폭넓게 신체활동을 선택한다.
b) 활동적으로 생활하고, 일정 수준 이상의 체력을 유지한다.
c) 사회적 상호작용이 가능하고 개인적 의미를 찾을 수 있는 활동에 참여한다.

② **유아들이 움직임 환경에서 타인들과 잘 지내기 위한 능력을 발달시켜주어야 하는 이유**
활동적인 환경에서 타인들과 잘 어울릴 수 있는 유아들은 다음과 같은 특성을 보다 더 나타낼 것이다.
a) 신체적인 것 이상의 능동적으로 참여하는 이유들을 가지고 있다.
b) 참여를 즐긴다.
c) 참여하도록 초대받는다.
d) 타인들과 즐겁게 능동적으로 참여한다.

③ **유아들이 신체활동을 즐기고 경험하는 것을 도와주어야 하는 이유**
신체활동을 즐기는 유아들은 보다 더 활동적이 될 것이며, 다음의 특성들을 보일 것이다.
a) 움직임 경험들을 통하여 사회적 상호작용 기회들을 증가시킨다.
b) 움직임의 주체로서 자신감을 느끼며 자신들의 신체 기술들을 발달 · 유지시킨다.
c) 신체적으로 활동적이 됨으로써 개인적 의미를 경험할 기회를 증가시킨다.
d) 일정 수준 이상의 체력을 발달 · 유지시킨다.

④ **중강도와 고강도 신체활동에 유아들이 참여하는 것을 도와주어야 하는 이유**
일반적으로 규칙적으로 신체활동에 참가하는 유아들은 다음의 특성을 나타낸다.
a) 더 나은 건강 상태를 즐긴다(더 건강하다).
b) 일상생활에 필요한 에너지를 더 많이 가지고 있다.
c) 신체 기술들을 보다 쉽게 학습하고 활동에서 더 성공적이다. 그래서 평생 동안 신체활동 및 스포츠를 통한 사회적 상호작용과 개인적 의미를 더 많이 경험할 기회를 가진다.

하여 활동을 전개하는 놀이 중심의 전통적 유아 중심 접근법이 모두 유아의 정신을 몰입시키는 데 실패하고 있다고 비판하면서 유아의 흥미에 근거한 접근방법과 교사 주도의 체계적인 접근방법을 연결해주는 균형적 또는 통합적 교수-학습방법을 제안하였다.

Slater(1993)의 모형은 도입 단계, 동작 습득 단계, 창의적 표현 단계 및 평가 단계의 4단계로 활동이 전개되는 특징을 지니고 있다. 특히 두 번째 단계인 동작 습득 단계에서는 Gallahue(1993)의 안내-발견적 교수방법을 도입하여 유아들이 체육활동에서의 기본 요소를 탐색하고 기본 동작을 연습할 수 있는 기회를 제공하고 있다. 또한 동작 습득 단계에서 탐색한 여러 가지 동작과 운동능력을 바탕으로 하여 3단계인 창의적인 표현 단계에서 일반화시켜 표현할 수 있도록 활동을 구성한 것이 특징이다.

2. 유아체육 지도 원리

가. 놀이 중심의 원리
유아의 흥미를 고려하여 체육활동이 지속될 수 있도록 다양한 운동도구를 활용한 프로그램으로 모든 유아가 즐겁게 참여하도록 한다.

나. 생활 중심의 원리
유아의 일상생활에서의 움직임을 잘 관찰하고 일상생활에서의 신체활동 경험을 바탕으로 하여 생활주변에서 일어나는 일과 생활에 연결된 체험 등을 통해 유아체육활동을 학습하도록 하였다.

다. 개별화의 원리
유아의 운동능력 수준이나 경험 수준이 다양한 점을 고려함으로써 유아 개개인의 개인차를 인정하도록 하며, 유아의 운동능력과 발달속도에 따라 체육활동을 경험하도록 하였다.

라. 탐구학습의 원리
유아 개개인이 자발적으로 자신의 신체에 대한 움직임, 공간 내에서의 움직임, 방향, 시간, 힘, 흐름 등과 같은 움직임의 기본적 개념을 탐색하여 신체의 가능성과 한계를 탐구·발견하면서 학습하도록 하였다.

마. 반복학습의 원리
유아체육에서는 안정, 이동, 조작운동의 3가지 기초운동의 반복학습을 하도록 한다. 그러나 각 신체활동을 통한 반복학습과 정보제공의 시간 길이는 유아에게 적합하게 계획하도록 하였다.

바. 융통성의 원리

유아체육에서 신체활동 시간을 결정할 때 유아 스스로 할 수 있도록 융통성을 두도록 한다. 유아가 즐거워하고 흥미로워하면 활동시간의 길이를 좀 더 연장할 수 있다. 뿐만 아니라 신체활동 과정에서 순서를 제시할 때에도 유아의 체력과 흥미, 활동시간 등을 고려하여 융통성을 두도록 하였다.

사. 통합의 원리

유아의 대근육 운동능력 중 기초운동기술(안정, 이동), 운동능력(협응, 균형, 힘, 속도), 지각-운동능력(공간, 신체, 방향, 시간)의 발달이 통합적으로 이루어지도록 하였다.

3. 유아체육 교육과정 설계

신체활동 프로그램은 유아들이 활동 시간 동안에 최대로 참가하도록 설계되어 있어야 한다. 긍정적이며 비위협적인 환경에서 활동적으로 참가하고 연습하는 것은 신체활동을 증가시키면서 유아들의 개인적 즐거움과 신체 및 사회성을 발달시키는 수단이다.

취학 전 유아들에게 신체활동을 증가시켜 운동발달을 증진하도록 하기 위해서는 다양한 방법으로 고안된 프로그램에서의 지도방법과 연습방법을 제공하여야 한다. 교육과정은 유아와 지도자들의 요구에 맞게 구성되어 부담을 갖게 하거나 압도하지 않고 발달에 적합한 활동들을 통하여 최상의 이득을 얻도록 설계되어야 한다.

첫째, 다양한 교구의 세팅(제한된 영역, 기구 및 비품들을 갖춘 세팅 포함)을 통해 실제적으로 실행될 수 있는 활동들을 포함하여야 한다.

다양한 교구 세팅 시에는 관리가 가능하고 유아들이 움직임을 통하여 능동적으로 학습할 실질적인 기회를 제공하는 활동들을 선정하여야 하고, 발달적으로 부적절하고 복잡한 특성을 가진 게임이나 활동뿐 아니라 특수한 기구를 필요로 하는 활동들은 제외되어야 할 것이다.

둘째, 유아들을 위해 양질의 신체활동을 매일 제공하기 위해서는 지도자들은 제약 요소들(예: 연령에 적합한 신체발달 면에서 훈련 부족, 예산 제약, 시설들)을 적절히 조절하여 유아들의 성장과 발달에 필수적인 부분들을 제공해야 할 것이다. 취학 전 활동 계획에서 매일 운동이 이루어질 때 유아들은 운동기술이 향상될 것이다.

셋째, 본운동 전의 준비운동은 중요하다. 그렇지만 어린 유아들은 운동을 적절히 준비하기 위해

긴 시간 동안의 준비운동이 필요하지는 않다. 유아들에게 흥미로운 방법으로 낮은 강도의 움직임에서 시작하여 점차 높은 강도로 진행하는 준비운동 순서로 진행해야 한다. 거의 설명이 필요 없는 추가 활동들, 즉 짧고 빠른 노래들을 사용하는데, 이 노래들은 유아들로 하여금 움직임을 준비하게 한다. 본래 음악과 움직임은 특성상 함께 사용되며, 그 연결고리는 초기 유아기 동안에 매우 강력할 뿐 아니라 관리와 조직상의 프로토콜, 긍정적인 학습 환경과 기대되는 행동도 마련된다. 또한 운동발달의 기저가 되는 개념, 원리 그리고 기술들을 다뤄야 한다.

넷째, 광범위한 활동 프로그램은 다양한 놀이를 통하여 많은 발달영역들을 다룬다. 아래 내용은 유아의 신체발달의 각각에서 강조되는 주된 신체 변인들이다.

① 움직임 준비, 리듬, 평형성, 창조적 표현, 일반 협응성
② 신체 및 공간 인지, 이동 및 비이동 기술, 대근운동 협응성, 방향성, 측면성, 높이, 경로, 움직임의 양, 신체 인식, 창조성, 문제해결
③ 독립 움직임 선택, 이동 기술, 공간 인지, 소형 및 대형 물체조작, 눈-손 및 눈-발 협응성, 던지기, 정확성, 민첩성, 피하여 달아나기, 쫓기
④ 소형 물체조작, 눈-손 협응성, 추적하기, 소근운동 제어, 잡기, 던져올리기, 받기, 정확성
⑤ 대형 물체조작, 대근운동 협응성, 신체 및 공간 인지, 추적하기, 균형, 리듬
⑥ 집단 협동, 듣기 기술, 일반 협응성, 이동 및 비이동 기술, 근력, 창조적 움직임
⑦ 대근운동 협응성, 신체 및 근운동감각 인지, 평형성, 근력, 창조적 움직임
⑧ 눈-손 협응성, 추적, 소근 및 대근운동 협응성, 치기 기술
⑨ 평형성, 리듬, 근력, 지구력, 문제해결, 창조성
⑩ 소형 및 대형 물체조작, 눈-손 협응성, 추적하기, 드리블, 던져 올리기, 받기, 던지기, 정확성
⑪ 눈-손 협응성, 추적, 대근운동 협응성, 리듬, 창조성, 자기표현
⑫ 눈-발 협응성, 대근운동 협응성, 치기 기술
⑬ 협응기술 발달, 눈-손 협응성, 추적하기, 소형 물체조작, 소근운동
⑭ 제어, 잡기, 던져 올리기, 받기, 정확성
⑮ 창의성 요소

4. 신체활동 및 준비 기술

유아기 준비와 관련하여 교육의 많은 요소들은 초기 개입에 초점을 맞추고 있다. 취학 전 환경에 관심을 갖는 것은 최근에 초기 유아기 발달을 강조하는 것과 더불어 국가적 관심의 초점이 되어

왔다.

신체활동과 뇌 발달은 높은 비중을 두고 나란히 가고 있다. 과거에는 뇌와 신체가 분리된 것으로 믿어져왔지만, 최근의 연구 결과 그렇지 않다는 것이 증명되고 있다. 유아들은 움직이고 놀이하는 동안 학습한다.

신체놀이는 유아들의 일상이다. 취학 전 시기는 종종 사회화 시간, 즉 유치원을 준비하고 집단 세팅에서 지시들을 듣고 따르기 등(사회성)을 준비하는 시간으로 간주된다. 학업과 교과가 이전보다 더 이른 시기에 제시되고 강조되지만, 학급활동들을 움직임과 결합하면 발달을 촉진시킬 수 있다.

움직임과 교과 통합의 주된 영역들

움직임과 학급활동들을 통합시키는 것은 그다지 어렵지 않으며, 창조적으로 수행될 수 있다. 움직임과 교과 통합의 주된 영역들에는 다음과 같은 것들이 있다.

① **색(colors)**: 시각 변별에 의해 기초적인 색들을 강화한다.
예) 여러분의 콩주머니/후프/공을 보세요. 무슨 색이죠? 색을 큰 소리로 말해보세요.

② **모양(shapes)**: 기초적인 모양에 대하여 학습하는 것은 필수적이다. 기초적인 모양(형태)에는 원형, 정사각형, 삼각형, 직사각형 등이 있다. 주변 환경 내에서 많은 모양들이 발견된다. 많은 조작활동들이 형태 개념들을 강화한다. 후프 등은 원을 인식시키는 데 사용될 수 있다.
예) 선생님의 원을 보세요. 여러분은 양손/양다리/신체 부위로 원을 만들 수 있어요?

③ **크기(sizes)**: 큰 것과 작은 것 간의 차이 이해
낙하산은 크지만 콩주머니는 작다.
예) 코끼리는 매우 커요. 그래서 후프를 통과할 수 없어요. 그런데 새들은 작아서 후프를 통과할 수 있어요.

④ **거리(distances)**: 가까운 것, 먼 것 또는 근접한 것과 관련한 정보의 처리
예) 오늘은 플럽볼과 콩주머니를 던져봅시다. 어느 것이 가깝게 떨어지고 어느 것이 멀리 떨어질까요?

⑤ **패턴(patterns)**: 조작물/기구들을 다양한 패턴으로 배치할 수 있어 아동들은 기초적인 패턴들을 인지하기 시작한다. 이를테면 Ⓐ-Ⓑ-Ⓐ-Ⓑ 또는 Ⓐ-Ⓑ-Ⓒ-Ⓐ-Ⓑ-Ⓒ의 패턴을 이야기한다. 유아들은 기구들을 적극적으로 붙잡고 패턴들을 만들 수 있다.
예) 한 아이는 청색 후프를 높게 올려 잡고, 다음 아이는 녹색 후프를 낮게 잡습니다. 이 패턴을 반복하세요.

⑥ **미술(art)**: 유아들은 모양/형태, 크기, 경로 등에 대한 자신들의 지식을 활용하고 간단한 물건들(씨앗, 파이프 클리너, 파스타 등)을 사용하여 미술 프로젝트를 할 수 있다.

⑦ **소근운동 제어**는 작은 물건 집어 올리기, 색칠하기, 그리기, 자르기 또는 물건 풀칠하여 바르기 등을 수행하기 위해 손가락으로 물건들을 집는 동작을 통하여 미술활동 동안 발달된다. 마사지놀이 같은 많은 활동이 촉각을 주로 사용하고 손작업을 포함한다. 동시에 양손을 사용함으로써 뇌의 양쪽 부위 발달을 촉진시킬 수 있을 것이다.
예) 오늘 우리가 할 미술 프로젝트는 찰흙을 사용하는 활동입니다. 여러분의 책상 위에 찰흙을 조금 올려놓을 거예요. 양손을 사용해서 각기 다른 모양을 만들어볼(그릴) 수 있나요? 동시에 양손을 사용해서 그릴 수 있어요?

⑧ **듣기 기술(listening skills)**은 아동들에게 자신의 뇌와 신체를 동시에 사용하여 수행하도록 다중 과제들을 제시할 수 있다. 유아들의 수준이나 기술에 따라 2~4개의 과제들이 주어질 수도 있다.
예) 여기에 조금 까다로운 활동이 하나 있어요. 자세히 들어보세요. 겔롭하여 5개의 다른 후프들을 터치한 후 다시 자신의 후프로 되돌아와 앉을 수 있나요?

5. 지도교사의 심리적 기술

지도자는 유아의 신체적 특성뿐만 아니라 인지적·정서적·사회적 특성도 잘 이해하고 있어야 한다. 유아지도를 위해서는 다양한 심리적 기술도 적용할 필요가 있다.

가. 목표를 향한 동기부여

체육놀이는 교사의 계획에 따라 실시하는 운동이기 때문에 항상 목표를 염두에 두고 있지 않으면 안 된다. 이를테면 유아에게 필요한 근력을 발달시킨다든지, 생활에 필요한 운동감각을 발달시킨다든지 하는 등 운동효과를 그 내용의 특색에 따라 얻을 수 있도록 유의할 일이다. 따라서 유아들에게 흥미롭게 적극적인 자세로 활동할 수 있는 동기를 부여해야 할 것이다.

나. 의욕적인 지도

유아들은 자기가 좋아하는 운동이나 과거에 경험한 놀이에 대해서는 흥미가 있는 데 반하여 새로운 것에 대해서는 보통 어렵게 생각한 나머지 적극성을 띠지 않는 경우가 많다.

그러나 유아들의 요구만 존중하게 되면 여러 가지 경험을 쌓거나 운동의 심화를 기대할 수 없게 된다. 따라서 그와 같은 경우에는 변화 있는 지도와 함께 그들의 심리적 특징을 고려하여 스스로 흥미와 의욕을 높일 수 있는 지도 기술의 고안이 필요하게 된다.

다. 변화 있는 지도

유아는 동일한 일을 반복시키면 활동에 싫증을 나타낸다. 그리하여 장난 활동을 한다든지 다른 놀이로 옮겨가는 경우가 있다. 이와 같은 상황에 대비하여 지도사는 항상 창의력을 발휘하여 지도의 내용이나 방법 등을 변화시켜나가야 한다. 그리하여 유아들의 요구에도 응하고 즐거운 운동놀이가 될 수 있도록 지도해야 하며, 다음 사항을 유념해서 실시한다.

① 놀이의 상대를 교대로 한다.
② 수업방법에 변화를 준다.
③ 반대 동작의 운동을 한다.
④ 복합적·연속적인 운동을 한다.

라. 심리적 특징을 고려한 지도

① 자기 차례를 오래 기다리지 않도록 해야 한다.
② 정적인 운동이 집중되지 않도록 해야 한다.

③ 단순한 운동을 지속적으로 반복하지 말아야 한다.
④ 상호 간에 지나친 경쟁을 유도하지 않는다.
⑤ 개인적인 차이가 있으므로 적절하게 자극을 부여한다.
⑥ 규칙과 약속을 잘 지킬 수 있도록 한다.

마. 개인차를 고려한 지도

외형적으로나 정신적으로 유아들은 서로 다르며, 개인적인 성격의 차이는 교육적으로 중요한 의미를 갖고 있다.

개인차를 형성하는 조건으로는 지능, 적성, 흥미, 가치관, 남녀의 차이, 연령별 차이, 동족, 사회 단계 등 여러 가지 많은 조건이 있다. 특히 신체적 활동을 요하는 체육적인 면에서 중요한 것은 체력의 차이, 운동소질 및 적성의 차이 등을 들 수 있으며 아동들의 운동능력 또한 개인차가 현저하여 연령은 같더라도 운동을 수행하는 능력은 개인차가 있다.

이처럼 다양하게 나타나게 운동능력의 차이는 근력, 지구력, 유연성, 순발력, 평형성 등 운동적성 전반에 걸쳐 차이를 보이기도 한다.

예를 들면 지구력은 강한데 순발력은 뒤떨어지는 유아가 있고, 유연성은 뛰어난데 균형성이 없는 유아가 있다. 따라서 획일적이고 편협적인 지도보다는 개인의 능력에 맞춰 지도하는 것이 유아들의 성장 발달에 바람직하다.

바. 시범의 정확성

유아체육에 있어서는 유아들에게 일일이 말로 이야기하는 것보다 체육교사가 직접 행동으로 표현해주는 것이 이해가 빠르다. 즉, "이렇게 하는 거야", "저렇게 하는 거야"라고 말로만 설명하다 보면 유아들이 이해를 잘못하여 안전사고의 위험성이 높아지지만, 체육교사가 직접 신체를 움직여서 정확한 자세로 시범을 보여준다면 유아들은 모방성이 강하기 때문에 자기 자리에서 바로 흉내를 내보고, 직접 실시할 때는 보다 정확한 동작이 이루어질 수 있으며, 그만큼 체육수업에 있어 안전사고도 줄어들 수 있다. 단, 시범은 정확히 반복하여 실시하여야 한다.

6. 신체활동을 보다 더 활동적으로 만들어야 하는 이유

많은 국가들에서 유아들을 위한 신체활동 가이드를 제공하고 있는데, 유아들은 계획된 신체활동과 계획되지 않은 자연스러운 신체활동을 각 1시간 이상 할 것을 권장하고 있다. 그만큼 유아들에게 신체활동은 가장 권장되어야 할 활동이다. 우리나라에서 유아에게 신체활동이 중요하다는 것은 인정하고 있으면서도 교과 내용은 누리과정의 정규수업 시간 안에 건강생활 부분으로 신체활동이 포함되어야 하는 것으로 되어 있다. 그러나 실제 현장에서는 주로 소근운동발달을 위한 프로그램이 주를 이루고 있으며, 대근활동을 위한 운동은 방과 후 예체능 수업으로 일주일에 한 번 정도 외부에서 지도자가 와서 30분 정도의 수업을 하는 정도로 이루어지고 있는 것이 현실이다.

또한 일반적으로 취학 전 유아들은 높은 수준의 활동을 촉진하고 보다 체력이 좋은 유아들을 만들어내기 위한 신체활동 지도를 자주 받지 않아도 된다고 알려져 있다. 그래서 모든 유아들에게 신체활동을 증진시키기 위한 기회는 건강 위험요소(주로 비만)를 줄이고 어린 연령에서 운동기술들을 발달시키는 데 효과적으로 사용되어오지 않았다. 아직 유아의 신체활동과 관련된 많은 연구가 이루어지지 않고 있어 유아가 어느 정도의 강도로, 얼마나 자주, 몇 시간을 해야 하는가에 대한 연구결과가 명확하게 제시되고 있지는 않지만, 외국의 유아 신체활동 권장 가이드라인에서 보듯이 유아기에는 대근을 사용하는 활동적인 신체활동을 제공받아야 한다.

따라서 유아들의 성장단계에 맞는 프로그램을 어떻게 만들어 제공할 것인가 하는 문제에 많은 고민을 할 필요가 있으며, 그 프로그램에는 유아들에게 건강 관련 신체활동에 참가할 기회를 많이 제공하기 위해 고안되어야 한다.

7. 수업 중 신체활동 시간을 증가시키는 전략

우리가 지도 대상으로 하는 유아는 성인과는 다른 전략이 절실히 필요하다. 왜냐하면 성인과 다른 체력 수준, 발달 수준, 집중력의 한계 등으로 유아에게 제공되는 프로그램은 놀이 형태의 프로그램으로 재미있어야 하며, 발달 수준을 반영한 다양한 프로그램이 제공될 필요가 있다. 따라서 수업을 위한 다양한 전략을 세워야 한다.

가. 효과적인 지도법
- 움직임을 찾는다. 충분한 신체활동이 이루어지지 않는다면, 활동(예: 다른 활동하기, Good Vibration 활동하기, 아동들에게 더 빠르게 움직이는 방법을 만들어보도록 하기 등)을 변화시킨다. 유아들은 빨리 피로해지지만 또한 빠르게 재충전된다. 유아들을 관찰하여 필요할 때 변형시키도록 한다.
- 유아들이 제외되거나 참가하지 못하는 활동이나 게임들을 사용하지 않는다.
- 지시는 간결하고 명료하게 한다. 유아들은 이해력이 높지 않고 순진하기 때문에 지시가 명확해야 한다. 안전에 유의하도록 요구하면서 움직임을 촉진하기 위해 충분한 지시를 한다.
- 가능한 한 활동적으로 참여하는 것에 대해 긍정적인 피드백을 많이 제공한다.

- 비과제 참여 유아들을 재감독한다. 훈련이 필요하다면 짧게 한다. 유아들을 교사 옆에 서도록 하고 다른 유아들이 과제에 참여하는 것을 관찰하도록 한다. 유아들이 활동을 실시할 준비가 되어 있는지 묻고 가능한 빨리 다시 활동에 참가하도록 유도한다. 한 유아가 다른 유아를 위험에 빠뜨리는 경우 모든 사람의 안전을 확보하기 위해 즉각적인 조치가 취해져야 한다.
- 대기 시간을 줄인다. 각 유아에게 기구를 제공하여 바로 기술들을 연습할 수 있도록 하고 순서를 기다리지 않게 한다.

나. 즐거운 수업 만들기

- 신체활동과 삶에 대해 열정적이어야 한다. 자신의 신체가 건강하고 튼튼해지도록 하기 위해 움직임과 운동에 대한 구호를 만든다.
- 모든 유아의 성공을 가져오도록 하는 환경을 만든다. 성공에 대한 실제 관심을 보여준다. 유아들이 매우 기초적인 과제들을 성취한 경우라도 과제 성취를 축하해준다.
- 종종 유아들의 상상력을 발휘하도록 유도한다. "코끼리처럼 걸어라"라고 말하는 것보다 사파리에 간 것을 가정하여 활동하게 하는 것이 훨씬 더 흥미롭다. 가상 시나리오(make-believe scenario)를 도입하면 유아들이 즐거워하고 보다 더 자극을 주는 환경으로 전개될 것이다.
- "오늘 무척 재미있는 것을 하려고 해요!"와 같이 유아들의 동기를 유발하고 자극한다.
- 음악을 사용하여 움직임/활동들을 시작하고 종료한다. 음악은 세션의 변화를 가져다준다. 곡조의 리듬을 즐기도록 한다. 사소하지만 음악 하나가 움직임을 자동적으로 시작하도록 할 것이다.
- 고강도 운동에는 빠른 박자의 음악을, 준비운동과 정리운동에는 느리고 부드러운 음악을 사용한다. 유아들에게도 선택한 음악을 제안해보도록 한다.
- 유아들로 하여금 도전하게 하고 목표를 설정하는 것을 돕기 위해 '마법의 숫자(magic numbers)'를 사용한다. "오늘의 마술 숫자는 5입니다. 후프 안과 밖을 5회 점프할 수 있나요?"
- 긍정적인 역할모델이 된다. 게임이나 활동에 가끔 참여한다. 지도자는 활동 수준을 증가시키고, 자주 긍정적인 확신을 제공하며, 새는 곳을 막는(유아들의 요구를 충족시켜주는) 배관공 역할을 해야 한다.
- 유아들을 격려하고 자주 칭찬한다. 최선을 다하고, 새로운 가능성을 발견하며, 독특한 움직임 방식을 창조해내는 아동들을 찾는다. 독창적이며 기발한 방법을 발견할 때마다 그것

을 다른 유아들에게도 알린다.
- 창조적으로 사고한다. 활동과 게임을 위한 새로운 아이디어들을 실험해본다.

8. 유아체육지도자의 역할 및 유의점

가. 유아체육지도자의 역할

지도자는 다양한 방법으로 유아가 자신의 신체에 대한 지식과 동작 가능성을 실험하도록 도움을 줄 수 있다. 유아체육교육에서 유아의 발달에 적합하고, 적절한 동작언어를 통하여 유아가 발견학습을 할 수 있으며, 독창적인 생각과 활동을 격려할 수 있는 지도자의 일반적인 역할은 다음과 같다.

① 지도사는 유아의 발달에 적합한 동작언어를 사용하여 구체적인 동작을 위한 발문이나 창의적 질문을 함으로써 유아의 발달 수준에 따라 개별화 교수와 안전한 체육활동을 진행하는 교수자의 역할을 하여야 한다.

② 지도사는 특수한 동작기술을 가르치는 것도 중요하지만, 그보다 유아가 신체를 새롭고 창의적인 방법으로 사용하는 것을 격려함으로써 유아가 자신의 느낌과 생각을 동작으로 표현하고 신체의 잠재적 가능성을 발견할 수 있도록 촉진자 역할을 하여야 한다.

③ 지도사는 유아의 주위에서 움직이면서 과제에 대하여 각 유아의 신체활동과 반응이 어떠한지, 유아의 운동능력이 증진되었는지, 유아의 심리적 상태는 어떠한지를 주의 깊게 살펴보면서 관찰자와 해석자의 역할을 하여야 한다. 이와 같은 유아의 신체활동에 대한 교사의 관찰과 해석은 교사의 지도방법과 교수방법을 결정하게 도움을 준다.

④ 지도사는 각 유아의 신체활동에 대한 관찰과 해석을 기초로 하여 유아체육활동에 적극적으로 시범을 보이며 개입을 할 것인지, 개입하지 않고 소극적으로 조정하며 상호작용할 것인지를 비판적으로 판단하는 의사결정자의 역할을 하여야 한다.

나. 유의점

유아의 발달에 적합한 교수-학습방법을 실행하기 위해서는 구체적으로 다음과 같은 점에 유의하도록 한다.

① 유아들이 신체를 활발하게 자유로이 움직일 수 있고 체육활동을 할 수 있는 충분한 공간을 제공한다.

② 유아들이 체육활동을 위해 흩어졌다가 모일 수 있는 일정한 장소를 정하고, 유아들이 시각적

으로 잘 인지할 수 있도록 색 테이프로 표시한다.
③ 유아들과 협의하여 출발과 멈춤 신호, 안전규칙을 미리 정하고 자세히 알려주어 체육활동이 질서 있고 안전하게 이루어지게 한다.
④ 신체활동을 하기 전에 유아 자신이 활용할 수 있는 개인 공간과 유아 모두가 공유하여 활용할 수 있는 일반 공간에 대한 인식을 먼저 가지고 움직이도록 한다.
⑤ 가능하면 동작의 시범을 보이지 않고 유아 스스로 생각한 대로 동작 표현을 하게 하여 자발적이고 창의적이며, 개별화된 체육활동이 이루어지게 한다.
⑥ 체육활동에 참여하지 않는 소극적인 유아의 경우에는 인내심을 가지고 관찰하고 기다리면서 천천히 자연스럽게 참여를 유도하도록 한다.
⑦ 경쟁적인 요소나 과격한 체육활동에 의해 안전이 우려되는 경우에는 일정한 방향으로 움직이게 하거나 일정한 안전장소를 정해서 소집단으로 활동하도록 한다.
⑧ 유아들의 적극적인 참여가 가장 중요하므로 순서를 기다리는 시간을 최소화하고 유아들이 직접 많이 움직여볼 수 있는 충분한 시간을 제공하도록 한다.

9. 유아체육지도사의 자세

유아체육지도사들이 갖추어야 할 자세는 항상 열린 마음과 긍정적인 사고방식을 갖고 아래 사항에 유의하도록 한다.

① 유아들의 흥미와 동기유발을 위해 지도사는 유아와 함께 신체 탐색활동과 다양한 신체활동에 적극적으로 참여한다. 또한 지도사는 유머감각을 가지고 웃음을 통해 유아가 끊임없이 흥미를 지속하도록 노력해야 한다. 특히 어려운 신체활동을 가르칠 때나 시범을 보일 때 일부러 유아들이 할 수 있는 실수를 해서 유아들이 웃으며 배울 수 있도록 한다.
② 밝은 표정과 따뜻한 대화 분위기를 조성하여 유아와 긍정적인 상호작용을 갖도록 한다. 즉, 유아의 눈높이에서 열린 마음으로 유아와 대화를 나누며, 유아의 이야기를 경청하고 친절하게 반응한다. 또한 "하지 마"라는 부정적인 언어보다는 "해보자", "해보지 않겠니?" 같은 활동을 권유하는 언어를 사용하도록 한다.
③ 각각의 유아들의 호기심을 자극하고, 진행할 신체활동에 대해 상세히 설명해주며, 각각의 유아의 반응에 관심을 갖도록 한다. 특히 활동적이고 주의가 산만한 유아 또는 신체활동에 전혀 참여하지 않으려는 소극적인 유아가 있는 경우에는 그런 유아들에게 개별적인 관심을 갖고 적절하게 대처하면서 신체활동을 진행해나가도록 한다.

④ 신체활동을 진행할 때 가장 속도가 늦은 유아의 수업속도에 맞추어 단계를 낮추어 진행하되, 놀이를 통해 수업방법을 다양화한다. 반복적인 연속은 유아들을 지루하게 하고 흥미를 저하시킨다. 그러므로 성공적인 수업의 진행을 위해서는 놀이를 적극적으로 활용하고, 신체활동 방법을 개별적인 유아의 발달속도에 따라 다양화하도록 한다.
⑤ 체육활동의 주제와 계절을 고려하여 적절하고 다양한 음악을 선택하고, 유아들이 체육활동의 주체가 되어 정확한 동작을 할 수 있도록 지도하며, 나아가 창의적인 신체표현까지 가능하도록 충분한 시간을 주도록 한다.
⑥ 유아의 수를 고려하여 운동종목과 장소에 유의하여 운동기구 및 시설을 적절히 배치하되 유아들의 운동 상태를 한눈에 파악할 수 있는 운동대형을 만들어 지도하도록 한다.
⑦ 게임이나 편을 나누어 하는 체육활동을 진행할 경우에는 지나친 경쟁의식을 갖지 않도록 유아들을 지도하고, 반드시 이기는 것이 좋은 것이 아니라 정확한 신체동작과 규칙을 잘 지키면서 활동하는 것이 중요하다는 것을 강조하면서 진행하도록 한다.

그 외 유아체육 지도자가 수업을 진행하기 위해 고려해야 할 사항들은 다음과 같다.

① 신체활동에 대한 열정을 보여준다. 모든 수업은 시범을 보여주는 것이 바람직하다. 때로 민망한 동작은 유아에게 시범을 보일 수 있도록 지도한다.
② 활동을 위해 복장을 잘 갖춘다. 적어도 편안하고 안전한 운동용 신발(실내화)을 착용한다.
③ 조작 기구를 빠르고 손쉽게 설치하고 분해할 수 있는 시스템을 갖춘다.
④ 항상 안전을 인식한다. 안전 문제들이 존재하는지를 확인하기 위해 지도가 이루어지는 활동 지역과 기구를 검사한다. 적절히 활동하지 않으면 위험해질 수 있는 활동이나 게임들을 알고 있어야 한다. 지도하는 동안에는 항상 움직이면서 활동에 문제가 없는지 확인한다. 긍정적인 역할모델이 되어야 하고 활동을 시범 보인다.
⑤ 간단한 준비운동으로 수업을 시작한다. 추상적인 맨손체조는 피하고 음악을 사용한 준비체조가 바람직하며, 체조의 순서를 잊지 말아야 한다(심장에서 먼 곳부터 실시하며, 왼쪽부터 실시, 마무리는 숨쉬기운동으로).
⑥ 섬세한 감정을 소유해야 한다. 신체활동에 대해 불편함을 느끼는 유아들은 활동에 바로 참여시키기보다는 먼저 활동을 관찰하도록 하고, 유아들의 편안함 정도가 증가하여 활동에 참여해도 될 수준이 되었을 때 참여하게 한다. 일부 유아들의 경우에는 단 몇 분일 수도 있지만, 다른 유아들은 며칠이 걸릴 수도 있다. 유아가 움직이거나 놀이할 준비가 되지 않는 경우, 기구를 제공하여 그것을 가지고 탐구하기 시작하는지 관찰한다. 처음에는 천천히 도입한다.

⑦ 유아들에게 적당한 양의 기구를 제공하고 사용 가능한지 확인한다. 유아의 운동능력을 잘 파악하여 한 가지 수업방법으로 10분을 초과하지 않는다.
⑧ 기구들을 미리 준비하여 도입부터 본 활동(전개)으로 **빠르게** 전환한다.
⑨ 활동에 대해 의식하고 있어야 한다. 긴 설명과 움직임을 촉진시키지 못하는 활동이나 게임 등을 피하도록 한다. 모든 활동은 개별적으로 접근해야 한다(개인 본위). 그렇지 않으면 움직임이 감소할 수도 있다. 아동들의 활동 수준을 잘 파악해야 한다. 취학 전 유아들의 특성 때문에 짧은 휴식이 필요하지만, 매우 **빠르게** 재충전될 것이다.
⑩ 수업 종료 시 정리운동 전에 유아들로 하여금 기구 정리를 돕게 한다.

2장 유아체육 프로그램 계획

 학습목표

- 유아체육 프로그램 계획 시 고려해야 할 점을 알아본다.
- 유아체육 프로그램의 계획안을 준비하는 방법에 대해 알아본다.
- 유아체육 프로그램의 내용을 알아본다.
- 유아체육 지도자의 자질과 자세에 대해 배운다.
- 유아체육 지도자의 역할을 이해한다.

1. 유아체육 프로그램의 목표

자신의 신체에 대한 긍정적인 인식과 함께 생활에 필요한 기초체력을 키우고, 건강하고 안전한 생활습관을 가지도록 하는 것이 궁극적으로 유아체육 프로그램이 가지는 목표이다.

유아가 생활 속에서 다양한 운동 활동을 즐기고 적극적으로 참여하게 함으로써 신체의 체력요소를 향상시키게 된다. 근력 및 근지구력, 심폐지구력 등은 각종 질환을 예방할 수 있게 하거나 발병률을 감소시킨다. 따라서 신체운동건강 영역이 설정하고 있는 목표는 유아가 자신의 신체 능력을 긍정적으로 인식하고 생활에 필요한 기초체력을 증진하며, 건강하고 안전한 생활습관을 형성하는 것이다. 이와 같은 목표 아래 신체운동건강 영역에서는 다음과 같은 4가지 하위 목표를 설정하였다.

① 다양한 신체활동과 감각 경험을 통하여 자신의 신체와 주변 세계를 인식하는 데 필요한 기초 능력을 기른다.
② 신체활동에 활발하게 참여함으로써 기본적인 운동능력을 기르고 기초체력을 증진시킨다.
③ 건강과 안전에 관련된 지식과 기술을 익힘으로써 건강하고 안전한 생활습관을 가진다.
④ 체육활동에 즐겁게 참여함으로써 건강한 정신을 기른다.

2. 유아체육 프로그램 계획안

유아체육을 지도하기 위한 프로그램 계획안은 유아의 연령에 맞는 유아체육 목표를 설정하고 그에 맞는 연간계획안, 월간계획안, 일간계획안을 마련해야 한다. 계획안은 유아를 체계적이고 계획적으로 지도하기 위해 가장 우선되어야 한다.

다음은 3, 4, 5세의 연간, 월간, 일간계획안의 예이다.

표 3-1. 만 3세 연간계획안(예시)

월	목표	주제	소주제	프로그램
3월	줄서기 놀이를 통해 공간지각능력을 기르고 질서의식을 배양해보도록 한다.	즐거운 어린이집	친구들과 질서를 지켜요	질서놀이: 앉아 일어서, 인사
			약속해요	아기모양 판: 이동하기, 엄마 찾아주기
			친구야 사랑해	에듀 디스크: 발바닥 찾아 걷기
			사이좋은 ○○반	컬러 폼 볼: 굴려 받기
4월	눈과 손의 협응력을 발달시키고 균형감각을 기른다.	봄	봄소풍을 떠나요	낙하산: 흔들기
			새싹이 돋아나요	그립 볼: 발로 차기
			개구리가 깨어났어요	오색 줄: 줄 따라 걷기
			씨앗의 여행	메가 터널: 터널 기어가기
5월	유연성과 협응력을 조합하여 기구놀이에 대한 성취감 및 자신감을 갖도록 한다.	나와 가족	나의 몸은 어떻게 이루어졌을까	모양 판: 징검다리 건너기
			공이 내 몸을 지나가요	바디삭스: 네모 만들기
			떼구르르 굴러 엄마 아빠에게로	고무밴드: 면 두드리기
			엄마 아빠를 찾아봐요	협동 밴드: 친구와 함께 늘리기
6월	각 놀이에 음악적 요소를 첨가하여 좀 더 활동적인 동작과 감각적 표현을 경험한다.	우리의 이웃	우리 동네를 돌아 보아요	긴 줄: 강 건너기
			시장놀이를 해요	홉 주머니: 두 발 모아 뛰기
			미용실놀이를 해요	공: 멀리 굴리기
			우리 주변의 고마운 분들	협동 퍼즐: 토스트 만들기
7월	극놀이 식 체육놀이를 통해 주어진 상황을 간접경험 할 수 있고 모험심 및 창의력을 기른다.	여름	바다 속에는 어떤 동물이 있을까	후프: 동굴 통과
			물은 어떻게 바다로 갈까	타깃볼: 공 붙이기
			시원한 여름을 보내요	거인 발: 한 발 걷기
			가족과 여행을 떠나요	에어 볼: 위로 던져 받기

월	목표	주제	활동명	교구 활동
8월	재미있게 노는 오감놀이를 통한 감각 및 신경을 발달한다.	건강하고 안전한 생활	몸에 좋은 음식을 먹어요	깡통: 굴리기
			깨끗하게 씻어요	서킷 마커: 윈드밀
			위험한 곳을 알아요	미몽이: 풍선 높이 치기
			즐겁게 혼자 해요	감각 징검다리: 손으로 만져보기
9월	다양한 게임놀이를 통하여 팀의 협동심 및 단체경기를 경험해본다.	탈것	교통신호를 배워요	풍선로켓: 엉덩이로 발사하기
			버스를 타고 할머니 댁으로	집앤 히트: 공 밀고 달리기
			자동차를 운전해요	골프: 자세 배우기
			비행기와 배를 타고 여행 가요	빅레드 스카이 훅: 두 손으로 던져 걸기
10월	운동 조정능력 및 신체발달을 도모한다.	동물	어떤 동물을 알고 있을까	블록: 벽돌 넘기
			따라쟁이 원숭이	플레이 스쿠프: 청소기놀이
			여우야 여우야 뭐하니	요술 컵: 공 찾아오기
			거미줄을 통과해요	빅레드 백투백: 던져 맞히기
11월	자기 공간 및 일반 공간에 대한 공간지각운동능력을 기르도록 한다.	가을	갈대 숲 여행	스카프: 던져 받기
			가을하늘 그려봐요	사다리: 꽃게 걷기
			낙엽이 떨어져요	볼링: 자세 배우기
			눈사람을 만들어요	에어 로켓: 기차 타기
12월	느리고/빠르고 세기에 대한 시간지각운동능력을 기르도록 한다.	겨울	산타마을 찾아가기	색깔막대: 빗자루 타기
			성탄 선물을 나눠줘요	고슴도치 볼: 얼굴에 문지르기
			신나는 썰매타기	썰매: 썰매 밀기
			눈싸움을 해봐요	신문지: 눈 만들기
1월	전신 협응력을 기르고 신체지각운동능력을 기르도록 한다.	민속놀이/공룡	민속놀이는 어떤 것이 있을까	민속놀이: 투호놀이
			공룡은 어디서 살고 있을까	컬링: 친구에게 굴리기
			공룡 알을 찾아요	티볼: 스윙 배우기
			공룡을 만들어요	폼 게이트볼: 퍼팅하기
2월	다리 및 팔의 성장점을 자극하는 다양한 점프놀이를 경험해보도록 한다.	키도 쑥쑥 마음도 쑥쑥	달라졌어요	마크돔: 모자 쓰기
			몸도 마음도 자랐어요	에어바운스: 제자리 뛰기
			즐거웠던 ○○반	풍선: 던지고 받기
			선생님 감사합니다	센사트랙: 다람쥐통 굴리기

표 3-2. 만 3세 월간계획안(예시)

주제	봄	
목표	눈과 손의 협응력을 발달시키고 균형감각을 기른다.	
준비운동	관절 돌리기, 개구리 점프, 치킨댄스	
주 \ 내용	활동 프로그램	기대효과
1주 친구들과 질서를 지켜요	〈풍선놀이〉 - 통통 뛰어보자　　- 풍선 던져 받기 - 외나무다리 떨어뜨리기　- 풍선 넘기기	▶ 뛰는 놀이를 통해 관절의 성장판을 자극하여 키 크는 데 도움을 준다.
2주 새싹이 돋아나요	〈하키박스 놀이〉 - 두 발 모아 뛰기　　- 목표물 맞히기 - 색깔 찾기 놀이　　- 징검다리 건너기	▶ 다리의 근력 및 눈과 손의 협응력을 기른다.
3주 개구리가 깨어났어요	〈스파이더 볼〉 - 공 튕기기　　- 단계별 공 굴리기 - 신체부위 간질이기　- 목표물에 굴리기	▶ 소근육 발달 및 눈과 손의 협응력을 발달시킨다.
4주 씨앗의 여행	〈다람쥐 롤〉 - 굴리기　　- 솜털공 던져 넣기 - 친구와 협동 굴리기　- 우리집 놀이	▶ 팔다리의 근력 및 유연성을 발달시킨다.
정리운동	요가 및 스트레칭 - 물개 만들기	

에어바운스

하키박스

스파이더 볼

다람쥐 롤

표 3-3. 만 3세 일일계획안(예시)

활동명	풍선과 놀아요		활동유형	조작동작		
활동목표	풍선을 활용하여 다양한 놀이 및 특성을 알아본다.					
기대효과	눈과 손의 협응력 및 팔의 근력을 발달시킨다.					
활동자료	다양한 색상의 풍선		연령	만 3세	인원	15명
활동방법	활동방법 및 상호작용					

도입	* 풍선을 미리 불어 유아들에게 나누어주도록 한다.
	* 풍선 탐색놀이: 풍선과 친숙해지고 특성을 알기 위한 활동
	  – 풍선 만져보기 – 입에 대고 소리 지르기 – 풍선악기(소리내기)
	  – 눈 오는 소리내기 – 색깔 알아보기 – 선풍기처럼 돌리기
	  – 풍선을 머리에 비벼 신체 각 부위에 붙여본다(정전기놀이)					

전개	* 통통 뛰어보자
	  – 풍선을 다리 사이에 끼고 위로, 앞– 뒤 , 좌– 우로 뛰어본다.
	  – 풍선을 다리 사이에 끼고 빙글빙글 돌며 뛰어본다.
	* 풍선 던져 받기
	  – 풍선을 위로 던져 받는다(풍선의 높이를 점차 높이도록 한다).
	  – 풍선을 위로 던졌다 내려올 때 손뼉을 치며 받는다(점차 횟수를 늘린다).
	  – 풍선을 위로 던졌다 내려올 때 이마로 쳐본다.
	* 외나무다리 떨어뜨리기
	  – 양손에 풍선을 들고 교사의 신호에 따라 풍선으로 상대편 유아를 공격해서 떨어뜨리면 이긴다.
	* 풍선 넘기기
	  – 중앙에 평균대를 놓고 풍선을 상대방 팀에 던져 "그만!" 했을 때 풍선의 수가 적은 팀이 이기는 게임					

마무리	* 풍선 로켓 발사하기(협동놀이)
	  – 풍선의 묶인 부분에 고무줄을 달아놓는다.
	  – 한 명의 유아가 풍선을 잡고 뒤로 이동 후 풍선을 놓으면 풍선 로켓이 발사된다.
	  – 다양한 방법으로 풍선을 놓아보도록 한다(뒤로 돌아, 몸에 감고, 누워서, 엎드려서, 다리 사이에 끼고).
	* 오늘 활동한 풍선놀이에 대하여 간단하게 이야기 나누기를 한다.					

활동의 유의점	* 미리 유아들 수만큼 풍선을 불어놓도록 한다. * 풍선이 바람에 날리므로 실내에서 활동하도록 한다. * 풍선놀이 활동 중에 터지는 풍선에 대비하여 반드시 여유의 풍선을 미리 불어놓도록 한다. * 유아들이 부딪치지 않도록 유아들 간의 안전거리를 충분히 두도록 한다.					
활동평가	* 유아들의 발달에 적합한 놀이를 진행했는가? * 풍선의 방향이 바뀌는 곳으로 유아들이 순간적으로 이동하므로 안전사고에 특별히 유의하며 놀이를 진행했는가? * 유아들이 만족하며 즐거워하였는가?					

표 3-4. 만 4세 연간계획안(예시)

월	목표	주제	소주제	프로그램
3월	질서놀이를 통한 양보심 및 협동하는 마음을 기르도록 한다.	즐거운 어린이집	친구들과 질서를 지켜요	질서놀이: 줄서기, 이동하기
			약속해요	아기모양 판: 이사하기
			친구야 사랑해	에듀 디스크: 손바닥 짚고 걷기
			사이좋은 ○○반	컬러 폼 볼: 던져 받기
4월	크고 작은 움직임을 통해 소근육 및 대근육을 발달시키도록 한다.	봄	봄소풍을 떠나요	낙하산: 파도 만들기
			새싹이 돋아나요	그립 볼: 친구에게 패스하기
			개구리가 깨어났어요	오색 줄: 거미 걷기
			씨앗의 여행	메가 터널: 미로 찾기
5월	민첩성 및 순발력을 발달시키도록 한다.	나와 가족	나의 몸은 어떻게 이루어졌을까	모양 판: 우리 집 놀이
			공이 내 몸을 지나가요	바디삭스: 박쥐 뛰기
			떼구르르 굴러 엄마 아빠에게로	고무밴드: 면 늘리기
			엄마 아빠를 찾아봐요	협동 밴드: 줄 잡고 돌기
6월	이동 동작 중 스키핑 스텝과 갤로핑 스텝을 발달시키도록 한다.	우리의 이웃	우리 동네를 돌아보아요	긴 줄: 줄 피해 넘기
			시장놀이를 해요	홉 주머니: 엉덩이 썰매
			미용실놀이를 해요	공: 공 튀기기
			우리 주변의 고마운 분들	협동 퍼즐: 달걀 뒤집기
7월	Play Story 수업을 통해 상상력 및 창의력을 기른다.	여름	바다 속에는 어떤 동물이 있을까	후프: 두 발 뛰어 통과
			물은 어떻게 바다로 갈까	타깃볼: 공 던져 붙이기
			시원한 여름을 보내요	거인 발: 두 발로 걷기
			가족과 여행을 떠나요	에어 볼: 네트 넘기기
8월	확장놀이를 통해 지각운동능력 및 기본운동기능을 습득한다.	건강하고 안전한 생활	몸에 좋은 음식을 먹어요	깡통: 막대로 굴리기
			깨끗하게 씻어요	서킷 마커: 점핑잭
			위험한 곳을 알아요	미몽이: 풍선 연속 치기
			즐겁게 혼자 해요	감각 징검다리: 발로 만져보기

2장 유아체육 프로그램 계획

월	목표	주제	활동명	교구활동
9월	창의적인 다양한 이동, 안정운동 동작을 경험해본다.	탈것	교통신호를 배워요	풍선로켓: 누워서 발사하기
			버스를 타고 할머니 댁으로	집앤히트: 공치며 달리기
			자동차를 운전해요	골프: 퍼팅 배우기
			비행기와 배를 타고 여행 가요	빅레드 스카이 훅: 멀리서 던져 걸기
10월	눈과 발의 협응력을 발달시키고 전신 협응력을 기르도록 한다.	동물	어떤 동물을 알고 있을까	블록: 비석치기
			따라쟁이 원숭이	플레이 스쿠프: 공 던져 받기
			여우야 여우야 뭐하니	요술 컵: 거미줄 피해 걷기
			거미줄을 통과해요	빅레드 백투백: 멀리서 던져 맞히기
11월	유연성 및 근력을 발달시키고 방향지각운동능력을 기른다.	가을	갈대 숲 여행	스카프: 얼굴로 받기
			가을하늘 그려봐요	사다리: 개구리 뛰기
			낙엽이 떨어져요	볼링: 굴려 맞히기
			눈사람을 만들어요	에어 로켓: 로켓 던지기
12월	친구와 함께하는 협동놀이를 통하여 협동심 및 단체경기를 경험해본다.	겨울	산타마을 찾아가기	색깔막대: 앞뒤 좌우 넘기
			성탄 선물을 나눠줘요	고슴도치 볼: 친구에게 던지기
			신나는 썰매타기	썰매: 친구 밀어주기
			눈싸움을 해봐요	신문지: 모양 찾기
1월	생각하는 놀이를 통해 리듬, 동작 및 정서를 담당하는 우반구의 발달을 돕도록 한다.	민속놀이/공룡	민속놀이는 어떤 것이 있을까	민속놀이: 사방치기
			공룡은 어디서 살고 있을까	컬링: 멀리 굴리기
			공룡 알을 찾아요	티볼: 공 맞추기
			공룡을 만들어요	폼 게이트볼: 라켓으로 공 치기
2월	다양하고 구체적인 운동 능력 향상과 운동 기술을 습득하도록 한다.	키도 쑥쑥 마음도 쑥쑥	달라졌어요	마크돔: 색깔 찾기
			몸도 마음도 자랐어요	에어바운스: 공 던져 넣기
			즐거웠던 ○○반	풍선: 배구 놀이
			선생님 감사합니다	센사트랙: 옆으로 누워 구르기

표 3-5. 만 4세 월간계획안(예시)

주제	봄	
목표	유연성과 협응력을 조합하여 기구놀이에 대한 성취감 및 자신감을 갖도록 한다.	
준비운동	관절 돌리기, 수박송, 율동체조	
주 \ 내용	활동 프로그램	기대효과
1주 나의 몸은 어떻게 이루어졌을까	〈대도구놀이〉 - 철 봉: 매달리기 - 매트: 경사 앞구르기 - 유니바: 두 발 모아 점프 - 경사평균대: 옆걷기	▶ 대도구놀이를 통해 신체조정능력 및 대근육을 발달시킨다.
2주 공이 내 몸을 지나가요	〈낙하산놀이〉 - 색깔 찾아 공간 이동 - 집 만들기 - 고양이와 생쥐 - 공 피하기	▶ 공간지각운동능력과 팔의 근력을 기른다.
3주 떼구르르 굴러 엄마 아빠에게로	〈불가사리놀이〉 - 숫자 잡기 - 지그재그 달리기 - 던져 숫자 찾아오기 - 목표물 맞히기	▶ 민첩성 및 순발력을 발달시킨다.
4주 엄마 아빠를 찾아봐요	〈플레이스쿠프〉 - 청소기놀이 - 공 굴리기 - 아이스크림 만들기 - 굴러가는 공 잡기	▶ 눈과 손의 협응력 및 조작운동능력을 발달시킨다.
정리운동	요가 및 스트레칭 - 다리 만들기	

대도구놀이

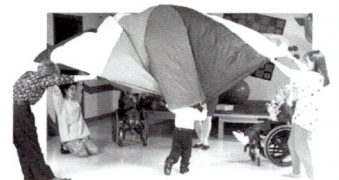

낙하산

불가사리

플레이스쿠프

표 3-6. 만 4세 일일계획안(예시)

활동명	대도구놀이		활동유형	이동 동작		
활동목표	* 철봉에서 배 대고 회전할 수 잇다. * 매트에서 앞구르기를 할 수 있다. * 유니바에서 두 발을 모아 점프할 수 있다.					
기대효과	민첩성 및 순발력, 유연성을 기른다.					
활동자료	매트, 철봉, 유니바		연령	만 4세	인원	20명
활동방법	활동방법 및 상호작용					
도입	* 인사하기 * 레크리에이션–멋쟁이 박수 * 관절운동/스트레칭: 발목, 무릎, 허리, 어깨, 목 돌리기, 슈퍼맨 만들기 * 율동체조– 멈춰 체조, 뽀로로 * 유아요가– 비행기 만들기, 탁자 만들기, 물개 만들기					

전개	*철봉: 배 대고 앞돌기
	  – 철봉을 어깨 넓이로 잡는다.
	  – 철봉에 배를 대고 앞으로 회전한다.
	  – 교사는 유아 옆에서 안전하게 보조하도록 한다.
	*매트: 앞구르기
	  – 매트 앞에 어깨 넓이로 손을 짚는다.
	  – 머리를 숙여 매트에 대도록 한다.
	  – 엉덩이를 위로 들며 앞구르기를 한다.
	  – 교사는 유아 옆에서 목 부분을 보조하도록 한다.
	*유니바: 두 발 모아 점프
	  – 유니바를 1미터 간격으로 놓도록 한다.
	  – 유아는 두 발을 모아 유니바를 넘는다.
	  – 연속적으로 유니바를 넘어보도록 한다.					

마무리	* 간단한 스트레칭으로 몸을 풀어주도록 한다. * 어떤 대도구놀이가 가장 재미있었는지 이야기 나누기를 한다.					
활동의 유의점	* 유니바의 간격을 유아들의 운동능력에 맞게 배치한다. * 철봉놀이 시 유아들의 안전사고에 주의하며 안전하게 보조한다. * 친구들끼리 부딪치지 않도록 안전거리를 확보한다.					
활동평가	* 정확한 동작으로 구르기 동작을 할 수 있는가? * 철봉놀이 시 유아들이 안전하게 활동했는가? * 유아들이 만족하며 즐거워하였는가?					

표 3-7. 만 5세 연간계획안(예시)

월	목표	주제	소주제	프로그램
3월	질서놀이를 통해 개인 및 일반 공간의 개념을 유아들 스스로 인식하는 능력을 기른다.	즐거운 어린이집	친구들과 질서를 지켜요	질서놀이: 줄서기, 이동하기
			약속해요	아기모양 판: 이사하기, 우리 집
			친구야 사랑해	에듀 디스크: 손바닥 짚고 걷기
			사이좋은 ○○반	컬러 폼 볼: 친구와 던져 받기
4월	도전하는 놀이를 통해 유아들에게 많은 만족감 및 자신감을 갖도록 한다.	봄	봄소풍을 떠나요	낙하산: 늑대 피하기
			새싹이 돋아나요	그립 볼: 던져서 발로 차기
			개구리가 깨어났어요	오색 줄: 줄넘기 배우기
			씨앗의 여행	메가 터널: 친구와 함께 통과
5월	친구와 함께하는 협동놀이를 통해 사회성 및 양보하는 마음을 갖도록 한다.	나와 가족	나의 몸은 어떻게 이루어졌을까	모양 판: 피자 만들기
			공이 내 몸을 지나가요	바디삭스: 완두콩 만들기
			떼구르르 굴러 엄마 아빠에게로	고무밴드: 자장면 만들기
			엄마 아빠를 찾아봐요	협동 밴드: 지그재그 통과
6월	이동 동작 스키핑 갤로핑, 점핑 동작을 발달시키도록 한다.	우리의 이웃	우리 동네를 돌아보아요	긴 줄: 토끼 거북 마을
			시장놀이를 해요	홉 주머니: 애벌레놀이
			미용실놀이를 해요	공: 튕겨 받기
			우리 주변의 고마운 분들	협동 퍼즐: 뒤집기 게임
7월	이동 동작 리핑, 호핑 점핑 동작을 발달시키도록 한다.	여름	바다 속에는 어떤 동물이 있을까	후프: 동물 통과하기
			물은 어떻게 바다로 갈까	타깃볼: 숫자대로 붙이기
			시원한 여름을 보내요	거인 발: 장애물 피해 걷기
			가족과 여행을 떠나요	에어 볼: 꽃씨 날리기
8월	문제해결능력을 증진하고 다양한 인지적인 놀이를 경험하도록 한다.	건강하고 안전한 생활	몸에 좋은 음식을 먹어요	깡통: 뒤집기 게임
			깨끗하게 씻어요	서킷 마커: 전갈 만들기
			위험한 곳을 알아요	미몽이: 모기 잡기
			즐겁게 혼자 해요	감각 징검다리: 눈 가리고 찾기

월	목표	주제	활동명	교구/놀이
9월	생각하는 놀이를 통해 리듬, 동작 및 정서를 담당하는 우반구의 발달을 돕도록 한다.	탈것	교통신호를 배워요	풍선로켓: 발로 발사하기
			버스를 타고 할머니 댁으로	집앤 히트: 방망이로 치기
			자동차를 운전해요	골프: 스윙 배우기
			비행기와 배를 타고 여행 가요	빅레드 스카이 훅: 장애물 피해 걷기
10월	신체적성 운동놀이를 통한 민첩성 및 순발력을 발달시키도록 한다.	동물	어떤 동물을 알고 있을까	블록: 중심 잡기
			따라쟁이 원숭이	플레이스쿠프: 친구와 굴려 받기
			여우야 여우야 뭐하니	요술 컵: 보물찾기
			거미줄을 통과해요	빅레드 백투백: 타깃 맞히기 게임
11월	회전동작의 연결을 통한 신체조정능력의 발달을 도모한다.	가을	갈대 숲 여행	스카프: 폭탄 던지기
			가을하늘을 그려봐요	사다리: 호랑이 걷기
			낙엽이 떨어져요	볼링: 볼링 게임
			눈사람을 만들어요	에어 로켓: 로켓 던져 잡기
12월	크고 작은 움직임을 통해 소근육 및 대근육을 발달시키도록 한다.	겨울	산타마을 찾아가기	색깔막대: 원숭이 꼬리 뺏기
			성탄 선물을 나눠줘요	고슴도치 볼: 굴리고 받기
			신나는 썰매타기	썰매: 친구와 함께 타기
			눈싸움을 해봐요	신문지: 눈싸움
1월	눈과 손, 눈과 발의 협응력을 발달시키고 균형감각을 기르도록 한다.	민속놀이/공룡	민속놀이는 어떤 것이 있을까	민속놀이: 제기차기
			공룡은 어디서 살고 있을까	컬링: 컬링 게임
			공룡 알을 찾아요	티볼: 티볼 게임
			공룡을 만들어요	폼 게이트볼: 게이트볼 게임
2월	창의적인 놀이를 통해 유아들의 사고력을 높이고 긍정적인 생각을 갖도록 한다.	키도 쑥쑥 마음도 쑥쑥	달라졌어요	마크돔: 지그재그 달리기
			몸도 마음도 자랐어요	에어바운스: 해적선놀이
			즐거웠던 ○○반	풍선: 풍선 농구
			선생님 감사합니다	센사트랙: 친구와 함께 구르기

표 3-8. 만 5세 월간계획안(예시)

주제	봄		
목표	눈과 손의 협응력을 발달시키고 균형감각을 기른다.		
준비운동	관절 돌리기, 뜀뛰기 체조	줄넘기	발 걸어 연속줄넘기
주 \ 내용	활동 프로그램	기대효과	
1주 봄소풍을 떠나요	〈줄타기 곡예사〉 – 다양한 줄 위에서 걷기 – 강 건너기 – 모양 만들기 – 스키핑 동작 배우기	▶ 대도구놀이를 통해 　신체조정능력 및 　대근육을 발달시킨다.	
2주 새싹이 돋아나요	〈줄타기 곡예사〉 – 볼 터치 놀이 – 축구 규칙 배우기 – 발로 차 목표물 맞히기 – 벽 이용 패스	▶ 공간지각운동능력과 　팔의 근력을 기른다.	
3주 개구리가 깨어났어요	〈축구 II〉 – 인 사이트 킥 배우기 – 2인 패스하기 – 4인 패스하기 – 기본 드리블 배우기	▶ 민첩성 및 순발력을 　발달시킨다.	
4주 씨앗의 여행	〈축구 III〉 – 공 뺏기 놀이 – 인사이드 드리블 – 슛 기술 배우기 – 미니 축구 시합	▶ 눈과 손의 협응력 및 　조작운동능력을 　발달시킨다.	
정리운동	요가 및 스트레칭 – 친구와 배 만들기		

줄놀이

축구놀이

표 3-9. 만 5세 일일계획안(예시)

활동명	줄타기 곡예사		활동유형	이동 동작		
활동목표	* 철봉에서 배 대고 회전할 수 있다. * 매트에서 앞구르기를 할 수 있다. * 유니바에서 두 발을 모아 점프할 수 있다.					
기대효과	민첩성 및 순발력, 유연성을 기른다.					
활동자료	매트, 철봉, 유니바		연령	만 5세	인원	25명
활동방법	활동방법 및 상호작용					
도입	* 인사하기 * 레크리에이션–무릎 치고 손뼉 치고 * 관절운동/스트레칭: 발목, 무릎, 허리, 어깨, 목 돌리기, 슈퍼맨 만들기 * 율동체조– 동그라미 체조 * 유아요가– 배 만들기, 활쏘기 자세 만들기					

전개	* 줄 이용 스트레칭 놀이
	  – 줄 잡고 좌, 우로 허리 돌리기
	  – 줄 잡고 앞, 뒤로 허리 숙이기
	* 줄 따라 걷기
	  – 줄을 바닥에 놓도록 한다.
	  – 옆으로 줄 따라 걸어본다.
	  – 앞걷기로 줄 따라 걸어본다.
	* 줄 뛰어넘기
	  – 줄을 바닥에 V자로 놓는다.
	  – 두 발을 모아 점프하며 줄을 뛰어넘는다.
	*오뚝이놀이
	  – 앉아 줄을 두 발에 걸고 손에 잡고 있는 줄을 당기면서 하체를 끌어올리도록 한다.
	  – 앉아 줄을 두 발에 걸고 줄을 당기면서 누웠다 일어나기 동작을 반복한다.
	*모양 만들어 뛰기
	  – 줄을 동그라미, 세모, 네모 등 다양한 모양으로 만들어서 교사가 지정하는 방법으로 뛰기 활동을 한다.					

마무리	* 간단한 스트레칭으로 몸을 풀어주도록 한다. * 줄놀이 중에서 어떤 놀이가 가장 재미있었는지 이야기 나누기를 한다.					
활동의 유의점	* 줄을 휘둘러 옆 친구가 맞지 않도록 주의한다. * 친구들끼리 부딪치지 않도록 안전거리를 확보한다.					
활동평가	* 유아들이 안전거리를 인지하며 활동하였는가? * 유아들의 발달에 적합한 활동이었는가? * 유아들이 만족하며 즐거워하였는가?					

3. 평가

유아체육 수업을 하면서 유아에 대한 평가를 하는 것은 수업의 질 향상, 유아의 발달, 문제를 가지고 있는 유아의 변화를 위해 대단히 중요한 역할을 한다. 공식적 또는 비공식적인 측정이나 관찰 모두 유용하며, 수집된 정보는 각 유아의 신체발달, 인지발달, 사회성 그리고 인성발달 수준에 대한 즉각적인 정보를 제공할 수 있기 때문에 유아체육 전후 그리고 매 시간의 간단한 평가나 월별 평가, 학기별 평가, 연간 평가 등 수업 중이나 수업 전후의 비교 등을 통해 유아의 발달 상태, 변화 등을 알아보고 효율적으로 수업을 운영하기 위한 좋은 자료가 된다.

평가의 내용에는 다음의 사항들이 포함되도록 한다.
- 교과 목표에 따른 학습이 제대로 이루어졌는지 평가

> **평가에 유용한 기구들**
>
> 어린 유아들은 자연적으로 신체가 발달하지만, 운동발달에서 생활연령별 이정표를 기준으로 하여 프로그램 내에서 개별 유아의 진보에 주목하는 것이 중요하다. 많은 기관들이 유치원에 들어갈 때 기초선 측정(사전 검사)과 학년 말 시점에서 종료측정(사후 검사)을 요구한다. 그러한 것들을 측정하기 위해 이용되는 여러 가지 표준화된 도구들이 있다(예: TGMD-II). 유아체육 지도사들은 지금까지 개발된 다양한 측정도구들을 활용하여 평가를 통한 수업의 효율성을 높일 필요가 있다.
> - 평가를 위한 관찰은 신체활동을 하는 동안 수행할 것을 추천하는 바이다. 평소처럼 다양한 활동을 준비한 활동을 평가 대상으로 정한다. 교사는 한 번에 몇 명의 유아들을 평가하고 이를 잘 기록한다.
> - 평가를 수월하게 하기 위해서는 수행을 측정할 수 있는 간단한 평가도구를 만들 필요가 있다. 기존에 만들어진 평가도구를 이용해도 좋고 본인이 평가하고자 하는 목표를 설정하고 그에 대한 간단한 평가도구를 스스로 만들어서 이용해도 좋다. 단, 평가의 항목이나 평가는 빠르고 쉽게 할 수 있도록 만들어져야 효율적으로 평가가 가능하다. 앞의 I부에서 소개한 움직임 발달단계에 대한 수행 준거를 참조해서 이용하면 유용할 것이다.
> - 평가 시간 동안 지도하는 집단(최대 2~4집단) 내 모든 유아들에게 지정된 장소에서 동시에 또는 개별적으로 수행하도록 하게 한다. 면밀히 관찰하고 이 활동의 마지막 쪽에 있는 평가 차트에 관찰 내용을 기록한다. 시간이 허락하면 2회 또는 3회 기술들을 반복한다. 유아들이 활동하는 영역에서 벗어나 있거나 수행하는 것에 대해 압박을 느끼고 있다면, 실제 시범을 통하여 움직이는 방법을 보여주는 것이 좋다.
> - 수업 시작 전에 수업에 필요한 모든 기구들을 준비한다. 보조자들을 활용할 수 있다면, 여러 위치에 배치하여 유아들을 보조하게 한다. 이들에 대한 관리는 필수적이다.
> - 가능하면 언제라도 수업에서 사용했던 기구를 사용한다. 그 기구를 사용할 수 없는 경우 크기, 무게, 재질이 유사한 기구를 선택한다. 사전-검사(기초선 평가)에 사용되는 기구와 사후-검사(종료 평가)에 사용되는 기구를 일치시키는 것이 좋고, 비교적 일반적으로 다양한 운동기술 평가를 위해 이용되는 다양한 기구들은 다음과 같다.
>
> **평가에 유용한 기구**
>
> | 기구의 종류 | 9cm 폼볼 5개, 15cm 폼볼 5개, 플럽볼(fluffball) 5개, 콩주머니 5개, 쿠시볼(koosh ball) 5개, 콘 4개, 테이프, 기타 도구 |
> |---|---|

- 다음 학습 내용을 결정할 수 있는 중요한 자료로 활용
- 적격심사: 개인의 연령과 능력에 적합한 프로그램이었는지 점검
- 프로그램 내용: 프로그램의 내용이 적합했는지에 대한 평가
- 학생성취: 유아가 교과과정 목적을 잘 따라가고 있는지에 대한 평가
- 피드백: 학생들의 반응을 평가하여 다음 학습과정에 반영

4. 기초 운동기술 수행 준거

초기 유아기 신체활동의 교육과정은 미래의 운동발달과 스포츠기술 습득을 위한 토대를 제공하도록 안정성운동, 기초 이동운동, 물체제어(조작)운동 기술에 초점을 맞추고 있다. 이러한 기술들은 일반적으로 널리 사용되는 초기 유아기 프로그램의 진단 목록 도구에서 평가되는 주요 대근 운동 기술들이다. 여기에 덧붙여 지각-운동발달 요소들과 체력요소가 들어간 운동기술들을 포함해야 한다.

어린 유아들에게 이동과 물체제어 기술을 평가할 때에는 기술 자체의 완전하고 성숙한 폼과 더불어 각 기술에 대한 개별 수행 준거를 평가하는 것이 중요하다. 유아는 종종 기술 전체를 성공적으로 수행하기 전에 기술의 부분들을 수행할 것이다. 개별 수행 준거를 성공적으로 수행한다는 것은 기술 발달이 점증적으로 이루어지고 있다는 것을 의미한다.

초기 유아기 신체활동 교과과정을 통해 발달되는 이동과 물체제어 기술들은 다음 3장에서 소개될 것이다. 이들 기술에 대한 기초적인 움직임의 발달단계는 I부 2장에서 자세하게 소개하고 있다. 특정 기술의 모든 수행 준거를 보여주는 유아는 성숙한 기술 품을 가진 것으로 간주된다. 많은 취학 전 유아들은 발달상 이들 준거를 습득하는 단계에 있을 것이다. 이 단계 동안 유아들로 하여금 몸을 움직이는 방법을 이해하도록 하고, '정보처리 과정(특정 움직임 프로그램의 중요한 요인)'에 필요한 적절한 연습을 제공하는 데 초점을 두어야 한다.

3장 유아체육 프로그램 지도

 학습목표

- 유아체육 수업의 운영지침에 대해 배운다.
- 유아체육 수업 운영시 유의해야 할 점에 대해 배운다.
- 유아체육 수업상황에 따라 고려해야 할 점들을 배운다.

1. 유아체육 수업의 운영 지침

유아체육활동은 항상 유아의 운동발달능력을 고려하여 실행되지만, 주의 깊게 미리 계획되고 체육활동을 위한 내용 선정 원리와 교수-학습 원리들이 일관성 있게 적용되어야 한다. 다음은 유아체육지도자가 유아체육활동을 위한 기본적인 원리를 기초로 하여 체육활동계획을 구성하기 위한 중요한 운영 지침이다.

① 유아들의 일상생활과 밀접한 관련을 가진 다양한 체육활동 프로그램을 개발하여 운영하도록 한다.
② 유아의 체육능력 발달을 위한 기초운동기술을 스포츠와 관련된 체육활동에 앞서서 가르치도록 한다. 또한 학기 초에 질서놀이를 통해 체육활동을 위한 규칙을 먼저 가르치도록 한다. 예를 들어 한 줄 기차 서기, 체조대형 만들기, 자리 이동하기, 한 곳에 모이는 곳, 체육활동 기구나 도구를 가져오고 반환하는 방법 등을 가르친다.
③ 각 체육활동은 가벼운 준비운동으로 심박수를 높이고, 혈액순환·호흡속도를 원활하게 하며, 유아들이 정신적·육체적으로 체육활동을 준비하게 하는 활동으로 시작한다.
④ 기본 체육활동의 체육기능 훈련만 너무 강조하지 말고 다양성과 통합성을 도모하도록 한다.
⑤ 각 체육활동에서 2~3가지 새로운 활동과 활동방법을 제시하되, 이전에 실시한 체육활동과 연계하여 활동이 반복되도록 하여 숙달되게 한다.
⑥ 만약 어떤 유아가 뛰기, 달리기, 뛰어오르기 등과 같은 기본적 운동 형태를 모른다면 개별적으로 연습할 기회를 따로 마련하여 지도하며, 집단 활동과 병행해주어야 한다. 즉, 제한된 활동시간 중에 체육능력이 발달되지 않은 유아에게 체육활동의 모든 목표를 달성하도록 강요

하지 않도록 한다. 예를 들면, 연령이 적은 어린 유아들이나 학습장애아에게 많은 체육활동 내용은 상당히 어려워서 감당해낼 수 없기 때문이다.

⑦ 지도사는 모든 유아가 필요로 하는 도움을 즉각 알아차려야 한다. 특히 지체부자유아가 있으면 지도사는 더욱 적극적인 보조를 해주고, 유아와 함께 움직이고 그의 몸을 지탱해주도록 한다. 그러나 유아들이 운동계열을 배우고, 자세를 이해하고, 지시대로 따르도록 도와주는 것을 매번 체육활동에 포함시킬 필요는 없다. 이러한 특수한 체육활동은 특수아를 위한 체육활동에서 특수 대상자를 통합시킬 때만 사용하도록 한다.

⑧ 각 체육활동에서 유아 혼자, 친구와 함께 또는 소집단, 대집단으로 집단을 나누어 다양한 방법의 체육활동을 진행하도록 한다. 그리고 유아들의 운동기능이 발달함에 따라 집단으로 함께하는 체육활동을 점진적으로 더 많이 포함시키도록 한다. 그리하여 유아들이 스스로의 신체조절력을 발달시키고 집단 활동에서 서로 돕는 과정을 통하여 다른 유아들과 더욱더 잘 협응할 수 있는 교육효과를 가져오도록 한다.

⑨ 체육교육매체를 활용하는 체육활동에서는 체육교육매체의 활용을 위한 활동을 먼저 진행한다.

⑩ 체육활동을 통하여 유아의 체육능력이 향상되고 유아의 전인발달을 도모할 수 있다는 확신을 가지고 체육활동을 즐겁게 진행하여 유아들이 체육활동 후에 긍정적인 자아개념을 갖도록 도와준다.

2. 유아체육 수업 운영의 유의점

유아체육활동의 운영은 대체로 학기나 유아교육기관의 형편과 행사, 계절과 날씨, 지역사회의 실정 등을 먼저 고려한 다음 전개한다. 유아체육활동의 전개방법은 크게 두 가지로 나눌 수 있다. 하나는 체육교육의 내용을 다루게 될 시기와 기간을 미리 결정하여 월별 및 주별로 진행하는 방법이고, 다른 하나는 내용의 전개 시기와 기간을 미리 정하지 않고 유아들의 특성과 요구, 날씨 변화나 예기하지 못한 상황에 맞추어 융통성 있게 조정·운영하는 방법이다. 유아체육활동의 운영은 대체로 교사가 연간, 월간의 체육교육 내용을 어느 정도 계획하고 준비하지만 그것을 확정하는 것은 유아들의 제안이나 발달 상태를 고려하여 전자와 후자의 방법을 절충한 방법으로 진행하는 것이 가장 바람직하다.

가. 체육활동 내용구성에 따른 유의점

유아체육활동은 전형적으로 신체를 활용한 체육활동, 대형 운동기구를 활용한 체육활동, 소형 운동도구를 활용한 체육활동, 그 외의 특별 체육활동의 네 종류로 크게 나누어진다. 유아체육활동을 운영할 때에는 체육내용이 골고루 포함되게 하여 균형과 조화를 이루는 프로그램으로 진행하여야 한다.

　균형과 조화가 이루어진 유아체육활동은 지도사가 주도하는 체육활동과 아동이 주도하는 체육활동의 균형, 조용한 정적 체육활동과 움직임이 많은 동적 체육활동의 균형, 대집단 체육활동과 소집단 체육활동의 균형, 실내 체육활동과 실외 체육활동의 균형, 체육활동시간과 휴식시간의 균형, 다른 활동영역과의 연계성과 조화를 고려한 체육활동을 의미한다.

나. 체육활동 실행에 따른 유의점

　유아를 개별적으로 배려하여 기본적 신체욕구를 충족시킬 뿐만 아니라 일정한 순서를 중요시하는 일관성 있는 체육활동 시간을 계획하여 운영함으로써 정서적 안정감과 만족감을 충족시켜주도록 한다. 체육활동의 내용을 변경하거나 활동 장소를 이동할 때에는 유아에게 미리 시간을 두고 알려주어 지도사의 지시에 잘 따를 수 있도록 운영해야 한다. 유아가 심리적으로 준비되지 않은 상태에서 활동내용을 변경하거나 활동장소를 이동하게 되면 유아들이 소극적이며 수동적인 태도로 체육활동에 임하게 되고 지도사의 지시에 저항하는 행동을 유발하여 자율성에 저해되므로 체육교육과정을 실행할 때 유의하도록 한다.

다. 연령집단 운영에 따른 유의점

　3~4세 유아는 아직 체육활동을 이끌어가기보다는 지도사의 관심과 호기심이 유아에게 많은 영향을 미치는 시기이다. 따라서 지도사 자신이 유아집단의 일원이 되어 체육활동에 참여하더라도 만약 활동의 진행을 통제하기에 어려운 일이 발생하는 경우 지도사는 활동방법의 안내자, 안전을 위한 활동보조자, 집단별 체육활동의 중립적인 중재자로서의 역할을 더 중요시하여야 한다.

　5세 유아는 3~4세 유아에 비해 다양한 체육활동의 경험을 통하여 다양한 체육활동 방법을 생각해내기도 하고 나름대로 욕구가 강한 편이다. 따라서 유아의 발달 정도와 요구도에 따라 전체 대집단 중심의 체육활동과 소집단 중심의 자유선택 체육활동을 조화롭고 융통성 있게 병행하도록 한다.

라. 소집단 구성에 따른 유의점

　체육활동을 소집단으로 구성하여 운영할 때에는 리더가 될 만한 유아를 각 집단에 배치하여주는 것이 좋다. 실제 유아체육활동을 진행할 때 지도사의 말을 귀 기울여 듣지 않고 체육활동 진행에 문제를 야기하는 유아를 리더로 선정하여 적극적으로 활용하면 좋다. 이때에는 반드시 리더가 된 유아에게 권한을 주고 유아들의 줄서기 및 차례 지키기 등의 질서에 대하여 스스로 책임을 지게 한다.

마. 가정환경과 부모 특성에 따른 유의점

다른 교육 분야와 마찬가지로 유아체육활동도 가정에서 도움을 받아야 할 일이 많기 때문에 유아교육기관과 부모 사이에 적절한 요구와 협조가 이루어질 수 있도록 해야 한다. 가정통신문을 통하여 각 유아의 가정환경, 좋아하는 운동과 싫어하는 운동, 신체적인 질병이나 정신적인 장애 같은 특이사항을 반드시 사전에 파악하여 유아의 특성에 맞게 적절한 체육활동을 구성하여 실행하도록 한다.

또한 부모는 유아의 유연성과 근력 등과 같은 운동능력에 대한 이해도가 대체적으로 부족한 편이므로 부모교육을 통하여 유아들의 일반적인 운동능력의 발달을 인식시켜주도록 한다. 동시에 부모참여 수업을 통하여 유아들과 함께할 수 있는 체육활동과 만약 특정 유아의 운동능력이 부족한 경우에는 운동능력을 길러줄 수 있는 체육활동을 제시해주도록 해야 한다. 즉, 부모교육을 통하여 부모가 단순히 유아의 운동능력과 체육활동을 이해하는 데 그치지 않고 유아들의 체육활동을 지원할 수 있는 계기를 마련하도록 한다.

3. 유아체육 수업 진행의 유의점

① 체육활동 중 안전사고에 대한 예방책이나 대비책을 미리 마련하도록 한다.
② 유아의 발달수준을 고려하여 적절한 체육활동 내용을 단계적으로 계획하여 진행한다.
③ 유아 개개인의 개별 활동, 또래와 함께하는 소집단활동, 대집단활동 등 체육활동의 집단 크기에 적절한 공간을 준비하고, 유아들이 흥미와 능력에 맞는 활동을 선택할 수 있도록 활동자료와 교재교구를 다양하게 제공한다.
④ 유아들이 가능한 한 체육활동에 주의를 집중할 수 있도록 최대한 노력하되, 격렬한 신체게임 놀이가 있은 후에는 반드시 마무리체조로 유아들의 근육을 풀어주도록 한다.
⑤ 체육활동을 진행할 때 세부적인 운동기술이나 결과보다는 운동의 근본적인 목적을 잘 설명해주고 과정을 중시함으로써 유아들이 체육활동을 하는 가운데 자신만의 느낌이나 생각을 자연스럽게 표출하여 표현하도록 도와준다.
⑥ 체육활동 후에는 운동기구나 운동도구를 정리·정돈하는 습관을 길러주고 실외 체육활동이 끝난 다음에는 반드시 얼굴, 손과 발을 깨끗이 씻도록 하여 위생적인 생활을 하도록 지도한다.

4. 실내 프로그램 지도 시 유의사항

① 유아체육지도사는 유아들이 직접 참여할 수 있는 기회를 최대한으로 제공할 뿐만 아니라 주어진 활동시간을 잘 활용하여 유아가 지루하게 기다리지 않고 움직여서 체육활동을 통한 운동량이 최대가 되도록 철저하게 준비하도록 한다.
② 유아체육지도사는 유아가 매일의 일과 속에서 신체활동에 규칙적으로 참여할 수 있도록 반일반의 경우 매일 1회 30~40분 정도, 종일반의 경우 매일 1~2회 30~40분 정도의 신체활동 시간을 계획하여 실행함으로써 유아가 체육활동을 통해 성취감과 기쁨을 경험하도록 도와준다.
③ 유아체육지도사는 다양한 체육활동을 진행할 때 각 유아의 개별적인 신체발달과 운동 능력에 적합하게 개별화된 배려를 해주고, 신체활동을 위한 집단 구성을 할 때에는 유아가 자신감과 자아 존중감, 직접 참여를 통한 협동심을 경험할 수 있도록 높은 수준의 경쟁을 요구하는 스포츠 게임은 피하도록 한다.
④ 유아체육지도사는 넓은 공간에 여러 가지 운동기구를 갖추어 다양한 활동을 준비해주어 유아가 자신의 운동능력 수준에 적합한 체육활동을 스스로 선택하여 활동할 수 있도록 기회를 주고, 활동지시문이나 지시그림을 붙여주어 유아 스스로 순환하면서 체육활동을 할 수 있도록 한다.
⑤ 유아체육지도사는 적어도 25명의 유아가 동시에 활동할 수 있도록 체육활동을 위한 운동기구와 설비를 충분히 구비하여 각 유아의 참여를 극대화하도록 한다.
⑥ 유아체육지도자는 성차별 없이 남아와 여아 모두가 체육활동에 동등하게 참여하도록 제시하고 격려하도록 한다.
⑦ 유아체육지도사는 유아의 건강한 생활을 위해 체육활동을 통한 체력이 얼마나 중요한지를 알려주는 활동을 계획하여 유아가 체육활동에 대한 긍정적인 태도를 갖고 즐겁게 참여하면서 유아의 신체운동능력을 최대한으로 발달시키도록 도와주어야 한다.

5. 실외 프로그램 지도 시 유의사항

① 유아체육지도사는 유아들이 집단으로 모여 실외놀이에서의 안전에 관해 미리 토의를 하도록 하고, 유아들 스스로 지켜야 할 안전규칙의 목록을 만들어서 놀이시설에 붙이게 함으로써 실외놀이에 앞서 안전교육을 먼저 실시하도록 한다.
② 유아체육지도사는 유아와의 개별적인 상호작용을 통해 유아들에게 실외놀이 시설의 올바른

사용법을 설명해주거나 시설 사용의 시범을 보여주어 실외놀이 시설 사용에 있어서 모범을 보이도록 한다.

③ 유아체육지도사는 유아들의 운동능력의 가능성과 한계를 잘 파악하여 적절한 시기에 유아에게 적합한 격려와 칭찬을 해줌으로써 유아들이 체육활동에 대한 긍정적인 태도를 갖고 체력을 향상시키며 최대한으로 잠재적인 운동능력을 발달시킬 수 있도록 도와준다.

④ 유아체육지도사는 고정된 실외놀이 시설뿐만 아니라 유아들의 흥미를 유발하는 이동이 가능한 운동기구를 활용하여 균형과 조화를 유지하면서 변화 있는 운동놀이를 구성함으로써 유아가 다양한 체육활동에 새로움을 느끼고 도전을 통한 흥미를 계속 유지하도록 한다.

⑤ 유아체육지도사는 유아의 신체발달과 운동능력에 개인차가 있음을 인식하고 실외놀이에서 설치하는 운동기구를 유아들의 서로 다른 발달적 수준을 충족시킬 수 있도록 다양한 수준으로 설계하고 진행하도록 한다.

⑥ 유아체육지도사는 유아의 실외놀이가 안전하고 다양하게 이루어지도록 할 뿐만 아니라 충분한 실외놀이 시간을 제공하여 유아의 체력과 운동능력이 최대한 발달되도록 도와준다.

⑦ 유아체육지도사는 유아들과 함께 실외놀이 시설과 기구를 깨끗하게 정리하고 안전하게 관리되도록 최대한으로 노력하여야 한다.

4장 안전한 유아체육 프로그램 지도를 위한 환경

 학습목표

- 유아들을 안전하게 지도하기 위한 안전의 개념을 이해한다.
- 유아들을 안전하게 지도하기 위한 안전한 환경을 위해 고려해야 할 요소들을 이해한다.
- 유아들을 위한 안전지도 방법을 배운다.
- 유아응급처치에 대한 방법을 배운다.

안전은 인간의 가장 기본적인 욕구 중 하나로 편안하며 위험이 없는 상태, 사고의 위험이 없는 상태를 말한다. 또한 Maslow(1987)의 욕구 이론에서도 가장 기본적인 욕구로 생리적인 욕구가 추구되면 인간은 안전을 필요로 하는 욕구를 갖는다고 하였다. 특히 유아의 안전은 생명과 직결되기 때문에 유아의 행복한 삶은 안전한 환경에 좌우된다 해도 과언이 아니다. 하지만 영유아는 발달이 미숙하여 가정, 유아교육기관(어린이집, 유치원), 주변 환경에 노출되어 있으며, 호기심과 관심이 많아 충동적인 성향, 안전교육의 부족, 안전불감증으로 스스로를 보호하기란 매우 어려운 일이다(곽은복, 2000; 김성희, 2000; 김현자 · 신지현, 2008). 따라서 유아들의 안전은 교육뿐만 아니라 아이들 주변 환경에 대한 안전관리를 하는 것이 중요하다.

1. 유아기 안전

유아의 안전능력을 생각할 때, 신체적 발달과 심리적 발달 모두 파악해야 한다. 신체적 발달은 신경계의 기능이 미숙하고 경험부족, 학습부족으로 인해 힘이나 속도를 가감하거나 억제하는 것이 서툴다. 심리적 발달은 판단하는 능력이 미숙하고 현실과 공상을 혼동하여 위험한 행동을 흉내 내기도 한다. 유아들은 자발적으로 뛰어 놀면서 신체를 움직인다. 이처럼 자발적인 신체활동은 결과적으로 신체의 건전한 발육과 발달을 촉진하고 건강한 몸과 마음을 형성하는 중요한 역할을 한다. 또한 강한 호기심과 안전에 대한 불감증으로 잦은 사고에 노출되어 있어 유아기 사고, 사망 원인은 안전사고로 인한 뜻밖의 사고가 대부분을 차지하고 있다.

가. 유아의 놀이와 부상 및 사고

유아의 놀이 및 신체활동은 연령에 따라, 발달단계에 따라 변화한다. 그 변화에 따라 사고의 종류나 부상의 빈도, 손상의 정도가 바뀌게 된다. 예를 들어 3~4세 유아는 집단활동 시 경쟁심이 생겨, 경주를 하다가 넘어지기도 하고 밀거나 밀리는 과정에서 낙하하는 등 작은 사고가 증가하게 된다. 또한 유아들은 행동반경이 점점 넓어져 또래와 함께 사고를 당하는 경우도 많아진다. 따라서 가정, 유아교육기관에서는 스포츠 활동 시 안전에 대한 인식, 위험을 피할 수 있는 판단력을 체득해갈 수 있도록 규칙 지키기를 습관화하는 것이 중요하다.

나. 부상, 사고의 원인 및 실태

유아교육기관에서 많이 발생하는 사고는 추락, 충돌, 넘어짐 등이다. 부상의 종류는 남녀 모두 좌상이 가장 많고, 타박상, 골절, 출혈이 나타난다.

상처 부위는 머리부, 안면부가 가장 많고 팔, 다리 순이다. 이는 발달과정에 있는 유아들의 평형성이 높지 않아 균형 잡기가 어려워 잘 넘어지고, 유아의 체형상 중심이 위에 있어 머리나 안면부의 부상 빈도가 높다고 볼 수 있다.

특히, 유아교육기관의 체육·놀이시설에서의 부상은 실외놀이를 위해 설치해놓은 실외 놀이기구인 그네, 미끄럼틀 등에서 활발히 움직이다가 부주의로 인해 부딪히거나 고정 놀이기구 등 높은 곳에서 놀다가 뛰어내리거나 넘어져서 일어나는 사고가 많다.

사고 발생의 원인과 잠재위험을 살펴보면 다음과 같다.

① 불량한 환경: 유아가 안심하고 즐겁게 활동할 수 없는 물적·인적 환경
② 불량한 행동: 규칙이나 약속을 지키지 않는 행동이나 지식의 결여로 인한 행동
③ 불량한 심신상태: 걱정, 흥분, 피로, 한 가지 몰입 시, 운동능력의 미발달 등
④ 불량한 복장: 유아의 활동내용에 맞지 않는 의복, 신발, 소지품 등

2. 유아체육 지도 환경

인간의 두뇌는 8세 이전에는 우뇌가, 취학 후에는 좌뇌가 활발하게 발달한다. 우뇌 발달을 위해서는 에너지를 발산할 수 있는 활동이 좋다. 특히 요즘 같은 복잡한 생활 속에서는 스마트폰, 컴퓨터, TV 등 좌뇌만 자극해주는 환경이 조성되고 있다. 하지만 유아기에 꼭 필요한 우뇌 발달을 위해서는 에너지를 발생할 수 있는 대근활동이 중요하다. 유아들은 활동적이고 정열적이며, 호기심이 많고, 끊임없는 관심과 상호간의 접촉을 통해 이해하게 된다. 이러한 유아들이 가정, 유아교육기관

에서 효과적인 대근활동을 위해서는 주변 환경점검이 반드시 필요하다.

가. 유아체육 지도 환경 원칙

① 안전성: 스포츠, 체육활동을 하기 위한 설비나 용구가 유아들의 건강을 해치거나 위험성이 없어야 한다. 공간의 벽, 바닥의 재질, 부드러운 마감재, 안전장치 설치 등 체육수업을 할 수 있는 환경의 안전성이 중요하다.

② 경제성: 안전성과 직결되는 문제로 충분치 못한 예산으로 인한 부실공사, 불량품 납품 등으로 인한 안전사고를 배제하여야 한다. 그러기 위해서는 견고함과 반영구적인 재료나 교체시기를 고려하여 시공함으로써 시간 및 비용 면에서 경제력이 있는 것을 선택하는 것이 중요하다.

③ 흥미성: 호기심, 모험심 등을 표현할 수 있는 환경조성은 체육활동의 흥미로움과 함께 적극적인 수업태도를 이끌 수 있다.

④ 효율성(필요성): 유아 신체발달에 반드시 필요한 기구나 설비로 판단된다면 그 필요성을 인정하여 준비하여야 한다. 또한 수업장소의 음향시설, 냉난방시설, 스포츠 활동공간의 크기 등은 수업의 효과적인 진행을 위해 고려해야 한다.

나. 실외놀이·운동기구 환경

실외놀이·운동기구 중 사고빈도가 많은 것은 고정식 놀이·운동기구에서는 그네, 미끄럼틀, 이동식 놀이·운동기구에서는 뜀틀, 시설에서는 수영장 안팎에서 안전사고가 많이 일어난다. 실외놀이·운동기구의 안전사고를 예방하기 위해서는 다음과 같은 점에 주의해야 한다.

첫째, 대근육 운동기구가 있는 주변 바닥에는 모래, 톱밥, 합성수지나 고무, 우레탄 등 충격 흡수용 재질의 자재를 깔아준다.

둘째, 놀이·운동기구의 부식이나 파손, 접속부분이나 회전부분의 윤활유 주입, 볼트 조이기, 금속제품이나 플라스틱 제품의 안전성 점검이 필요하다.

지도자는 다음과 같은 사항에 주의해야 한다.

첫째, 움직이고 있는 운동기구, 놀이시설에 접근하지 못하도록 안전거리를 유지하고 안전선을 이해시킨다.

둘째, 고정시설이나 운동기구를 사용할 경우, 근력이 부족하거나 변화 있는 놀이가 불가능한 유아에 대해서는 몸을 안고 팔 동작이나 신체 이동성을 이해시킨다(신체적 보조→언어적 보조).

셋째, 높은 곳에서 뛰어내리지 않도록 한다.

넷째, 자전거, 인라인스케이트 등 이동운동이 가능한 운동기구들은 타는 방법을 이해시키고, 보호장구 착용, 브레이크, 연결고리, 안장 높이 등 부품을 확인한다.

그 외의 구체적인 실외놀이·운동기구 환경의 안전 체크리스트는 〈표 3-10〉과 같다.

표 3-10. 실외놀이·운동기구 환경의 안전 체크리스트

	놀이기구	점검사항
고정식 놀이·운동기구	미끄럼틀	• 미끄럼 면에 이물질이나 부식부분은 없는가? • 미끄러져 내려온 곳에 위험은 없는가? • 발판, 난간, 사다리 등이 흔들리지는 않는가?
	그 네	• 나무판, 앉는 곳에 손상이나 부식부분은 없는가? • 그네의 이동범위 내에 위험은 없는가? • 쇠사슬이 부식되거나 쇠사슬과 판 부분의 접속볼트가 풀려 있지는 않는가?
	철 봉	• 철봉 표면에 녹이 있거나 젖어 있지는 않는가? • 철봉대의 용접부분으로 인해 봉이 돌지는 않는가? • 지면의 고정부분이 느슨해져 있지는 않는가? • 철봉 아래 바닥 확인
	유동원목 (움직이는 것)	• 회전부분 마모 확인 • 용접, 볼트, 윤활유 주입
	공 통 점	• 용접부분이나 접합부분의 점검, 볼트의 잠김 정도 • 목재부분의 손상, 철제의 녹 • 유아가 접하는 부분의 파손, 마모 확인 • 놀이기구 주위의 상황 파악
이동식 놀이·운동 기구	뜀 틀	• 커버부분의 파손, 봉합부분의 풀림 • 실이 끊겨 있지는 않은지, 청결한지, 곰팡이는 없는지 확인 • 뜀틀 면에 돌이나 위험물은 없는지 확인
	트램펄린	• 파이프의 접합, 용접부분, 표면의 파손 • 설치장소는 수평인지 확인 • 스프링이 늘어나거나 튀기거나 하지는 않는가? • 스프링 끝은 보호되어 있는가?
	자 전 거	• 용접, 접합부분, 페달, 안장, 타이어의 파손, 마모, 회전부분의 주유, 볼트, 바퀴의 공기주입 정도

시설	모래밭	돌, 유리, 못, 동물의 변 등 위험물, 비위생적인 것이 들어 있지는 않는가? 배수상태, 새로운 모래의 보급과 소독 주위는 안전한가?
	수영장	입수 인원수와 크기, 깊이, 바닥이 미끄럽지 않는가? 배수상태, 위험물은 없는가? 수온은 적당한가?
	수영장 밖	주변은 미끄럽지 않는가? 주변공간은 확보되었는가? 샤워기 및 부대시설 점검

다. 실내놀이·운동기구 환경

주로 유아교육기관에서 유아 스포츠 및 신체활동이 이루어지는 장소는 규모에 따라 장소 변화가 있겠지만 강당, 유희실, 교실 등에서 이루어질 수 있다. 실내놀이·운동기구의 안전사고 예방 및 효과적인 수업 환경을 위해서는 다음과 같은 점에 주의해야 한다.

첫째, 스포츠를 포함하는 대근육 활동이 이루어지는 실내 환경은 주변에 다른 놀잇감이 배치되지 않고 주의력이 분산되지 않게 하는 것이 좋다.

둘째, 볼풀장이 있는 경우, 미끄럼틀이 아닌 출입이 용이한 계단이 좋다.

셋째, 벽과 바닥, 기둥과 모서리는 푹신푹신하고 충격을 완화할 수 있도록 장치하는 것이 좋다.

넷째, 충분한 실내 신체활동을 위한 공간 확보가 필요하다.

다섯째, 벽의 액자, 시계, 천장의 전등 등은 깨지지 않도록 고정하거나 보호대를 장착한다.

여섯째, 실내놀이·운동 환경이 지하에 위치한 경우, 환기와 제습에 유의한다.

일곱째, 사용하지 않는 기구는 안전하게 보관하도록 한다.

여덟째, 기구 및 용기구를 넣어놓는 창고의 환기와 정리가 필요하다.

지도자는 다음과 같은 사항에 주의해야 한다.

첫째, 넓은 공간을 확보한다. 확보가 어려운 경우에는 소그룹으로 나누어 활동한다.

둘째, 안전매트나 보호대를 수시로 점검한다.

셋째, 바닥에 있는 놀잇감이나 장애물로 인해 넘어지지 않도록 점검한다.

넷째, 수리가 필요한 체육기구는 보수한다.

다섯째, 신체활동 후 마실 수 있는 물을 준비한다.

라. 유아 스포츠 안전교육

유아 스포츠는 강제성 없이 자발적으로 행동하는 놀이활동뿐 아니라 일정한 규칙과 방법에 따라 시설, 도구를 이용하여 신체적 기량과 기술을 겨루는 스포츠적 행동을 포함한 신체활동을 말한다(정혜인, 2008).

유아의 스포츠 활동은 자전거, 킥보드, 인라인스케이트, 스케이트, 스키, 눈썰매, 태권도, 물놀이, 수영 등이 있으며 안전한 유아 스포츠 지도를 위해 스포츠 종목에 따른 기구의 안전한 사용방법을 이해하고, 스포츠 활동을 즐기기 위한 기본 운동기능을 익혀야 하며, 스포츠 규칙이나 안전수칙, 전술을 이해하고 준수하는 태도를 갖도록 해야 한다. 특히, 스포츠 상황에서의 안전사고는 설치, 장비, 관리상의 문제로 발생하는 사고 및 가정이나 공원, 놀이터, 놀이동산, 공공체육시설, 유아교육기관 등에서 발생하는 사고로 성장하는 유아, 아동에게 안전의 의미는 대단히 중요한 요소임에 틀림없다.

3. 실외 체육시설과 운동기구

유아체육은 체육시설이나 운동기구를 사용하지 않고 지도할 수 있으나 체육시설이나 운동기구의 사용은 집단 내의 협동심을 증가시키고 주의를 집중시키는 교육적 효과가 있다. 또한 체육시설이나 운동기구는 협응성, 민첩성, 유연성, 평형성 등과 같은 운동적성을 발달시켜주며 유아들에게 자아성취감과 만족감을 주므로 중요한 교육적 매체의 역할을 한다.

따라서 고정되어 있거나 다양한 방법으로 활용할 수 있는 체육시설을 갖춘 환경을 조성하는 것이 중요하며, 적어도 유아들을 위해 기어오르고, 뛰고, 균형을 잡기 위해 충분한 체육시설 및 환경을 갖추어야 한다. 유아체육을 위한 체육시설로는 수직사다리, 수평사다리 등과 같이 교사의 지도 아래 사용될 수 있는 체육시설과 유아들이 기어오를 수 있는 시설을 많이 갖추되, 회전목마 같은 오락기구들은 기능적인 측면을 고려하여 그 수를 줄여도 된다.

체육시설은 외관적으로 아름다운 천연색으로 되어 있어 미적일 뿐 아니라 비교적 좁은 공간에서 활용이 가능한 것으로 선정하도록 한다. 최근에는 이러한 유아용 놀이기구가 여러 가지 방법으로 분해 조립이 가능하여 공간을 아낄 수 있을 뿐 아니라 유아에게 즐거움을 더해주게끔 고안된 것도 많다.

유아들의 체육시설이 있는 장소는 유아들에게 여러 가지 상상력을 풍부하게 하는 놀이 장소로 사용될 수 있다. 이렇게 유아들에게 상상력을 풍부하게 해주는 체육시설로는 집, 로켓, 나무, 자동차, 우주선, 다리, 혹성 같은 사물들을 나타낼 수 있다. 비록 요구되거나 추천된 체육시설을 이용할 수 없는 상태라 해도 안전하고 조화된 운동교육 프로그램은 몇 가지 움직이는 기구의 부품이나 줄,

공, 콩주머니, 바닥에 그은 선, 표지물 등으로도 실행될 수 있다.

> **다음은 유아의 체육시설로 반드시 요구되는 것은 아니지만 추천할 수 있는 시설 및 운동기구이다.**
> ① 정글짐 또는 다른 기어오르는 데 쓰일 수 있는 기구
> ② 미끄럼틀
> ③ 그네 또는 전신의 율동적인 운동을 위한 기구
> ④ 평균대 또는 균형훈련을 위한 통나무
> ⑤ 트램펄린 또는 트램펄린 판
> ⑥ 모래장
> ⑦ 뜀틀과 구름판
> ⑧ 철봉
> ⑨ 수영장 또는 물놀이 기구

> **작은 공간에서의 운동을 도와주는 운동도구는 다음과 같다.**
> ① 공: 9인치 공(22.5cm). 1인당 1개씩 또는 적어도 2인당 1개씩 돌아가게 한다.
> ② 테니스 공: 3명당 1개씩 돌아가게 한다.
> ③ 콩주머니: 1인당 1개씩 돌아가거나 적어도 2인당 1개씩 돌아가게 한다.
> ④ 가는 막대, 맞춤못 또는 장대: 길이 24~30인치(60~75cm), 굵기 1/2인치. 1인당 1개씩 돌아가거나 적어도 2인당 1개씩은 되도록 하여 기거나 넘기, 몸을 펴는 운동, 마루 위에 임시선을 표시할 때 사용한다.
> ⑤ 크고 작은 훌라후프: 1인당 1개씩 돌아가거나 적어도 2인당 1개씩은 되도록 한다.
> ⑥ 줄: 10피트(3m), 6피트(1.8m). 1인당 1개씩 돌아가거나 적어도 2인당 1개씩
> ⑦ 신축성 있는 줄: 두께가 있는 탄력성 있는 줄은 유아에게 덜 위험하다.
> ⑧ 원형 골판지: 지름 12인치(30cm) 10매, 지름 8인치(20cm) 40매. 균형운동 시 판을 밟으며 사용한다.
> ⑨ 매트: 구르기 용도로 사용하는 주 매트 2장과 철봉놀이나 뜀틀놀이 시 사용하는 보조매트 1장이 필요하다.
> ⑩ 튜브 또는 타이어: 3~5개
> ⑪ 유니바: 20개
> ⑫ 블록: 폭 6인치, 길이 12인치(30×15cm)짜리 10~15개
> ⑬ 기타: 이외에 교사는 초시계, 줄자, CD플레이어, 음악 CD 등 준비

4. 운동기구 배치의 유형

가. 병렬식 배치

유아들은 운동기구를 접하고 3~4개월 정도 지나야 기구에 대해 공포심을 느끼지 않고 자신감을 가질 수 있다. 유아들이 여러 가지 운동기구를 한꺼번에 접하면 중간에 몇몇 유아들이 기구에 숙달되지 않아 멈추게 되고 그 뒤에 유아들이 기다려야 한다. 따라서 학기 초에는 유아들이 운동기구에 익숙해질 때까지 팀을 나누어 병렬식 배치로 운동하도록 한다.

병렬식 배치로 운동할 경우, 예를 들어 철봉을 못하면 그 팀의 유아들만 기다리고 다른 팀의 유아들은 제각기 활동할 수 있어 좋다. 그러나 교사는 한 곳의 운동기구만 보조하므로 다른 운동기구

들의 난이도를 낮추어 유아들이 다치지 않도록 하고, 팀별로 대장을 뽑아 유아들 스스로 팀의 질서를 지키도록 충분한 동기를 부여한다.

나. 순환식 배치

유아들이 어느 정도 운동기구들에 자신감을 가지면 기구들을 순환식으로 배치하여 여러 가지 다양한 기구를 한꺼번에 접할 수 있으므로 많은 재미와 만족감을 줄 수 있다. 운동기구와 기구의 연결은 유니바를 사용하여 자연스럽게 배치하며, 주어진 공간을 충분히 활용하여 배치하도록 한다. 교사는 처음 시작하는 곳의 기구 옆에서 보조를 하며 중간에 유아들이 서로 부딪치지 않도록 적절히 유아들을 출발시킨다.

다. 시각적 효과의 운동기구 배치

유아교육기관의 물품을 활용하여 기구를 배치하면 시각적인 효과와 보다 많은 프로그램으로 유아들에게 만족감을 줄 수 있다. 가장 많이 활용하는 도구는 '의자'이다. 의자 위에 평균대를 놓아 높낮이를 지정하기도 하고, 위에 유니바를 놓아 밑으로 통과하기 등을 할 수 있으며, 기구와 기구를 연결할 때 의자를 밟고 '징검다리 건너기' 활동을 통해 다른 기구로 이동하기도 한다.

기타 스펀지 블록이나 훌라후프, 고무줄 등의 도구들이나 다른 도구들을 활용하여 놀이를 하는 데 다양하게 활용하도록 한다.

라. 운동기구 관리

유니바나 평균대는 나무재질이어서 장마철 등에는 지하에 두면 나무가 틀어질 수 있고, 매트는 스펀지에 곰팡이가 생긴다. 운동도구는 여름철 습기에 각별히 주의하여 관리해야 한다. 그 외에 조립식 철봉 같은 운동도구는 반드시 분해하여 보관하며, 보관 도중 분해된 동작활동기구가 쓰러져 유아들이 다치지 않도록 한다. 자주 사용하지 않는 도구는 영유아의 손이 닿지 않는 곳에 보관한다.

5. 유아의 응급처치 및 실습

유아기는 위험 상황에 대한 인지와 이해가 부족한 시기이므로 일생에 있어서 사고 발생의 위험도가 가장 높은 시기이다. 유아기 사고의 대부분은 호기심으로 인한 안전사고로 타박상, 골절, 화상, 중독 등 다양한 응급상황이 발생했을 때 의사가 오는 시간까지 즉각적인 응급조치가 필요하다. 단순 조치라 할지라도 의학에 기초한 방법에 의해 응급조치를 하여야 하며, 사고를 미연에 방지하기 위해 말로 타이르거나 교육함으로써 위험에 대한 사전 예방도 중요하겠지만 그보다 우선시할 것은 일상생활에서의 다양한 위험요인을 사전에 인지하고 확인하여 제거해야 한다. 우리 생활주변에는 예기치 못한 다양한 사고 발생의 위험이 도사리고 있다. 따라서 각 가정에서는 응급상황 및 사고 발생에 대한 대비가 상시 되어 있어야 하며, 신속하고 적절한 응급처치로 생명을 구하고, 의료시설로 이동하여 치료를 받기 전 간단한 응급처치를 실시함으로써 환자의 상태악화 방지와 함께 위험상황에 대해 적절히 대비함으로써 사고를 미연에 예방하는 데 목적이 있다.

가. 응급 시 행동요령
① 응급상황을 인지한다: 위험 상황에 대한 이해와 분석
② 도움 유무를 결정한다: 평소 응급상황에 대한 판단 기준을 명료화
③ 필요 시 신속히 구급차를 호출한다: 신속하게 119로 도움을 청하여야 하며, 일반 차량으로 환자를 옮기는 것은 부적절
④ 부상자를 진단한다: 환자 상태를 파악하고 위중할 경우 즉시 응급처치 실시
⑤ 응급처치를 실시한다: 응급조치가 필요하다고 판단되면 즉시 응급처치를 실시

나. 응급처치의 기본원칙
① 환자 상태에 확신이 없을 경우나 미숙한 응급처치는 하지 않도록 한다.
② 호흡정지, 호흡곤란 유무를 우선 확인한다.
③ 환자의 응급처치 전 먼저 신체손상을 주의 깊게 살펴본다. 출혈이 있을 때는 지혈을 하고 상처의 오염을 막기 위해 깨끗한 붕대 등으로 신속히 감싼다.
④ 환자를 수평으로 편안히 눕히고 충격을 받지 않도록 조치한다.
⑤ 정신적 충격을 피하기 위해 환자 본인의 부상당한 곳을 보지 않도록 주의한다.
⑥ 체온유지를 위하여 몸을 따뜻하게 해주고 환자가 불안하지 않도록 주위를 조용히 시킨다.
⑦ 119(응급의료정보센터)나 129(보건복지콜센터)에 신속히 연락하여 의사와 구급차를 호출한다.
⑧ 환자 이송 시 부상부위를 고정시키고, 의식이 없는 경우 충격방지를 위해 가능하면 누운 상태로 이송한다.
⑨ 사고와 부상의 경중을 신속히 판단하여 빠른 구호 조치를 취한다.

다. 부상이나 응급상황 시 유아에 대한 조치
1) 문진(history)

부상 및 응급상황에 대한 경과가 매우 중요하므로 사고 발생 시 목격자 및 의식이 있는 환자에게 사고에 대한 정보를 수집한다. 따라서 아동의 보호자는 사고 발생 시점부터 현재까지의 상황 및

신체부상에 대한 증상, 통증의 강도와 빈도, 의식 여부 등 전반적인 상황을 파악한다.

2) 고열

고열은 질병으로부터 몸을 보호하기 위한 방어기전이며, 따라서 고열 증상은 우리 몸의 이상 신호이다. 중증도의 발열은 인체 방어에서 작용하며 백혈구의 운동, 림프구의 변환, 식세균 작용 등이 발열에 의하여 촉진된다는 사실이 연구에 의해 밝혀지고 있으며, 고열 자체는 병이 아니고 병으로 인한 증상이다.

① 발열 기전

체온이 적당하면 몸의 기능을 활성화시켜 면역력이 높아지는 등 질병을 이기는 데 도움이 되지만 체온이 너무 높으면 불쾌감, 식욕감퇴 그리고 아이에 따라 발작증상을 일으키기도 한다. 즉 체온이 38℃ 이상이면 몸에 이상이 있다고 판단하고 조치를 취해야 한다.

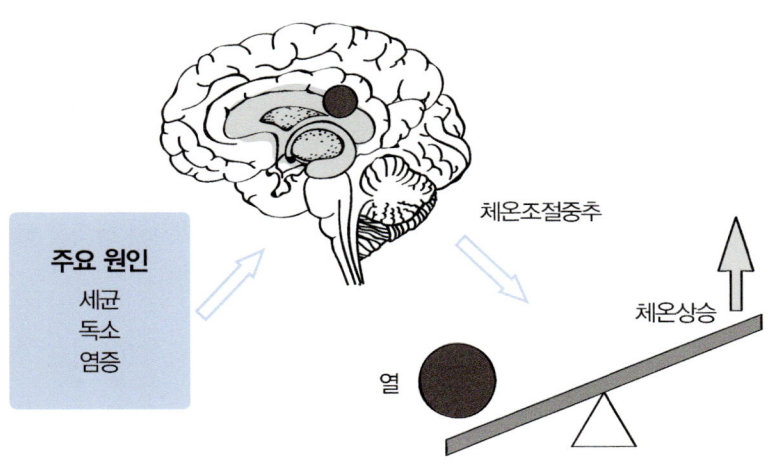

그림 3-1. 발열 기전

간혹 열을 빨리 떨어뜨리기 위해 해열제를 짧은 시간에 과다하게 복용시키는 경우가 있는데 이는 상당히 위험한 일이며 특히 어린 영유아에게는 치명적인 해를 입힐 수 있으므로 해열제를 과다하게 복용하지 않도록 보호자는 용량과 시간을 정확히 숙지하여야 한다. 열을 떨어뜨리는 것도 중요하지만 원인을 빨리 알아내어 그에 맞는 치료방법을 사용하는 것이 우선이다.

② 정상체온

아이의 체온은 측정 부위 또는 체온계에 따라 달라질 수 있으니 주의하도록 한다.

표 3-11. 신체부위의 정상체온

신체부위	정상체온
겨드랑이	35.7~37.3℃
구강	35.5~37.5℃
항문	36.6~37.9℃
귀	35.8~37.5℃

③ 체온 측정방법

겨드랑이는 땀이 많은 부위로 정확한 측정을 위해서는 잘 닦은 후 측정해야 한다. 간혹 땀이 남아 있는 경우 체온이 낮게 측정되어 저체온증으로 오인하는 경우가 있으므로 수은체온계 측정 시 35℃ 이하로 떨어진 것을 확인 후 측정할 것을 권장한다.

전자체온계의 경우 전원을 켜고 일정시간이 지난 후 측정하며, 충분한 시간 동안 밀착한 후 측정한다. 단, 고열일 때는 고막을 이용한 전자체온계는 체온이 실제보다 고온으로 측정되는 등 오진의 확률이 높으므로 겨드랑이를 이용한 체온측정이 바람직하다. 체온이 내려가지 않을 경우는 1~2시간 간격으로 체온을 측정하면서 열의 변화를 기록해두어 의사와 상의를 하여 처방받는 것이 안전하다.

④ 발열 원인
- 상기도 감염(감기, 인두염, 편도염, 급성 중이염, 기관지염, 폐렴 등)
- 요로 감염
- 발진성 감염(홍역, 풍진, 돌발성 발진, 수두 등)
- 장 감염
- 뇌막염
- 패혈증
- 탈수(구토, 설사 등)
- 예방접종 등 일시적 반응

⑤ 고열이 나는 경우
- 일정한 시간 간격으로 반복하여 정확한 체온을 측정한다.
- 열이 38℃ 이상이면 해열제 복용이나 좌약을 삽입하고 열과 함께 호흡곤란, 구토, 복통, 두통, 경련이 있을 경우에는 병원을 방문하여 진료를 받도록 하며, 좌약은 위험요소들이 있어 경험이 없는 보호자는 사용에 주의하여야 한다.
- 열이 38℃ 이상이면 아기의 옷을 벗기고 집을 서늘하게 하여 체온을 낮춰야 한다.
- 차가운 물로 몸을 닦아주는 것은 혈관을 수축시켜 열의 발산을 저해하므로 미지근한 물을 이용하도록 한다.
- 해열제 복용 시에는 의사, 약사의 복약지도를 철저히 준수하고 임의대로 여러 종류의 해열제를 중복 복용하지 않도록 주의하여야 한다.
- 열이 나면서 오한이 나타나는 경우 이불로 몸 전체를 덮어주거나 물로 닦아주면 오히려 열을 더 상승시키는 경우가 있을 수 있기 때문에 주의하여야 하고, 아이가 입술에 청색증이 나타날 때는 얇은 이불을 살짝 덮어주도록 한다.

3) 열성경련(경기)

유아기 때 겪는 경기는 대부분 열성 경련이다. 유아들의 2~5%가 경험하는 열성경련은 대개 6개월에서 4세 사이에서 일어나는데 유아들의 뇌의 발달이 미성숙하고 체온조절 기능이 미숙한 상태이기 때문에 고열이 지속되면서 뇌와 근육이 충격을 받아 전신경련을 일으킨다. 원인은 고열로 인한 뇌의 산소 부족, 뇌부종, 탈수, 뇌의 독소 침입, 유전적인 요인 등 다양한 원인들이 거론되고 있으나 뚜렷한 원인은 아직 밝혀지지 않았다.

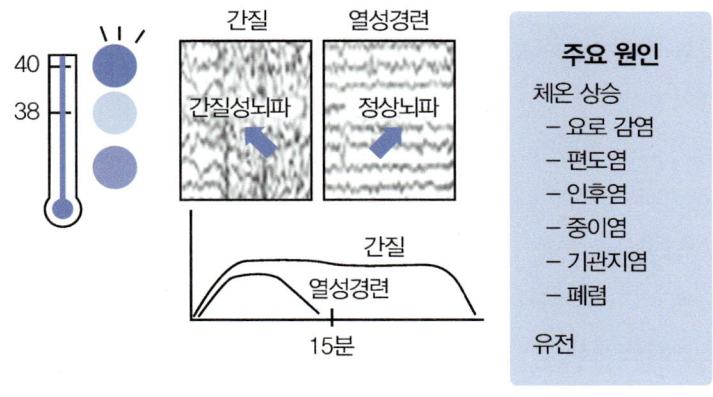

그림 3-2. 열성경련과 간질

① 주요 원인과 간질과의 차이

열성경련은 보이는 증상과는 다르게 치명적이지는 않다. 열성경련은 길게는 15분 정도 증상이 지속되므로 보호자는 당황하지 말고 사전에 대처 방법을 숙지해두어 침착하게 대처하도록 한다. 하지만 보호자가 열성경련 외에 다른 경련은 구분이 쉽지 않으므로 유아가 열이 없는 경기로 호흡에 이상이 있으면 즉시 병원으로 후송하여 전문가의 치료를 받도록 해야 한다.

- 열성경련은 반드시 열이 존재한다.
- 간질발작은 열과 상관없이 증상이 있으므로 열의 존재 유무를 확인하여 증상을 파악하도록 한다.

② 열성경련의 증상
- 오한과 고열이 발생한다.
- 몸이 굳거나 의식을 잃는다.
- 눈에 초점이 없고 말에 대한 반응이 늦거나 없어지며 안색이 창백해지고 입술이 파래지기도 한다.
- 이 경우 많은 보호자들이 체한 것으로 오인하는데 유아 자녀를 둔 부모나 유아를 지도하는 교사들은 이러한 증상을 사전에 파악하여 청색증이 지속된다고 판단되면 가까운 병원으로 후송해야 한다.
- 전신을 동시에 경직시키는 강직성경련과 경직한 것처럼 전신을 떠는 간대성 경련이 많이 발생한다. 발작은 한 번 일어나면 연속해서 일어나지 않는 것이 다수지만, 2회 이상 일으키는 아이가 3분의 1, 3회 이상 일으키는 아이가 10분의 1정도 있다.

③ 경기 발생 시 대처방안
- 보호자는 당황하지 말고 침착하게 증상에 대한 대처준비를 한다.
- 열성경련은 치명적이 증상이 아니기에 적절한 대처로 아이가 괜찮아질 수 있다.
- 아이의 옷을 벗기고 편안한 자세로 눕힌 후 아이의 증상을 관찰한다. 아이가 경련을 하며 손과 발을 떠는 경우 강하게 힘을 주어 잡는 경우가 있는데 이것은 좋은 방법이 아니다. 그냥 놔두는 것이 바람직하며 흔들거나 주무르는 것은 도움이 되지 않는다.
- 경기를 하는 동안 혀를 깨물거나 기도가 막히지 않도록 주의한다.
- 열성경련의 원인은 열로 인한 것이므로 열을 내리는 것이 급선무이며 해열제를 구강 내로 복용시키는 것보다는 좌약을 이용하는 것이 효과적이다.
- 아이가 호흡곤란이 있다고 해서 인공호흡을 무리하게 시도하지 않는다.

- 입안에 음식물이 있는 경우 부드러운 손수건을 이용하여 빨리 빼내어주는 것이 좋지만, 무리하게 손가락을 넣는 것은 아이가 깨물 위험이 있어 주의하도록 한다.
- 아이가 구토를 한다면 고개를 옆으로 돌려 토사물이 입 밖으로 흘러나올 수 있도록 도와준다.
- 경련이 있는 경우 구강으로 약을 복용하는 것은 매우 위험하니 자제하도록 한다.
- 경련이 있을 때는 아무것도 먹이지 않도록 하며 경련의 시간이 15분 이상 지속되고 청색증이 사라지지 않는다면 가까운 응급실로 이동한다.
- 병원에 가서 경련의 양상 및 시간 등을 의사에게 보고하여 적절히 치료할 수 있도록 정보를 제공한다.

4) 복통
① 종류
- 바이러스 또는 박테리아에 의한 위장염
- 음식물에 의한 위장 알레르기성 질환
- 변비, 흥분성 위장관 증후군
- 위장 이외의 다른 부분에 발생한 바이러스나 박테리아에 의한 폐렴이나 편도선염

② 주의할 점
- 통증이 간헐적인가 지속적인가?
- 구토와 설사가 지속적인가?
- 감기 등의 다른 호흡기 질환이 있는가?
- 변비증이 있는가? 변의 색깔과 양은 괜찮았나?
- 변에 피가 섞여 나오지는 않는가?
- 소변을 자주 보며 소변을 볼 때 힘들어하며 배가 아프다고 하는가?

③ 복통 발생 시 대처방안
- 복통은 원인이 다양하므로 원인을 확실히 파악하여 치료해야 한다.
- 복통 호소 시 배의 통증부위와 체위를 관찰하여 통증의 경중을 파악한다.
- 복통을 일으킬 가능성을 알 수 있는 검사를 시행 후 검사 결과에 따라 치료법을 달리하여 적절히 치료한다.
- 아이가 배를 심하게 아파하거나 구토, 식은땀 등의 다른 증상이 동반될 때에는 병원에서 치료를 한다.

- 변비에 의한 복통의 경우는 아이에게 올바른 배변 습관을 길러주며 섬유소가 많은 채소류, 과일류를 많이 먹도록 한다.
- 복통의 경우 배를 따뜻하게 해주면 증상이 좋아지기도 하나 중한 복통도 감소시켜 진단을 늦출 수 있으므로 주의하도록 한다.
- 아이라도 스트레스에 의한 복통이 있을 수 있으며 이러한 경우 아이에게 정서적인 관심을 가져주면 복통을 완화시킬 수 있다.

5) 구토
① 정의
위장 속에 있는 음식물이나 위장액 등을 입 밖으로 힘차게 게워내는 증상을 구토라고 한다. 구토는 음식물이 위장관의 정상적인 연동운동과는 반대방향으로 빠른 속도로 배출되어 입 밖으로 나오는 현상이다.

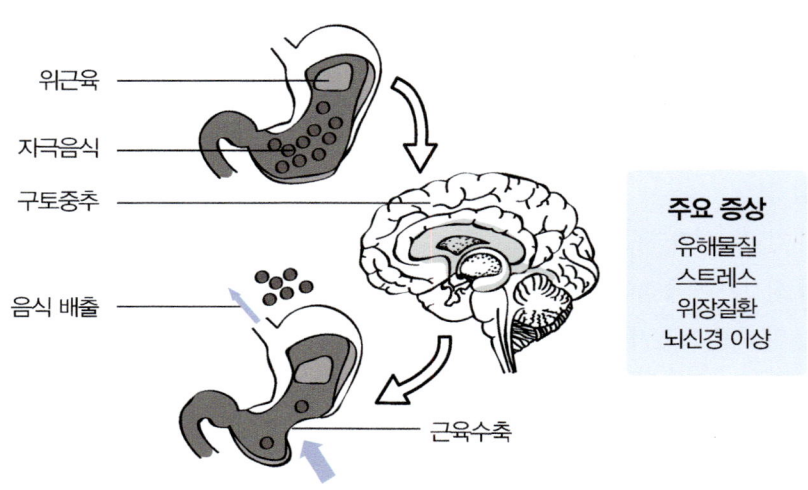

그림 3-3. 구토 유발 단계

② 구토 발생 시 대처방안
- 환자가 구토를 할 경우 환자를 앉히거나 머리를 옆으로 돌리도록 눕혀서 토사물이 기도로 들어가지 않도록 한다.
- 구토한 후 일정 시간 동안에는 아무것도 먹이지 말고 탈수가 되지 않도록 물만 제공한다.
- 구토가 어느 정도 진정되면 물 종류부터 소량씩 시작하여 소화되기 쉬운 죽이나 미음 등으로 식이를 진행하도록 하고 이후에도 세심하게 증상을 관찰한다.

6) 화상 / 감전

화상이란 열, 불, 고온의 액체나 물체, 전기 등 열기로 인한 피부의 손상을 말한다. 화상은 피부가 손상된 정도에 따라 세 종류로 구분된다.

① 화상의 분류

- 1도 화상

가장 가벼운 수준의 화상으로 피부의 표피층만 손상된 상태이다. 피부의 색깔은 붉어지거나 변색되고 가벼운 부기나 통증이 있다. 보통 일주일 정도 지나면 화상부위가 벗겨지면서 아물게 되며 치료하면 흉터는 생기지 않는다.

예) 일광욕 후 피부가 붉어지면서 통증이 발생하는 경우

- 2도 화상

피부의 진피층까지 손상된 상태로 손상 후 24시간 이내에 크고 작은 수포가 손상부위에 생기며 통증도 심하다. 신속하고 정확한 치료가 이루어지지 않으면 흉터나 피부변색, 탈모가 생길 수 있다.

예) 끓는 물에 의한 화상

- 3도 화상

피부와 피하조직까지 손상된 경우이다. 손상 후 피부 회색 혹은 갈색, 검은색으로 변하며 건조해지며 손상부위에 흉터가 남는다. 신경조직의 파괴로 인해 화상부위에서 신경의 감각기능이 손상(괴사성/괴저성)되어 아픔을 느끼지 못한다. 이럴 경우 환자가 아파하지 않는다고 하여 안심하는 경우 위험한 상황을 초래할 수 있다. 특히 영유아들은 뜨겁다는 것을 정확하게 인지하지 못해 화상

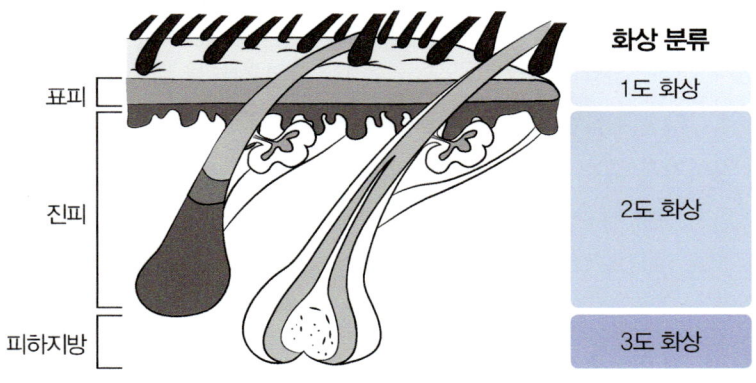

그림 3-4. 화상 분류

으로 인한 손상을 심하게 입는 경우가 많다. 따라서 영유아의 화상예방을 위해서는 보호자의 세심한 주의가 무엇보다도 필요하다.

예) 화염에 의한 화상

② 증상에 따른 응급처치법

- 끓는 물에 의한 화상

가장 흔한 화상으로서 끓는 물이나 뜨거운 음료에 접촉했을 때 입게 되는 화상이다.

- 끓거나 뜨거운 물에 의한 화상 대처방안
  ㉠ 옷을 벗길 경우 화상부위 피부와 옷의 마찰로 손상이 더 커질 수 있으므로 이를 피하여 옷을 벗도록 하고, 옷과 화상부위가 접촉되어 있을 때에는 옷을 가위로 오려 제거해준다.
  ㉡ 1도와 2도 화상으로 물집이 터지지 않은 경우 흐르는 화상부위를 찬물에 씻거나, 찬물에 담가준다.
  ㉢ 찬물에 씻을 때는 수압이 너무 세지 않도록 하고, 찬물에 담글 때는 10분 이상 담그지 않는다.
  ㉣ 소독된 거즈로 환부를 느슨하게 감싸준다.
  ㉤ 화상부위에 기름, 바세린, 된장, 간장, 가루 반죽, 항생제 가루, 알코올 등의 이물질을 바르는 처치는 감염의 위험이 있으므로 금한다.
  ㉥ 얼굴에 화상을 입었을 경우는 기도 화상의 가능성이 있으며, 호흡 곤란에 빠질 수 있다. 따라서 신속히 병원으로 이송하여 의사의 치료를 받도록 한다(눈썹 주변이 그을렸거나 코에서 시커먼 코딱지가 나올 경우).

- 전기화상에 대한 대처방안
  ㉠ 모든 전기 화상은 반드시 병원으로 후송조치를 하여 치료를 받도록 한다.
  ㉡ 반드시 전기화상의 원인이 된 가전제품의 전원을 먼저 차단한 후 환자와 접촉한다.
  ㉢ 전원이 끊어지지 않을 때에는 건조한 막대나 고무나 종이뭉치와 같은 전기가 흐르지 않는 물체로 환자 몸에 부착되어 있는 전선을 제거한다.
  ㉣ 환자가 호흡 정지를 보일 경우는 인공호흡을 시행하고 심장정지가 있는 경우는 심폐소생술을 시행해야 한다.
  ㉤ 병원에서의 처치는 호흡기능과 심장기능의 회복을 위한 처치를 먼저 한 후, 화상에 대한 처치를 하도록 한다.

ⓑ 상처부위는 소독거즈로 덮어준다.

- 가정 내에서 발생하는 화상요인과 예방법
　　㉠ 밥솥에서 나오는 뜨거운 김에 손을 갖다 대는 경우가 있는데 영유아들이 호기심으로 이를 하지 못하도록 주의한다. 특히 아직 걷지 못하는 아기들은 체중이 실린 채로 손을 짚기 때문에 뜨거워도 얼른 손을 못 떼서 화상을 심하게 입는 경우가 많으므로 아이의 손이 닿지 않는 곳을 피하여 물건을 두도록 한다.
　　㉡ 햇볕 또한 화상의 유발 요인이 될 수 있다. 특히 아이들은 햇볕에 대한 저항력이 약하기 때문에 짧은 시간 햇볕에 노출되어도 얼굴이 발갛게 익을 수 있다. 특히 여름철의 해변은 자외선이 강하여 위험하기 때문에 특별히 주의가 필요하다.
　　㉢ 온수에 화상을 입는 경우가 있는데 수도꼭지가 온수에 있는 것을 모르고 물을 틀었다가 화상을 입는 경우이다. 수도를 사용하고 나면 수도꼭지를 찬물 쪽으로 돌려둔 뒤 잠그는 습관을 들이도록 한다.
　　㉣ 식탁 위 뜨거운 음식으로 인해 화상이 발생하기도 한다. 식탁은 뜨거운 음식과 물건들이 한자리에 모여 있는 곳이므로 유아의 손이 닿지 않도록 특별한 주의가 필요하다.

7) 외상
① 칼에 베이는 경우
- 출혈이 심하지 않은 경우
　　㉠ 먼저 치료자의 손을 비누로 깨끗이 씻는다.
　　㉡ 상처 부위를 흐르는 수돗물로 깨끗이 씻는다.
　　㉢ 깨끗한 가제를 사용하여 출혈 부위를 압박한다.
　　㉣ 소독제와 거즈 등을 사용하여 병균의 침입을 막고 감염을 예방한다.
　　㉤ 탄력 붕대를 이용하여 상처부위를 지혈해준다. 지저분한 상처가 아니라면 꼭 항생제 연고를 사용할 필요는 없다.
※ 잦은 항생제의 사용은 오히려 조직 재생을 지연시키고 항생제 내성만 키우기 때문에 항생제를 남용하지 않도록 주의한다.

- 출혈이 심한 경우
　　㉠ 상처가 크고, 피하 조직의 출혈이 심할 경우 곧바로 병원으로 환자를 이송하여 치료한다.
　　㉡ 출혈이 심하면 즉시 지혈을 하고 출혈부위를 높게 둔다.

ⓒ 출혈이 멎기 전에는 음료를 주지 않는다.
ⓔ 지혈방법은 직접압박, 지압점 압박, 지혈대 사용 등이 있다.
ⓜ 거즈나 기타 깨끗한 헝겊을 두껍게 접어 상처 위에 대고 누른 후(약 3분), 붕대로 상처부위를 단단히 감아준다.
ⓗ 상처를 자꾸 열어 피가 나는지 확인하지 말고 지긋이 눌러준다.
ⓢ 사지(팔, 다리)의 경우 심장보다 높게 해준다.

② 복부에 상처가 발생한 경우

복부손상은 칼, 유리 등 뾰족한 물건에 의해 상처가 나거나, 또는 나무 등 무거운 물건으로 맞아 둔상이 생기는 경우에 발생한다. 복부의 파열이나 출혈 등에 의해 생명이 위독할 수도 있으므로 즉각적인 대처방안이 필요하다.

— 복부손상이 일어난 경우 즉시 119로 구급요청을 한다.
— 유아를 눕히고 가능하면 무릎을 굽혀 복근 수축을 방지한다.
— 상처에 이물질이 박혔다면 이물질이 흔들려 손상부위 주변에 상처가 더 심해지지 않도록 자세를 고정시켜 이동시킨다.
— 상처가 깊어 내장기관이 노출되었다면 생리식염수로 적신 거즈를 상처에 덮어 후송시켜 즉시 긴급치료를 받도록 한다.

③ 유아의 신체부위가 절단된 경우

손가락, 발가락이 절단되었을 때 상처 치료도 중요하지만 잘려나간 손가락, 발가락에 대한 관리가 중요하다. 이를 적절히 처치해서 병원에 가져가야 다시 재접합이 가능하다.

— 상처는 지혈대를 사용하지 말고 직접 압박하고 높이 들어 올려 지혈시킨다.
— 전화로 구조요청을 할 때는 반드시 절단 환자임을 밝힌다.
— 절단된 부위를 식염수에 적신 깨끗한 거즈로 잘 싸서 비닐 주머니에 넣는다. 이때 비닐 주머니에 공기를 충분히 주입시켜야 얼음이 직접적으로 닿지 않아 동상의 위험이 없다. 상처부위를 싸고 나면 신속히 재접합이 가능한 병원에 가져가야 한다.
— 절단된 부위를 병원에 가져갈 때에는 절대 닦지 않는다.
— 절단 부위에 솜을 직접 대어서는 안 된다.
— 절단부위가 얼음물에 직접 닿지 않도록 한다.
— 절단부위에 임의로 지혈제나 연고 등을 바르지 않는다.

④ 눈을 다쳤을 경우

안구는 타박상이나, 금속, 돌가루, 안경알 등의 날카로운 조각에 의한 상처로 손상되는 경우가 많다. 기본적으로 모든 안구 손상은 항상 위험하다고 생각하고 처치해야 한다.
- 신속한 구급요청을 하여 병원으로 후송한다.
- 안구 부상이 심해질 수 있으므로 안구를 움직이지 않도록 한다.
- 안대를 가볍게 착용하도록 하여 이송시킨다.
- 눈에 이물질이 박혀 있을 때에는 이물질을 빼지 말고 먼저 부상당한 눈을 붕대로 감도록 하고 양쪽 눈을 모두 감아 안구의 움직임을 방지하도록 한다.
- 눈에 미세 먼지가 들어간 경우에는 세숫대야에 물을 담아 물속에서 눈을 깜빡거려 먼지를 빼도록 하고, 화공약물이 들어갔다면 손상된 눈을 아래로 향하게 하고 물로 여러 번 씻어낸다.
- 눈을 비빌 경우 각막이 손상되므로 절대 눈을 비비지 않도록 한다.

⑤ 유아가 넘어진 경우

찰과상으로 표피 정도의 가벼운 상처가 발생한 경우에는 대부분 가정에서의 응급조치로도 충분하다.
- 먼저 치료자의 손을 비누로 깨끗이 씻는다.
- 상처 부위를 흐르는 물에 깨끗이 씻어준다.
- 수압이 강한 물을 이용해서 손상부위를 충분히 씻어냄으로써 파상풍의 감염을 예방한다.
- 필요한 경우 소독약을 바르고 일회용 밴드를 손상부위에 붙여준다.

⑥ 유아가 머리를 다친 경우

유아가 머리를 심하게 부딪친 경우에는 겉으로 보기에 이상이 없어도 반드시 의사의 진단을 받아보도록 하고 이후에도 세심한 관찰이 필요하다. 또한 유아가 머리를 다친 후에는 뛰어다니지 않도록 하고 머리를 15도 정도 높인 상태로 잠깐 동안 유지하도록 한다. 유아가 머리를 부딪쳤다면 다음의 사항을 관찰한다.
㉠ 평소와 달리 아이가 늘어지며 칭얼거리고 보채는 경우
㉡ 먹은 것을 내뿜듯이 토하는 경우
㉢ 평소보다 잠의 양이 눈에 띠게 늘은 경우

위의 사항에 대한 관찰이 외상을 입은 후 일주일 후 까지도 세심하게 이루어져야 한다.

⑦ 개에 물린 경우

개의 이빨은 불결하고 개의 타액에 잡균이 많이 포함되어 있기 때문에 가벼운 상처라도 의사의 진료를 받아야 한다.
- 개에게 물려 출혈이 발생했다면 상처부위를 압박 지혈하고 심한 출혈의 어린아이는 신속히 병원으로 이동한다.
- 출혈이 심각하지 않으면 비누를 사용해서 흐르는 물에 씻어준다.
- 병원에 가서 상처부위를 치료한 뒤 파상풍 예방주사를 접종한다.
- 손상 부위의 상처가 벌어져 있어도 바로 봉합하지 않고 4~5일 동안 지켜본 뒤 의사와 상의 후 봉합한다.
- 환자를 문 개는 잘 묶어놓고 10일간 살펴본다. 만일 관찰 기간 동안 개에게 이상증세가 나타나면 병원을 방문하여 광견병 예방주사(항혈청 주사)를 맞도록 한다.
※ 항혈청주사는 국립보건원에 관리하고 있다. 연관된 병원을 안내 받으면 된다.

8) 골절
① 뼈가 부러진 경우

근육이나 인대, 뼈 등이 손상된 경우에는 먼저 손상부위를 고정을 시키고 냉찜질을 해주며, 손상 부위를 심장보다 높게 위치하도록 해주고 휴식을 취하도록 한다.

㉠ 응급조치
- 상처가 있을 경우 상처를 치료하고, 출혈이 있으면 지혈하여 출혈이 멈추게 한다.
- 뼈 조각이 돌출된 경우 손상부위를 소독하고, 깨끗한 붕대로 감아서 압박지혈을 한다.
- 부러진 곳에 부목을 대어 상처부위가 움직이지 않도록 고정한 뒤 병원으로 이송한다.
- 원래의 모양대로 뼈를 맞추려고 하지 말고 손상된 상태를 그대로 유지한 채 병원으로 이동한다.

② 발을 삔 경우
- 환자가 편안히 쉬며 안정을 취하게 한다.
- 부종을 줄이기 위해 3~4일 정도 얼음찜질을 해준다.
- 부종이 줄어든 이후에는 온찜질을 한다.
- 두꺼운 패드로 발목을 싸고 단단하게 붕대로 감아준다.
- 다친 발은 높은 위치에 올려놓는다.

③ 목뼈의 손상

목뼈의 손상은 주로 자동차 사고로 인해 발생한다. 대부분 추돌 후 발생하는 목의 통증은 염좌에 의한 것으로 안정을 취하면 자연히 치유된다. 그러나 오래 경과한 후에도 낫지 않거나 손의 마비 증상 등이 생긴다면 병원에서 반드시 진찰을 받아야 한다.

구급요청을 한 후에는 환자를 안심시키고 머리를 편안한 곳에 기대 움직이지 않도록 한다. 주변에 옷이나 물건들이 있다면 환자의 목과 어깨 부위에 놓아 지지대를 만들어 더 이상 움직이는 것을 방지하고 구급차를 기다리도록 한다.

④ 이가 부러진 경우

사고로 이가 손상되는 경우는 대개 응급처치만 잘해주면 자신의 이를 그대로 살려서 사용할 수 있다. 사고가 발생하면 부러지거나 빠진 이를 손상되지 않게 잘 가져가야 한다. 부러진 이는 씻거나 싸지 말고 바로 우유에 넣어 치과로 가능한 한 빨리 가져가는 것이 좋다.

9) 근육경련

① 발에 쥐가 난 경우

환자로 하여금 발의 앞부분으로 딛고 서게 한다. 경련이 사라지면 발을 가볍게 주무른다.

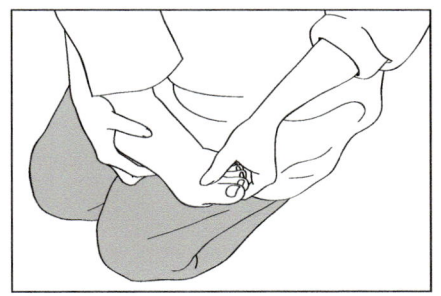
손으로 가볍게 발을 주무른다.

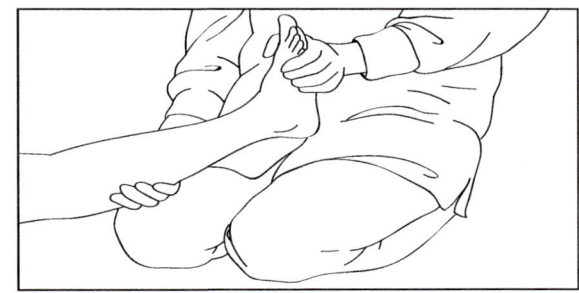
발을 발등 쪽으로 꺾는다.

그림 3-5. 근육경련

② 장딴지에 쥐가 난 경우

무릎을 펴고 발등 쪽으로 꺾어주고 근육을 가볍게 주물러준다.

③ 허벅지에 쥐가 난 경우

허벅지 뒤쪽에 경련이 난 경우 무릎을 쭉 펴서 완화시킨다. 허벅지 앞쪽에 경련이 난 경우에는 무릎을 구부려서 경련을 완화시킨다.

10) 탈구

① 응급처치
- 환자가 가장 편한 자세를 취하게 한다.
- 필요이상으로 환자를 움직이지 않도록 하고 안정감 있는 분위기를 유지한다. 통증이 심하더라도 환자가 가급적이면 움직이지 않도록 한다.

11) 물놀이

4세 이하의 영유아들은 욕조나 비닐 풀장에서 사고가 많이 발생하며, 그 이상의 연령에서는 수영장에서 물에 빠지는 사고가 주로 발생한다.

중요한 것은 물에 빠진 환자를 신속하게 물 밖으로 꺼내는 것이다. 물에서 구조한 후에는 가장 먼저 호흡을 확인하여야 하며 호흡이 멈춘 경우에는 신속히 인공호흡을 실시한다. 환자가 의식이 없으면 환자를 병원으로 이송해야 하며, 이송하는 도중에는 간간이 심장마사지를 해준다.

① 물에 빠졌을 때 증상
- 호흡곤란이 점차 진행된다(호흡곤란에서 빈호흡을 거쳐 무호흡으로 진행됨).
- 분홍색의 거품이 섞인 가래를 동반한 기침이 발생하기도 한다.
- 구토, 무의식, 생선의 눈처럼 확장된 동공, 혼돈, 발작, 흥분, 기면 등
- 빠른 맥박(차가운 물에서는 느린 맥박)
- 청색 또는 회색 피부
- 저체온
- 흉통, 심정지

② 응급 처치
- 최대한 빨리 물에서 환자를 꺼낸다.
- 구조 후에 환자가 호흡과 의식이 없으면 심폐소생술과 인공호흡을 시행한다. 심폐소생술을 30회 실시한 후 인공호흡을 2회 실시하기를 반복한다.
- 체온보다 낮은 물에 빠진 환자에게서 의식이 없거나 호흡이 없는 경우에는 즉시 심폐소생술을 시행하여야 하며 이를 병원에 도착할 때까지 계속한다. 병원까지의 거리가 비교적 단거리인 경우(15분 내) 보온이 필요 없으나 그 이상의 거리인 경우(15분 이상)에는 담요로 머리까지 덮어주는 등 보온을 위한 조치가 필요하다.
- 환자가 토할 경우 얼굴을 옆으로 돌려주어 구토물이 기도로 넘어가지 않도록 해야 한다.

12) 아토피성 피부염

아토피성 피부염은 대개 영유아기 때부터 시작되며, 환자의 50% 정도가 1세 이하 때 발생하고, 1~5세 사이 30%가 추가적으로 발생되는 등 전체 아토피환자의 80%가 5세 이하에서 발생한다.

아토피 피부질환을 가진 환자는 알레르기성비염과 천식으로 발전하는 경향이 있다. 또한 가려운 증상 뿐 아니라 집중력 저하, 학습의욕감퇴 등의 문제가 발생할 수 있으며, 나이가 들어감에 따라 외모로 인한 정신적인 고통도 따르는 질환이다.

① 증상
얼굴부터 시작하여 점점 전신으로 퍼지며, 특히 다리, 팔, 손, 목 등의 신체의 접히는 부위에 가려움증, 부스럼 딱지, 짓무름 등이 생긴다.

② 치료
아토피피부염의 치료로는 의사의 처방에 따라 스테로이드 연고를 사용하게 되며, 피부가 건조해지지 않도록 충분한 양의 보습제를 자주 발라준다. 피부가 가렵지 않도록 하는 약을 투여하고 필요할 경우 의사의 처방에 따라 적당한 항생제를 하도록 한다.

③ 환경 관리
- 급격한 온도변화나 땀을 유발시키는 과도한 운동을 피한다.
- 항상 생활환경에서 청결을 유지하고 알러지를 발생시킬 만한 카펫, 담요 등의 사용, 동물의 털과 꽃가루 등에 노출되지 않도록 주의한다. 청소와 환기, 물걸레질 등을 자주 실시하여 실내 공기를 청결하게 유지시킨다.
- 아토피 악화 요인이 되는 피곤, 스트레스, 심리적인 부담을 줄인다.
- 황사 발생 시에는 외부 공기가 유입되지 않도록 차단한다.
- 실내 습도를 잘 유지한다.
- 적절한 운동과 금주, 금연을 실천한다.
- 아토피피부염 환자가 가질 수 있는 심적 갈등을 이해해주고 사회생활에서의 어려움으로부터 스트레스를 받지 않도록 정서적 지원을 한다.

참고문헌

[1부]

교육과학기술부(2011). 5세 누리과정 교사용 지도서. 교육과학기술부.
국민생활체육회(2014). 2014 유아체육 활동지원 지도자 교육. 국민생활체육회.
김선진(2013). 운동발달의 이해. 2nd(Ed.). 서울: 서울대학교 출판문화원.
김양례(2013). 유아체육 현황과 향후방향. 한국유아체육학회, 14,1, 53~67.
김정원, 김유정 외(2013). 영유아를 위한 교수 학습방법. 공동체.
김현자, 한성심(2012). 영유아교수방법론. 태영출판사.
보건복지가족부(2010). 보육시설 평가인증 지침서. 보건복지가족부.
보건복지부(2013). 제3차 어린이집 표준보육과정 개정 공시 공포. 보건복지가족부.
보육교사 전문성 제고를 위한 표준보육과정의 이해와 적용 (재)한국보육진흥원.
성은영, 이영미 외(2013). 영유아를 위한 교수 학습방법. 정민사.
소정룡(2009). 유아체육교육. 서울: 진리탐구.
신혜은, 고태순 외(2011). 영유아 교수방법. 양서원
오윤선·신은정·한경숙(2007). 노인 운동프로그램이 체력, 정신건강 및 인지능력에 미치는 영향. 한국발육발달학회지, 15(4), 295~302.
윤애희, 박정민(2009). 영유아교육 교수방법 및 교재교구. 파란마음.
이기숙(1990). 유아교육 프로그램 "이론과 적용실제". 교문사.
이동규·엄우섭·박성태·안근옥·한은상(2013). 건강교육의 이론과 실제. 서울: 레인보우북스.
이순형 외(2005).영유아 보육. 교육프로그램의 이해. 학지사.
이정환, 김희진(2013). 영유아 교육의 교수학습방법. 파란마음.
전남련, 김재환(2006).아동복지. 형설출판사.
전선혜(2014). 2014 유아체육활동지원 지도자교육. 국민생활체육회.
정상택(2002). 인지적 요소를 포함한 운동이 아동의 IQ 발달에 미치는 영향. 한국체육학회지, 41(2), 89~97.
조현철(2002). 운동과 건강. 서울: 라이프사이언스.
최경숙(2001). 발달심리학. 서울: 교문사.
Armstrong, N. & Welsman, J. R. (2000). Development of aerobic fitness during childhood and adolescence. Pediatric Exercise Science, 12, 128~149.
Beunen, G. & Thomis, M. (2000). Muscular strength development in children and adolescents. Pediatric Exercise Science, 12, 174~197.
Butte, N. F., Hopkinson, J. M., Wong, W. W., Smith, E. O. B. & Ellis, K. J. (2000). Body composition during the first 2 years of life: An updated reference. Pediatric Research, 47(5), 578~585.
Clarke, D. (1975). Predicting Certified Weight of Young Wrestlers. Medicine and Science in sports, 6, 52~57.
Clarke, H. H. (1971). Physical Motor Tests in the Medford Boys Growth Study. Englewood Cliffs, NJ: Prentice Hall.
Colcombe, S. & Kramer, A. G. (2003). Fitness effects on the cognitive function of older adults: a meta-analytic study. Psychological Science, 14, 125~130.
Cumming, G. R. & Hantiuk, A. (1980). Establishing of normal values for exercise capacity in a hospital clinic. In K. Berg & B. Erickson (Eds.), Children and Exercise IX. Baltimore, Md: Academic Press.
DeCasper, A. J. & Fifer, W. P. (1980). Of human bonding: Newborn perfer their mother their mother's voices. Science, 208, 1174~1176.

Einkauf, D. K., Gohdes, M. L., Jensen, G. M. & Jewell, M. J. (1987). Changes in spinal mobility with increasing age in women. Physical Therapy, 67(3), 370~375.
Etnier, J. L., Salazar, W., Landers, D. M., Petruzzello, S. J., Han, M. & Nowell, P. (1997). The Influence of physical fitness and exercise upon cognition functioning: Ameta-analysis. Journal of Sport and Exercise Psychology, 19, 249~277.
Field, J., Muir, D., Pilon, R., Sinclair, M. & Dodwell, P. (1980). Infant's orientation to lateral sounds from birth to three months. Child Development, 51, 295~298.
Gallahue, D. L. (1982). Understanding motor development in children. New York: Wiley.
Gallahue, D. L. (1995). Understanding motor development in Infants, Children, Adolescent, Adults. Iowa: WCB Brown & Benchmark Publishers.
Gallahue, D. L., Ozmun, J. C. (2009). 김경원·송우엽(역). 서울: 레인보우북스.
Germain, N. W. & Blair, S. N. (1983). Variability of shoulder flexion with age, activity and se. American Corrective Therapy Journal, 37(6), 156
Gibson, E. J. & Walk, R. D. (1960). The visual cliff. Scientific American, 4, 67~71.
Greenough, W. T., Black., J. E. & Wallace, C. S. (9187). Experience and brain development. Chiold development, 58, 539~559.
Irwin, R. J., Ball, K. R. N., Stillman, J. A. & Rosser, J. (1985). The development of auditory temporal acuity in children. Child Development, 56, 614~620.
Jafle, M. & Kosakov, C. (1982). The motor development of fat babies. Clinical Pediatrics, 21, 619~621.
Kephart, N. C. (1971). The Slow Learner in the Classroom. Columbus, OH: Merrill.
Kim, T. S.(2007). The effect of stage based exercise program on obesity index, blood components, health relates physical fitness and self-esteem on obese adolescents. Unpublished master's thesis, Konyang University, Nonsan.
Lerner, R. M. (1984). On the nature of human plasticity. New York: Cambridge University Press.
Lord, L. (1977). Normal motor development in infant. In M. J. Krajicek, & A. I. Tearney (Eds.) Detection of Development Problems in Children. Baltimore: University Park Press.
McArdle, W. D., Katch, F. I. & Katch, V. L. (2006). Essentials of Exercise Physiology. Lippincott Williams & Wilkins.
Micheli, L. J. (1984). Sport injuries in the young athlete: Questions and controversies. In L. J. Micheli (Ed.) Pediatric and Adolescent Sports Medicine (pp. 1~9). Boston: Little, Brown.
Moore, K. & Persaud, T. V. N. (1993). Before we are born(4th ed.). Philadelphia: Saundere.
Muir, D. W. (1985). The development of infants' auditory spatial sensitivity. In S. E. Trehud & B. Schneider(Eds.), Advances in the study of communication and affect. Vol. 10: Auditory development in infancy. New York: Plenum.
Parizkova, J. (1977). Body Fat and Physical Fitness. The Hague, Netherlands; Martinus Nayhoff B. V. Medical Division.
Peeple, D. R. & Teller. D. Y. (1975). Color vision and brightness discrimination in Two-month-old human infants. Science, 789, 1102~1103.
Pratt, K. C. (1954). The neonate. In L. Carmichael (Ed.), Manual of Child Psychology. New York: Wiley.
Rasmussen, R. L., Faulkner, R. A., Mirwald, R. L. & Bailey, D. A. (1990). A longitudinal analysis of structure/ function related variables in 10~16 year old boys. G. Beunen, J. Ghesquiere, T. Reybrouck, & A. L. Claesseus (Eds.), Children and Exercise. Stuttgart: Ferdinand Enke Verlag, 27~433
Ratey, J. & Hagerman, E.(2009). 운동화 신은 뇌. 이상헌(역). 서울: (주)북섬.
Ratey, J.J., & Hagerman, E.(2008). Spark: The revolutionary new science of xercise and the brain. New York: Little, Brown, and Company.

Roach, K. E. M. & Miles, T. P. (1991). Normal hip and knee active range of motion: The relationship to age. Physical Therapy, 71(9), 656~665.

Shaffer, D. R. (2009). 발달심리학. 송길연 · 장유경 · 이지연 · 정윤경 (역)(6th Ed.). 서울: 센게이지러닝코리아.

Shirley, M. (1931). The First Two Years: A Study of Twenty-five Babies. Minneapolis: University of Minnesota Press.

Sibley, B. A. & Etnier, J. L. (2003). The relationship between physical activity and cognition in children: a meta-analysis. Pediatric Exercise Science, 15, 243~256.

Slining, M., Adair, L. S., Goldman, B. D., Borja, J. B. & Bentley, M. (2010). Infant overweight is associated with delayed motor development The Journal of Pediatrics, 157(1), 20~25.

Thomas, R. M. (2000). Comparing theories of child development. Belmont, CA: wordsworth Publishing Company.

Thompson, R. F. (1981). The brain. Unpublished manuscript, Stanford University.

Walk, R. D. (1966). The development of depth perception in animal and human infants. Monograph of the Society for Research in Child Development, 31, 5.

Watson, A. W. S. (1988). Quantification of the influence of body fat content in selected physical performance variables in adolescent boys. Irish Journal of Medical Science, 157(12), 383~384.

Wersch, V. A., Trew & Turner, I. (1990). Pupils' perceived physical competence and its implications for the new PE curriculum. Research Supplement of the Physical Education Association of Great Britain and Northrn Ireland, 7, 1~5.

Wood, L., Dixon, S. J., Grant, C. & Armstrong, N. (2006). Elbow flexor strength, muscle size, and moment arms in prepubertal boys and girls. Pediatric Exercise Science, 18(4), 457~469

[2부]

국민생활체육회(2014). 2014 유아체육 활동지원 지도자 교육. 국민생활체육회.

김선진(2013). 운동발달의 이해(2nd Ed.). 서울: 서울대학교 출판문화원.

소정룡(2009). 유아체육교육. 서울: 진리탐구.

이동규 · 엄우섭 · 박성태 · 안근옥 · 한은상(2013). 건강교육의 이론과 실제. 서울: 레인보우북스.

조현철(2002). 운동과 건강. 서울: 라이프사이언스.

지정현 · 박승하(2009). 오르막 경사에서 직립자세 유지 및 이동관련 어포던스의 발달단계적 분석. 스포츠심리학회지, 20, 2, 1~14.

한국스포츠개발원(2014). 유아운동발달지침서. 문화체육관광부.

한국운동발달협회(2011). 운동발달지도자 자격연수. 서울: 한국운동발달협회.

AAHPERD (1992). Developmentally appropriate physical education practices for children.Reston, VA: AAHPERD.

California Department of Education (1994). Physical education framework. Sacramento, CA: CA Department of Education.

Capon, J. (1975). Perceptual-Motor Lesson Plans, Level-1, Basic and "Practical" Lesson Plans for Perceptual-Motor Programs in Preschool and Elementary Grades (7thed.). Byron, CA: Front Row Experience.

Carnes, C., & Sutherland, M. (1992). Awesome primary action units. Carmichael, CA:The Education Company.

Cooper, K. H. (1991). Kid fitness. New York, NY: Bantam.

Gallahue, D. L., Ozmun, J. C. (2009). 김경원 · 송우엽(역). 서울: 레인보우북스.

Gallahue, D. L., Ozmun, J. C. (2009). 김경원 · 송우엽(역). 서울: 레인보우북스.
Galluhue, D. L. & Ozmun, J. C. (1998) Understanding Motor Development-Infants, Children, Adolescents, Adults. Boston, MA:McGraw-Hill.
Graham, G. (1992). Teaching Children Physical Education. Champaign, IL: Human Kinetics.
Graham, G., Holt/Hale, S., & Parker, M. (1998). Children Moving. (4th ed.). Mountain View, CA: Mayfield.
High/Scope Press. (1991). A Collection of Articles from Extensions, The Newsletter of the High/Scope Curriculum. Ypsilanti, MI: High/Scope Press.
Jensen, E. & Dabney, M. (2000). Learning Smarter, The New Science of Teaching. SanDiego, CA: The Brain Store, Inc.
Jensen, E. (2000). Learning with the Body in Mind. San Diego, CA: The Brain Store, Inc.
Klevberg, G. L., Anderson, D. I. (2002). Visual and haptic perception of postural affordances in children and adults. Human Movement Science, 21, 2, 169~186.
McKenzie, T., & Rosengard, P. (2000). SPARK Physical Education Program for Grades 3-6. San Diego, CA: San Diego State University Foundation.
Morris, G. S. D., & Stiehl, J. (1989). Changing Kids' Games. Champaign, IL: Human Kinetics.
Nichols, B. (1986). Moving and Learning: The Elementary School Physical Education Experience. St. Louis, MO: Times Mirror.
Pangrazi, R. (2001). Dynamic Physical Education for Elementary School Children. (13thed.). New York, NY: Macmillan.
Pangrazi, R. P., & Corbin, C. B. (1994). Teaching Strategies for Improving Youth Fitness. (2nd ed.). Dallas, TX: Institute for Aerobics Research.
Petray, C., & Blazer, S. (1991). Health Related Physical Fitness. Edina, MN: Burgess International Group, Inc.
Rosengard, P., McKenzie, T., & Short, K. (2000). SPARK Physical Education Program for Grades K-2. San Diego, CA: San Diego State University Foundation.
Schiller, P. (1999). Start Smart! Building Brain Power in the Early Years. Beltsville, MD:Gryphone House.
Shaffer, D. R. (2009). 발달심리학. 송길연 · 장유경 · 이지연 · 정윤경 역. 6th(Ed.). 서울: 센게이지러닝코리아.
Short, K. (1989). Parachuting on the Ground. Brea, CA: Kathryn Short Productions.
Short, K. (1990). Having a Ball. Brea, CA: Kathryn Short Productions.
Siedentop, D. (1990). Introduction to Physical Education, Fitness, and Sport. Mountain View, CA: Mayfield.
Silberg, J. (2000). 125 Brain Games for Toddlers and Twos. Beltsville, MD: Gryphone House.
Ulrich, D. A. (2000). Test of Gross Motor Development. (2nd ed.) Austin, TX: Pro Ed Publisher.
Ward, P. (1997). Teaching tumbling. Champaign, IL: Human Kinetics.
Weikart, P. S., & Carlton, E. B. (1995). Foundations in elementary education movement. Ypsilanti, MI: High/Scope Press.
Williams, E. & Radin, N. (1993). Parental involvement, maternal employment, and adolescents' academic achievement: An 11-year follow-up. American Journal of Orthopsychiatry, 63, 306~312.

[3부]

곽금주(2005). 한국영아발달연구. 서울: 학지사.
교육인적자원부(2006). 가족과 함께하는 유아체력증진 프로그램.
김경원 · 공우엽(2009). 운동 발달의 이해. 서울: 레인보우북스.
김계숙 외(2004), 아동간호학, 신광출판사.
김귀주 외(1999), 응급간호, 현문사.

참고문헌

김기영(2004). 유아체육활동 실태와 지도내용에 대한 전담교사와 학부모의 인식. 미간행 박사학위논문, 경남대학교대학원.
김미예 외(2004), 아동간호학, 수문사
김선진(2003). 운동발달의 이해, 서울: 서울대학교 출판부.
김은심(2004). 유아동작교육의 이론과 실제, 서울: 창지사.
닥터 베베 홈페이지 http://members.tripod.lycos.co.kr/choidoc/
문화체육부(1997). 가족이 함께하는 놀이 24가지. 오름시스템.
박윤빈(2008). 지도자를 위한 종합 레크리에이션. 도서출판 금광.
새세대 육영회(1988). 새세대 어린이를 위한 종일제 교육 프로그램.
서인규(2003). 유아체육 지도와 프로그램. 서울: 대경북스.
소정룡(2009). 유아체육교육. 서울: 진리탐구.
소정룡·손원호(2009) 유아체육교육. 진리탐구.
손원호(2002). 유아의 신체발달에 적합한 대도구 활용 방안에 관한 연구. 한국유아체육학회지 제3권 제1호.
손원호(2012). 지도자를 위한 유아체육교육의 이론과 실제. 창지사.
손원호(2012). 지도자를 위한 유아체육교육의 이론과 실제. 창지사.
아동건강길라잡이 http://www.hp.go.kr/html/healthLife/contents.html?code=327
안을섭(2005). 유아의 체력 기준 평가에 관한 연구. 미간행 건국대학교대학원 박사학위 논문.
어린이 안전재단 http://www.childsafe.or.kr/
예방접종 도우미 http://nip.cdc.go.kr/
이숙재(1990). 유아를 위한 놀이의 이론과 실제. 서울: 창지사.
이영·전인옥·김온기(2004). 유아를 위한 창의적 동작교육, 서울: 교문사.
이현균(2003). 운동도구를 활용한 프로그램이 기본-지각운동능력에 미치는 영향. 미간행 석사학위논문, 명지대학교 사회교육대학원.
전국 응급구조과 교수 협의회(2000). 일반 응급처치학, 대학서림.
전인옥·이현균(2006). 유아교육기관 교사를 위한 유아체육활동의 이론과 실제, 서울: 양서원.
지정현·박승하(2009). 오르막 경사에서 직립자세 유지 및 이동관련 어포던스의 발달단계적 분석. 스포츠심리학회지, 20, 2, 1~14.
천길영·김영식 공역(2005). 체력육성을 위한 트레이닝 방법론. 서울: 대경북스.
함정은(2001). 교사들을 위한 유아체육. 서울: 형설출판사.
홍은 소아과 http://gfph.co.kr/main.html
AAHPERD (1992). Developmentally appropriate physical education practices for children. Reston, VA: AAHPERD.
Barnes, P. J. (1987). Airway receptors. In Drug Therapy for Asthma. ed. Jenne, J. W. & Murphy, S. pp. 67-95. New York, USA: Dekker.
Barnes, 1987 재인용.
California Department of Education (1994). Physical education framework. Sacramento, CA: CA Department of Education.
Capon, J. (1975). Perceptual-Motor Lesson Plans, Level-1, Basic and "Practical" Lesson Plans for Perceptual-Motor Programs in Preschool and Elementary Grades (7th ed.). Byron, CA: Front Row Experience.
Carnes, C. & Sutherland, M. (1992). Awesome primary action units. Carmichael, CA: The Education Company.
Cooper, K. H. (1991). Kid fitness. New York, NY: Bantam.
Gallahue, D. L. (1993) Motor development and movement skill acquisition in early childhood education. In Spodek, B. (es.) Handbook of Research on the Education of Young children, New York: Macmillan

Publishing Co., pp.24-41.

Gallahue, D. L., Ozmun, J. C. (2009). 김경원 · 송우엽(역). 서울: 레인보우북스.

Galluhue, D. L. & Ozmun, J. C. (1998) Understanding Motor Development-Infants, Children, Adolescents, Adults. Boston, MA:McGraw-Hill.

Graham, G. (1992). Teaching Children Physical Education. Champaign, IL: Human Kinetics.

Graham, G. Holt/Hale, S. A. & Parker, M. (1993). Children moving: A reflective approach to teaching physical education.

Graham, G., Holt/Hale, S. & Parker, M. (1998). Children Moving. (4th ed.). Mountain View, CA: Mayfield.

Haubenstricker, J. & Seefeldt, V. (1986). Acquisition of motor skills during childhood. Physical activity and well-being, 41-92.

High/Scope Press. (1991). A Collection of Articles from Extensions, The Newsletter of the High/Scope Curriculum. Ypsilanti, MI: High/Scope Press.

Jensen, E. & Dabney, M. (2000). Learning Smarter, The New Science of Teaching. SanDiego, CA: The Brain Store, Inc.

Jensen, E. (2000). Learning with the Body in Mind. San Diego, CA: The Brain Store, Inc.

Katz, L. G. & Chard, S. C. (1989) Engaging Children's Minds: The Project Approach. Norwood, N. J.: Ablex Publishing Co.

Katz와 Chard(1989)

Klevberg, G. L., Anderson, D. I. (2002). Visual and haptic perception of postural affordances in children and adults. Human Movement Science, 21, 2, 169~186.

McKenzie, T. & Rosengard, P. (2000). SPARK Physical Education Program for Grades 3-6. San Diego, CA: San Diego State University Foundation.

Morris, G. S. D. & Stiehl, J. (1989). Changing Kids' Games. Champaign, IL: Human Kinetics.

Nichols, B. (1986). Moving and Learning: The Elementary School Physical Education Experience. St. Louis, MO: Times Mirror.

Pangrazi, R. (2001). Dynamic Physical Education for Elementary School Children. (13th ed.). New York, NY: Macmillan.

Pangrazi, R. P. & Corbin, C. B. (1994). Teaching Strategies for Improving Youth Fitness. (2nd ed.). Dallas, TX: Institute for Aerobics Research.

Petray, C. & Blazer, S. (1991). Health Related Physical Fitness. Edina, MN: Burgess International Group, Inc.

Ritson(1986)

Rosengard, P, McKenzie, T. & Short, K. (2000). SPARK Physical Education Program for Grades K-2. San Diego, CA: San Diego State University Foundation.

Salre(1993)

Sanders, 1994.

Schiller, P. (1999). Start Smart! Building Brain Power in the Early Years. Beltsville, MD: Gryphone House.

Shaffer, D. R. (2009). 발달심리학. 송길연 · 장유경 · 이지연 · 정윤경 역. 6th(Ed.). 서울: 센게이지러닝코리아.

Short, K. (1989). Parachuting on the Ground. Brea, CA: Kathryn Short Productions.

Short, K. (1990). Having a Ball. Brea, CA: Kathryn Short Productions.

Siedentop, D. (1990). Introduction to Physical Education, Fitness, and Sport. Mountain View, CA: Mayfield.

Silberg, J. (2000). 125 Brain Games for Toddlers and Twos. Beltsville, MD: Gryphone House.

Slater, M., Steed, A. and Usoh, M. (1993). "The Virtual Treadmill: A Naturalistic Metaphor for Navigation in Immersive Virtual Environments," First Eurographics Workshop on Virtual Reality, ed. M. Goebel, 71-86.

Ulrich, D. A. (2000). Test of Gross Motor Development. (2nd ed.) Austin, TX: Pro Ed Publisher.

Ulrich, D. A. (2000). Test of Gross Motor Development. (2nd ed.) Austin, TX: Pro Ed Publisher.

참고문헌

Ward, P. (1997). Teaching tumbling. Champaign, IL: Human Kinetics.
Weikart, P. S. & Carlton, E. B. (1995). Foundations in elementary education movement. Ypsilanti, MI: High/Scope Press.
Williams, E. & Radin, N. (1993). Parental involvement, maternal employment, and adolescents' academic achievement: An 11-year follow-up. American Journal of Orthopsychiatry, 63, 306~312.

찾아보기

[ㄱ]

가소성 · 34, 131
간접-유아 주도적 교수법 · 174, 175
감각기관 · 31, 52, 64
감각운동기 · 33, 51, 64
감각의 발달 · 42
개별화 · 156, 177
개별화의 원리 · 177
갤로핑 · 97, 104
거리 시각 · 44
거시체계 · 74
건강 관련 체력요소 · 170
걷기 · 86, 98
걷기반사 · 26~29
결합 · 156
경험주의자 · 15
고열 · 219
골격발달 · 20
골절 · 120, 230
공 굴리기 · 107, 108
공간지각 · 154, 168
관계지각 · 166, 169
교수방법 · 157, 174
교육과정 · 178
구강기 · 68
구체적 조작기 · 51, 63
구토 · 220, 224
굽히기 · 90, 164
근 기능 · 124
근력 · 36, 170, 182
근말식의 법칙 · 25
근육경련 · 231
근육조직 · 21, 31
근지구력 · 36, 38, 170
기기 · 85
기기반사 · 29
기본 운동발달 구성요소 · 163
기본 움직임 단계 · 77, 160
기술수준 · 155
기억 · 49, 54, 67
기초대사 · 118, 123
깊이지각 · 46
껑충 뛰기 · 105

[ㄴ]

낙하산자세반사 · 29
남근기 · 69
내배엽 · 16
내부감각수용기 · 42
놀람반사(startle) · 28
놀이 중심의 원리 · 177
놓기 · 88
뇌의 발달 · 34
뉴런(neuron) · 34

[ㄷ]

다양성의 원리 · 149
단일요소 이동운동 · 165
달리기 · 99, 126
당기기 · 90
당김반사 · 29
대근육 · 53, 135, 145
대뇌 무게 · 31
도덕발달 이론 · 72
도약 · 126
돌리기 · 90
동공반사 · 42
두미의 법칙 · 25
드리블하기 · 114
들어 올리기 · 90
뛰어내리기 · 100
뛰어오르기 · 101

[ㄹ]

리듬운동의 능력 · 128

241

찾아보기

[ㅁ]

머리와 목의 제어 · 82
메소체계 · 74
모로반사(moro) · 28
목강직반사 · 28
목자세반사 · 29
몸통 제어 · 83
몸통자세반사 · 29
물놀이 · 232
물활론 · 49
미각 · 42
미시체계 · 73
민감기 · 14
민첩성 · 128, 171
밀기 · 90

[ㅂ]

바빈스키반사 · 28
반복학습의 원리 · 177
반사(reflex) · 26, 42, 77
받기 · 107, 110
발견 · 156
발달 · 15
발바닥 파악반사 · 28
방향지각 · 168
배란기 · 16
배아기 · 16
병렬식 배치 · 216
보행 · 126
복통 · 223
복합요소 이동운동 · 165
부상 · 211
부적강화)의 이론으로 조건화 · · · · · · · · · · · · · · · 62
비이동운동 · 133
비틀기 · 90, 163
빙그르 돌기 · 90
뻗기 · 90

[ㅅ]

사고 · 49, 211
사이드 점프 · 128
사회적 인지발달 · 59
사회학습 이론 · 73
사회화 · 58
상호작용 이론 · 65
상호작용론자 · 15
색채감각 · 42
색채지각 · 46
생물학적 연령 · 10
생식기 · 69
생태학적 이론 · 73, 74
생활 중심의 원리 · 177
서기 · 84
선천주의자 · 15
성숙(maturation) · 60
성숙 단계 · 77
성숙주의 이론 · 61
성장(growth) · 60
성장 곡선 · 36
세련 · 156
소근육 · 145
소아·청소년의 성장곡선 · · · · · · · · · · · · · · · · · · · 21
손 뻗기 · 86
손바닥 파악반사 · 28
수면 · 24, 118
수면의 변화 · 24
수영반사 · 29
수의적 움직임 · 82
수초화(myelinization) · · · · · · · · · · · · · · · · · · · 31, 34
수평 점프하기 · 102
수행 관련 체력요소 · 171
순환식 배치 · 217
순환호흡 기능 · 122
스캐폴딩(scaffolding) · 66
스키핑 · 106
슬라이딩 · 104
시각 · 42
시각 바로잡기 · 29
시각과 운동의 협응 · 46
시각적 효과의 운동기구 배치 · · · · · · · · · · · · · 217
시각절벽 · 46
시간지각 · 169
시냅스 · 34
시력 · 42
시지각 · 44
시행착오설 · 62

신경 기능	121	유소년	11
신생아기	10, 20, 26	유소년체육	12
신체 발달적 특징	32	유아-교사 상호 주도적·통합적 교수방법	176
신체적 영역	153	유아기	10
신체지각	167	유아기 안전	210
신체활동 가이드라인	130	유아체육	11
실내 프로그램	208	유아체육 프로그램 계획안	190
실외 프로그램	208	유아체육의 목표	12
실외놀이	212	유아체육의 효과	13
심리사회발달 이론	69	유연성	36
심박수	37	융통성의 원리	178
심폐지구력	36, 171	응급처치	217, 232
쌍안시	42	응시	42, 43
		응용	156
[ㅇ]		이동성	50
안전교육	147, 215	이동성 운동	85
안전성의 원리	146	이동운동	133, 163, 165
안정성	50, 163	인본주의 이론	72
안정성 운동기술	82	인식	155
앉기	83	인지 개념	154
앞으로 구르기	129	인지 이론	67
엑소체계	74	인지발달	49
연계성의 원리	147	인지적 영역	153
연령	10	인지주의 이론	63
영아기	10, 25	인형눈 반사	28
영양과잉	40		
영양섭취	39, 118	**[ㅈ]**	
영양실조	40	자극-반응 이론	62
오감	42	자기개념	59
오르내리기	127	자기중심성	49
오버핸드 던지기	109	자세반사	27, 29~30
외배엽	16	자아	67, 68
외상	227	자존감	56~58
운동기	51	잠복기	69
운동기구	212	잡기	87
운동기구 관리	217	전문화된 움직임 단계	76, 78
운동반사	27	전문화된 움직임(스포츠기술) 단계	154, 160
운동발달 단계 모델	76	전조작기	51, 63, 64, 148
운동발달 모형	76	전후좌우로 흔들기	90
움직임의 질	169	정보처리 이론	67
원근 조절	42	정서	54
원시반사	27	정서적 영역	153
원초아(id)	67, 68	정신분석 이론	67

찾아보기

정적 · 동적 안정성 ··················· 164
조작기 ···························· 51
조작성 ····················· 50, 86, 107
조작운동 ················ 133, 163, 165
조정력 ······················ 125, 129
주변시 ························ 42, 43
중기 성인기 ························ 10
중뇌 ······························ 31
중배엽 ···························· 16
중심–말초 원리 ··················· 145
중심화 ···························· 49
지각 ······························ 49
지각 능력 ·························· 33
지각–운동능력 ······················ 32
지각–운동발달 ················ 52, 166
지도 원리 ························ 177
지도 환경 ························ 211
지지반사 ·························· 29
직립반사 ·························· 29
직접–교사 주도적 교수법 ············ 174

[ㅊ]

차기 ·························· 107, 111
청각 ······················ 34, 42, 47
청소년기 ······················ 10, 11
체력발달 ························ 170
체력요소 ························ 157
체성분 ···························· 36
초기 성인기 ························ 10
초기 아동기 ·············· 10, 31, 49~50
초보 단계 ·························· 77
초자아 ························ 67, 68
촉각 ························ 42, 47~48
최대 심박수 ························ 37
추적 ···························· 42, 43
추진 조작운동 ···················· 166
축성 움직임 ···················· 89~91
축을 중심으로 하는 안정성 ········ 163
치기 ···························· 113

[ㅌ]

탈구 ···························· 232
탐구학습의 원리 ·················· 177

탐색 ···························· 155
태내기 ···························· 10
태아기 ···························· 10
통합의 원리 ······················ 178
트래핑 ·························· 112
특이성의 원리 ···················· 146

[ㅍ]

파악반사 ···················· 28, 30, 81
펴기 ······························ 90
평가 ························ 157, 202
평형성 ······················ 127, 170
포유반사(찾기반사) ·················· 28

[ㅎ]

하악반사 ·························· 28
학습 ······························ 49
한쪽 다리로 뛰기 ················ 128
항문기 ···························· 68
행동주의 이론 ······················ 62
형식적 조작기 ··················· 51, 63
형태지각 ······················ 42, 45
호핑 ························ 103, 165
호흡 기능 ························ 123
화상 ···························· 225
환경 이론 ·························· 75
후각 ······························ 42
후기 성인기 ························ 10
후기 아동기 ························ 10
흡수 조작운동 ···················· 166
흡입반사(빨기반사) ·············· 27, 28

[숫자 및 영문]

1차원 분류법 ······················ 79
2차원 분류법 ······················ 79
Gallahue의 2차원 모델 ············· 81
Gentille의 2차원 모델 ············· 80
Piaget ···························· 49
S(자극)–R(반응)–SR(강화자극–정적강화) ············ 62

저자소개

전선혜
중앙대학교 사범대학 체육교육과 교수

손원호
남서울대학교 스포츠건강관리학과 교수

안을섭
대림대학교 스포츠지도과 교수